Rekombinationen

Recombinations

**Thies Schröder**, Fachautor und Kritiker. Geboren 1965; Studium der Landschaftsarchitektur an der TU Berlin. Lebt und arbeitet in Berlin und Ferropolis. Schröder leitet ts redaktion, ein Büro für Planungskommunikation (www.tsredaktion.de). Zahlreiche Zeitschriften- und Buchveröffentlichungen, darunter „Inszenierte Naturen"/„Changes in Scenery"/„Changement de Décor" 2000, „Gartenkunst 2001/Garden Art 2001" 2001, „Neu verorten" 2001, „Mögliche Räume" 2002, „Event Landschaft?" 2003, „Spielräume" 2005.

**Hanns Joosten**, Fotograf. Geboren 1961 in Haarlem, Niederlande; Studium für Fotografie und Audiovisuelles Design an der Academie voor beeldende kunst, Breda, Niederlande. Seit 1984 international tätig als freischaffender Fotograf mit Studio in Berlin. Ausstellungen u. a. in Berlin, Breda, Hamburg, Marburg und Peking. Lehrtätigkeit in Berlin. Seit 1987 Fotoveröffentlichungen in Zeitschriften, Magazinen, Büchern und Katalogen, national und international.

**Udo Weilacher**, Prof. Dr. sc. techn. ETH Dipl.-Ing. Geboren 1963; Gärtnerlehre, Studium der Landschaftsarchitektur an der TU München-Weihenstephan und an der California State Polytechnic University Pomona/Los Angeles. Dissertation mit Auszeichnung an der ETH Zürich. Zahlreiche Publikationen, darunter „Zwischen Landschaftsarchitektur und Land Art" 1996/1999 und „Visionäre Gärten. Die modernen Landschaften von Ernst Cramer" 2001. Professor für Landschaftsarchitektur und Entwerfen an der Universität Hannover.

*Thies Schröder, specialist author and critic. Born 1965; studied landscape architecture at the TU in Berlin. Lives and works in Berlin and Ferropolis. Schröder directs ts redaktion, a planning communication practice (www.tsredaktion.de). Numerous book and magazine publications, including 'Inszenierte Naturen'/'Changes in Scenery'/ 'Changement de Décor' 2000, 'Gartenkunst 2001/Garden Art 2001' 2001, 'Making Spaces' 2001, 'Mögliche Räume' 2002, 'Event Landscape?' 2003, 'Changing places' 2005.*

*Hanns Joosten, photographer. Born 1961 in Haarlem, The Netherlands; Studied photography and audio-visual design at the Academie voor beeldende kunst Breda, Holland. Since 1984 he has worked internationally as a free-lance photographer with a studio in Berlin. Exhibitions in locations including Berlin, Breda, Hamburg, Marburg and Peking. Teaching in Berlin. Photographs published in journals, magazines, books and catalogues since 1987, nationally and internationally.*

*Udo Weilacher, Prof. Sr. sc. Techn. ETH Dipl.-Ing. Born 1963; horticulture, study of landscape architecture at Munich-Weihenstephan TU and at California State Polytechnic University Pomona/Los Angeles. Dissertation with distinction at the ETH Zurich. Numerous publications, including 'Zwischen Landschaftsarchitektur und Land Art' 1996/1999 and 'Visionäre Gärten. Die modernen Landschaften von Ernst Cramer' 2001. Professor of landscape architecture and design at Hanover University.*

# Rekombinationen
# Recombinations

**Büro Kiefer** Landschaftsarchitektur | Landscape design

Thies Schröder
Autor | Author

Hanns Joosten
Fotografie | Photography

Ulmer

| | |
|---|---|
| **Bildwelten in Bewegung** \| Pictorial worlds in motion<br>Udo Weilacher | 007 - 009 |
| **Separation** \| Separation | 010 - 015 |
| **Platz** \| Square | 016 - 043 |
| **Subtraktion** \| Subtraction | 044 - 051 |
| **Garten** \| Garden | 052 - 073 |
| **Kontext** \| Context | 074 - 079 |
| **Weg** \| Path | 080 - 107 |
| **Rekombination** \| Recombination | 108 - 113 |
| **Park** \| Park | 114 - 145 |
| **Werkverzeichnis** \| Projects | 146 - 152 |
| **Biografie** \| Biography | 153 |
| **Auszeichnungen** \| Awards | 153 |
| **Veröffentlichungen** \| Publications | 154 - 156 |
| **Ausstellungsbeiträge** \| Exhibitions | 157 |
| **Bibliografie** \| Bibliography | 158 |
| **Mitarbeiter** \| Collaborators | 159 |
| **Impressum** \| Colophon | 160 |

6

# Bildwelten in Bewegung
## Pictorial worlds in motion

Die Zeit der langsamen Bilder ist offenbar vorbei. In der Informationsgesellschaft des 21. Jahrhunderts führt der permanente Beschuss mit schnellen, überwiegend digitalen Bildströmen zur Erosion des menschlichen Wahrnehmungsvermögens und dementsprechend zur partiellen bis totalen Unfähigkeit, die feinen Unterschiede in den Lebensumwelten noch differenziert wahrzunehmen. Die Rastlosigkeit der massenmedial verbreiteten Bilder scheint den Wahrnehmungsgewohnheiten einer hypermobilen Gesellschaft vollkommen angemessen, denn die nimmt selbst Landschaft heute überwiegend in Bewegung, bevorzugt in schneller Fahrt oder im Flug wahr. Den beschleunigten Informationsfluss jedoch, der mit diesen Bildströmen untrennbar verbunden ist, kann das menschliche Kurzzeitgedächtnis mit seiner auf 16 bit pro Sekunde begrenzten Aufnahmekapazität nur noch unter der Voraussetzung verarbeiten, dass die Information in leicht „verdaulicher" Form, etwa auf möglichst niedrigem Komplexitätsniveau verabreicht wird. Das hat weit reichende Konsequenzen, auch für die aktuelle Landschaftsarchitektur und deren „Produkte", sofern die Lesbarkeit von Freiräumen im Bildstrom auch in Zukunft gewährleistet bleiben soll.

Das Entwerfen von identitätsstiftenden, charakteristischen Orten zählt seit jeher zu den zentralen Aufgaben einer Landschaftsarchitektur, die dem Menschen tragfähige und ästhetisch ansprechende Lebensräume bieten will. Unter den neuen Bedingungen im Fluss der Bilder ist jedoch zu befürchten, dass das Wesen eines Ortes – ob vorhanden oder neu gestaltet – nur noch dann vom Publikum registriert wird, wenn es ein gewisses Mindestmaß an Plakativität aufweist oder bereits so stark mythologisiert ist, dass es keinerlei Erklärungen mehr bedarf. Vereinfacht ausgedrückt: Wer an der Autobahn werben will, muss Superzeichen setzen, am besten solche, über deren tieferen Sinn man nicht lange nachdenken muss. Vor allem den leisen, aber keineswegs charakterlosen Orten droht damit die Gefahr, dass sie zwanghaft zu vermarktbaren Karikaturen ihrer selbst stilisiert oder hartnäckig gemäß bestimmten Idealvorstellungen konserviert werden. Gerade die vorgefertigten, traditionell geprägten Idealbilder von heiler Natur und schöner Landschaft erfüllen alle Bedingungen der schnellen Erfassbarkeit und leichten Konsumierbarkeit; ist doch der Code zu ihrer Entschlüsselung längst Allgemeingut und der Grad

*Slow images have obviously had their day. In the 21st century information society, permanent bombardment with rapid streams of mainly digital images is eroding human perception. This leads to a partial inability to perceive sophisticated distinctions in the environments we inhabit. The restlessness of images distributed by the mass media seems to be entirely appropriate to the perceptual habits of a hypermobile society that even addresses landscape in motion now, preferably from a fast car or a plane. But the accelerated information flow that is inextricably linked with these image streams can be processed by the human short term memory with its capacity of 16 bits per second only if the information is presented in easily 'digested' form, offered at the lowest possible level of complexity. This has far-reaching consequences; they also apply to current landscape architecture and its 'products', if open spaces are still to be guaranteed intelligible within the stream of images.*

*Designing characteristic places capable of endowing identity has always been one of the central duties of a landscape architecture intending to offer viable and aesthetically appealing places in which people can live. But given the new conditions within the flood of images there is a danger that the essence of a place – whether existing or newly designed – is registered by the public only if it demonstrates a certain minimal boldness and eye-catching quality, or is already so strongly mythologized that no further explanations are needed. Put more simply: if you want to advertise on the motorway you have to use supersigns, ideally those that don't demand long reflection about their deeper meaning. This suggests a threat that quiet but by no means characterless places will inevitably be stylized into marketable caricatures of themselves, or stubbornly preserved according to certain ideals. It is precisely the prefabricated, traditionally formed ideal images of perfect nature and beautiful countryside that meet all the conditions of being readily grasped and easily consumed; but the code for deciphering them has long been generally available and they are mythologized to a very high degree. Hence they are distributed increasingly intensely in today's mass media, but with decreasing sensitivity.*

*The current rigid guidelines for landscape architecture derive from industrial society, and thus reflect a traditional understanding of nature and landscape. Hence the almost inevitable consequence that past cultural conditions are*

ihrer Mythologisierung sehr hoch. In den heutigen Massenmedien werden sie deshalb mit immer stärkerer Intensität, aber immer geringerer Sensibilität verbreitet. Da die gängigen, starren Leitbilder der Landschaftsarchitektur der Industriegesellschaft entstammen und somit ein überkommenes Natur- und Landschaftsverständnis reflektieren, ist die Konservierung vergangener Kulturzustände fast ebenso zwangsläufig die Folge wie der totale Konstruktionscharakter einer Landschaft, die nach stereotypen Leitbildern geformt wird. Gerade jetzt, wo die Weichen zu einer neuen Kulturlandschaftsentwicklung im Informationszeitalter gestellt werden, ist die Diskussion über neue Referenz- und Leitbilder sowie über die Funktion und die Gestaltung zukünftiger Freiräume von besonderer Wichtigkeit. Experimentierfreudige Landschaftsarchitektinnen wie Gabriele G. Kiefer heizen diese Diskussion mit gekonnt formulierten Projekten bewusst an. Landschaftsarchitektur ist ein einzigartiges nonverbales Kommunikationsmedium, mit dem auf ganz besondere Weise der Dialog über die gebaute und natürliche Umwelt geführt wird. Sowohl realisierte als auch publizierte Projekte prägen und verbreiten allgemeine Vorstellungen und Erwartungen, welche Qualitäten die zukünftige Lebenswelt auszeichnen sollen.

Nicht zuletzt durch den erfreulichen Zuwachs an Publikationen zur aktuellen Landschaftsarchitektur in den vergangenen zehn Jahren ist diese Disziplin in den Strom der Bilder gezogen worden. Nach Jahrzehnten der ökologisch geprägten Ideologisierung in den 1970er und 80er Jahren und der einseitigen Betonung der schützenden und erhaltenden Aufgaben bekennt sich die aktuelle Landschaftsarchitektur endlich wieder frei zu ihrem gestalterischen Auftrag. Mit der wieder gewonnenen gestalterischen Freiheit ist jedoch ein erhebliches Mehr an Verantwortung verbunden. So stellt sich dringlicher denn je die grundsätzliche Frage, ob die Landschaftsarchitektur zum belanglosen Hintergrundrauschen austauschbarer Bildwelten beitragen will, oder ob sie sich auch in Zukunft den vermeintlichen Luxus leisten möchte, die Welt nicht nur mit Bildern zu füllen, sondern vor allem mit relevanten Inhalten anzureichern? Dieter Kienasts einstiges Plädoyer gegen die gestalterische Geschwätzigkeit gilt heute, unter den verschärften Bedingungen im Konkurrenzkampf der Bilder, mehr denn je.

Kienast, den Gabriele G. Kiefer wohlüberlegt zu ihren wichtigsten Leitbildern zählt, war es auch, der im Zusammenhang mit seiner Aufgabe als Landschaftsarchitekt vom Zwang zu gestalterischer Reduktion sprach, denn „die Reduktion hat auch einen gesellschaftlichen Hintergrund: Die Anreicherung des Raumes geschieht von selbst, während wir Sorge dafür tragen müssen, den tragfähigen Rahmen zu schaffen." (Kienast, zit. n. Weilacher 1999, S. 150) Aktuell lässt sich stattdessen eine immer stärkere, vermeintlich gestalterische Anreicherung und gelegentlich sogar Überfrachtung der öffentlichen Freiräume mit Bildern konstatieren. Wohl sind die vielfältigen gesellschaftlichen Ansprüche an die Um- und Neugestaltung öffentlicher städtischer Räume nicht leicht zu erfüllen, insbesondere was die Ausformulierung qualitätsvoller Leere, beruhigender Entschleunigung und entspannter Inaktivität anbelangt. Im Zeitalter beflügelter Informations- und Bildströme werden Leere, Langsamkeit und Ruhe zwar einerseits zu raren Luxusgütern im privaten Raum. Andererseits wird die spürbare Leere und phasenweise Unbelebtheit öffentlicher Räume in der heutigen Gesellschaft sehr schnell als unerträglich, ja sogar als bedrohlich „ausgestorben" empfunden und als „Krise des öffentlichen Raumes" schlechthin problematisiert. Doch „die Krise des öffentlichen Raumes ist in Wahrheit eine Krise des Gemeinwesens", stellt Hanno Rauterberg treffend fest. „Der Streit um den öffentlichen Raum ist also in Wahrheit eine Ersatzdebatte, denn mehr als der Raum die Gesellschaft prägt, prägt die Gesellschaft ihren Raum." (Rauterberg 2001, S. 9) So betrachtet ist am Umgang mit dem Freiraum und den dazugehörigen Bildwelten bei genauerem

*conserved, along with a totally constructed landscape, shaped according to stereotypical models. Today in particular, when the steps are being taken towards developing a new cultural landscape for the information age, it is especially important to discuss new references and models and also the function and design of tomorrow's open spaces. Landscape architects like Gabriele G. Kiefer, who enjoy experimentation, are consciously stimulating interest in this discussion with their skilfully formulated projects. Landscape architecture is a unique, non-verbal communication medium that can be used as a very special tool for conducting dialogue about our built and natural environment. Both realized and published projects shape and convey general ideas and expectations about the qualities of our future world.*

*This discipline has been drawn into the stream of images not least as a result of the very pleasing increase in the number of publications on current landscape architecture in the last ten years. After decades of ecologically determined imposition of ideologies in the 1970s and 80s, and one-sided emphasis on protection and sustainability, today's landscape architecture is at last free to commit itself to its creative task again. But winning back creative freedom is linked with a considerable increase in responsibility. So we are faced more urgently than ever with the fundamental question of whether landscape architecture intends to contribute to the trivial background noise of interchangeable pictorial worlds, or whether in future it too will want to allow itself the supposed luxury of not just filling the world with images, but above all enriching it with relevant meaning? Dieter Kienast's earlier complaint about creative loquacity is more valid than ever today, given the increasingly intense conditions of the rivalry between images.*

*It was also Kienast, whom Kiefer thoughtfully counts as one of her major role models, who spoke about the drive towards creative reduction in the context of his work as a landscape architect. He says that 'reduction has a social background: enriching the space happens of its own accord, while we have to take care to create a viable framework.' (Kienast, quoted from Weilacher 1999, p. 150) Currently, in contrast with this, we presently see public open spaces enriched ever more powerfully and supposedly creatively, and occasionally even overloaded with images. Certainly the many social demands made by the refurbishment and new design of public urban spaces are not easily met, especially as far as formulating high-quality emptiness, calming deceleration and relaxed inactivity are concerned. In the age of accelerating streams of information and images, emptiness, slowness and repose have become rare luxuries in private spaces. But on the other hand, discernible emptiness and phases of complete inactivity in public spaces are quickly dubbed intolerable in contemporary society. Indeed they may be seen as threateningly 'dead' and simply stigmatized as a 'crisis of public space'. But as Hanno Rauterberg appositely states 'the crisis of public space is in truth a crisis of the community. The quarrel about public space is thus in truth a false debate: society shapes its space more than space shapes society.' (Rauterberg 2001, p. 9) Seen in this way, if we look more closely at the treatment of open space and the pictorial worlds attached to it, it's easy to discern and discuss in detail how things really stand with contemporary society and its future relationship with nature and culture.*

*As far as prognoses for the next 50 years are concerned, public life will change a very great deal, it will be more closely monitored, secured and controlled. 'George Orwell's prophecy will come true; not in the 20th century, but in the 21st century', promises someone who can control powerful image streams in a masterly fashion: Steven Spielberg. The director invited distinguished American experts from the fields of technology, the environment, combating crime, medicine, health,*

Einführung | Introduction

Hinsehen deutlich abzulesen und eingehend zu diskutieren, wie es um die gegenwärtige Gesellschaft und um ihr zukünftiges Verhältnis zu Natur und Kultur wirklich bestellt ist.

Was die Prognosen für die kommenden 50 Jahre anbelangt, wird sich das öffentliche Leben gravierend verändern, es wird stärker kontrolliert, gesichert und gesteuert werden. „George Orwells Prophezeiung wird wahr; nicht im 20. Jahrhundert, sondern im 21. Jahrhundert", verheißt einer, der mächtige Bildströme meisterhaft beherrscht: Steven Spielberg. Der Regisseur lud renommierte amerikanische Experten aus den Bereichen Technologie, Umwelt, Verbrechensbekämpfung, Medizin, Gesundheit, Soziale Dienste, Verkehr, Computertechnologie und Stadtplanung zu einem dreitägigen Think Tank ein, um zu ergründen, wie die Welt in Zukunft aussehen wird. Dabei ging es um die vorhersehbare Zukunft in einem halben Jahrhundert, 50 Jahre, in denen sich aller Wahrscheinlichkeit nach keine völlig neue Gesellschaftsform entwickeln wird. In Spielbergs Science-Fiction-Visionen gibt es keine unüberwachte Privatheit mehr. Der öffentliche Raum ist gespickt mit Netzhautscannern, die den Menschen überall und jederzeit identifizieren. Doch das Szenario geht noch einen Schritt weiter: 2052 identifizieren interaktive Reklamebildschirme in öffentlichen Einkaufspassagen und auf Plätzen mittels blitzschneller Augenscans jede Person schon von weitem, lesen ihr die individuellen Wünsche regelrecht von den Augen ab und richten Ton- und Bildinformationen gezielt an ihre Kunden: Die Bilder rauschen nicht mehr am Konsumenten vorbei, sondern treffen ihn an seiner empfindlichsten Stelle, seiner Individualität.

Gestalterisch bewahren die öffentlichen Räume in Spielbergs Zukunftsvision weitgehend ihr traditionelles Aussehen; die altbekannten Freiraum-Archetypen sind also äußerst zäh. Doch was einst das Wesen des öffentlichen Freiraumes ausmachte, die zufällige, physische Begegnung zwischen Menschen, wird durch perfekte Simulation, verpackt in reizvolle Bilder, ersetzt. Der öffentliche Raum der Zukunft: eigentumsrechtlich privatisiert und perfekt zugeschnitten auf unsere persönlichen, auch ästhetischen Bedürfnisse – Traum oder Alptraum? Fest steht, dass wir schon heute auf dem besten Wege sind, den öffentlichen Raum immer mehr zu privatisieren und zur interaktiven Benutzeroberfläche für die moderne Informations- und Erlebnisgesellschaft umzugestalten. Eine ganze Industrie widmet sich unter dem Titel „Public Design" der Entwicklung neuer, bevorzugt mulifunktionaler Ausstattungsobjekte, Stadtmöblierungselemente und Informationskonsolen, die möglichst keine Wünsche der Stadtbewohner und Freiraumbenutzer offen lassen, leicht konsumierbare Bilder verbreiten und ganz nebenbei zur Animation vermeintlich „toter" öffentlicher Räume beitragen sollen. Die Bildwelten sind in Bewegung geraten. Noch ist das Wohin offen.

Udo Weilacher

*social services, transport, computer technology and town planning to a three-day think tank in order to find out how the world would look in the future. He meant the foreseeable future in half a century, 50 years in which in all probability a completely new form of society will develop. There are no longer any unguarded private areas in Spielberg's science fiction visions. Public space is packed with retinal scanners that identify people everywhere and at any time. But the scenario goes another step further: in 2052 interactive advertising screens in public shopping arcades and squares will use ultra-rapid eye scans to identify everyone even from a distance, read their individual wishes from their eyes and direct sound and pictorial information directly at their customers: the images no longer rush past the consumers, but impact on their most sensitive point, their individuality.*

*In design terms the public spaces in Spielberg's vision of the future largely retain their traditional appearance; the familiar open-space archetypes must be extremely resilient. But something that once determined the essence of public open spaces, people meeting, physically and randomly, is replaced by perfect simulation, packed in attractive images. The public space of the future: privatized in terms of ownership and perfectly tailored to our personal and indeed our aesthetic needs – dream or nightmare? It is certain that we are already well on the way to privatizing public space increasingly and redesigning it as an interactive user interface for the modern information and adventure society. A whole 'Public Design' industry is devoted to developing new, preferably multi-functional design objects, urban equipment and information consoles that meet as many of the city-dwellers' and open-space users' wishes as possible. They distribute images that can easily be consumed and are intended quite incidentally to animate allegedly 'dead' public spaces. The pictorial worlds are on the move. We still do not know where to.*

*Udo Weilacher*

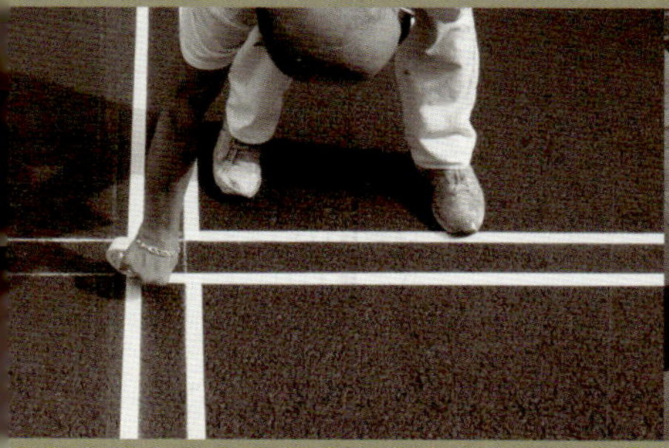
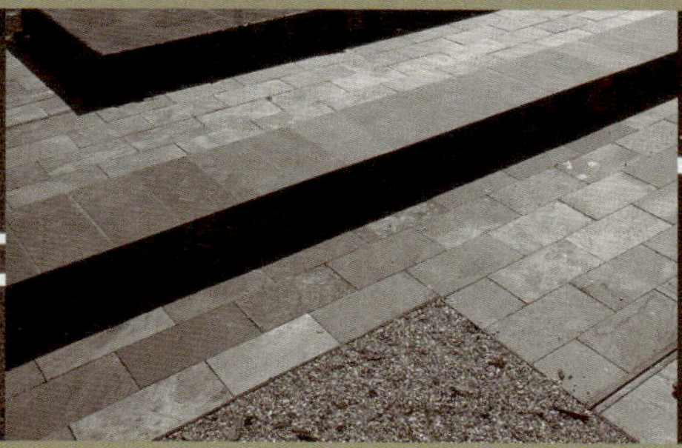
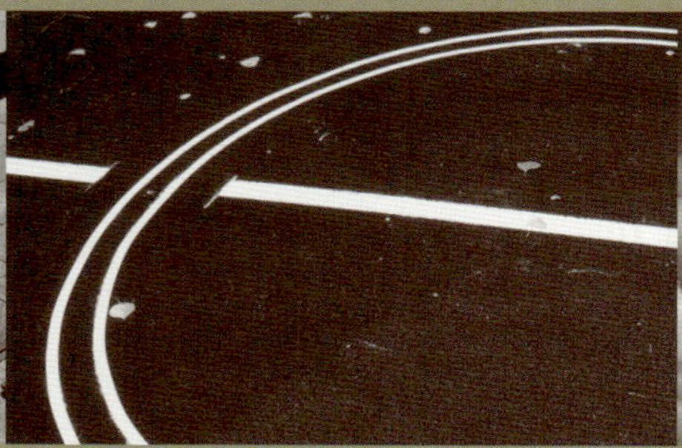
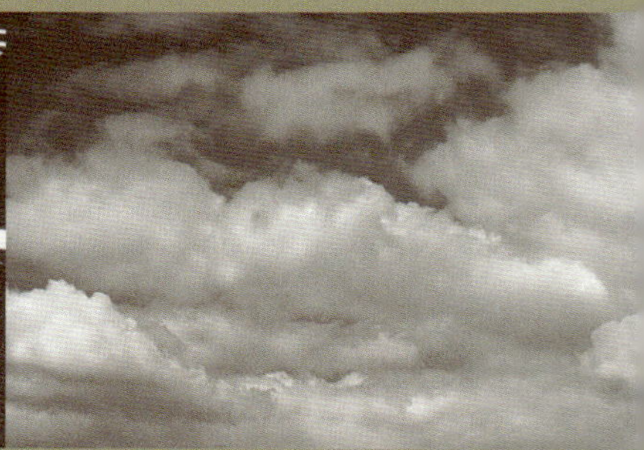

# Separation
# Separation

+ Entwerfen ist Entscheiden. Entscheidungen bauen aufeinander auf. Eine solche Abfolge kann intuitiv gesteuert werden. Und sie kann auf systematischem Vorgehen basieren. Im besten Fall kombiniert Entwerfen Systematik und Intuition miteinander. Deshalb gibt es eine Logik des Entwerfens.
+ In dieser Logik des Entwerfens liegt die Qualität der Landschaftsarchitektur begründet, die das Büro Kiefer vertritt. Nicht quantitatives Berechnen, aber logisches Entscheiden steht im Mittelpunkt des Kiefer'schen Entwerfens.
+ Der mathematischen Logik ist eine Logik des Entwerfens nur bedingt vergleichbar. Die klassische mathematische Logik, nämlich die zweiwertige Logik, antwortet auf jede mögliche Frage mit ja oder nein. Diese Logik ist im Begriff, die Welt mittels digitaler Technologien als Unterscheidung von 0 und 1 abzubilden.
Die synergetische Logik einer landschaftsarchitektonischen Komposition steht dem entgegen. So lässt sich ein zeitgenössischer Park als Schichtung und spannungsreiche Beziehung von Natur- und Kulturentwicklungen lesen, nicht aber als Trennung und Gegenüberstellung von urbaner Kultur und antiurbaner Natur.
+ Das Büro Kiefer verlässt damit ein Ausschlussprinzip, welches seit annähernd 100 Jahren die Landschaftsgestaltung als Gegenüberstellung von Schutz und Entwicklung prägte. Dieses Prinzip ist seit dem späten Mittelalter in der Idee der Natur angelegt. Auf Spinoza geht die Unterscheidung zwischen ‚natura naturata' und ‚natura naturans' und damit die Unterscheidung einer ursprünglich gegebenen Natur (= Schöpfung) einerseits und einer Natur als Entwicklungsprinzip (= Schöpfungskraft) andererseits zurück.
+ Um Zustand und Entwicklung gemeinsam zu betrachten, bedarf es der Vorstellbarkeit beider Aspekte. Dies macht die Kategorie des Raumes notwendig. Die Kategorie des Raumes ist fließend und fixierbar zugleich. Gegenüber dem bloßen ‚Bild' ist der Raum um mindestens eine Dimension erweitert. Dies macht es möglich, Raum als beschreibbar und abbildbar wie zugleich als Prozess von Bewegung und Entwicklung zu begreifen.
+ Michel Foucault, der die Gegenwart als „Epoche des Raumes" charakterisiert hat und von der Vergangenheit unterschied, die durch Betrachtungen zur Geschichte, zum Verlauf der Zeit geprägt war, bietet für diesen Ansatz der Landschaftsarchitektur die Grundlage: „Wir sind in der Epoche des Simultanen, wir sind in der Epoche der Juxtaposition, in der Epoche des Nahen und des Fernen, des Neben-

*+ Designing is deciding. Decisions build on each other. This sequence can be controlled intuitively. And it can be based on systematic procedures. In the best case, design combines systematics and intuition. Hence there is a logic of design.*
*+ The quality of landscape architecture produced by Büro Kiefer is based on this logic of design. Logical decisions, not quantitative calculations, are at the heart of the Kiefer design approach.*
*+ Design logic is comparable with mathematical logic only to a limited extent. Classical mathematical logic, i.e. binary logic, answers every possible question with yes or no. This logic is presently using digital technologies to depict the world as the difference between 0 and 1.*
*The synergistic logic of a landscape architecture composition runs counter to this. A contemporary park can be read as a stratified, tension-laden relationship between natural and cultural developments. It cannot be read as a separation and confrontation of urban culture and anti-urban nature.*
*+ Here Büro Kiefer is abandoning an exclusion principle that has been defining landscape design as a confrontation of protection and development for almost 100 years. It was Spinoza who drew a distinction between 'natura naturata' and 'natura naturans', a distinction between nature as originally given (= creation) and nature as a development principle (= creative force).*
*+ This means that the category of space is necessary. If condition and development are to be looked at together, both aspects have to be imaginable. The category of space can be fixed and is fluid at the same time. Compared with the 'image', space is expanded by at least one dimension. This makes it possible to understand space as describable and depictable, and also as a movement, a development process.*
*+ Michel Foucault provided the basis for this approach to landscape architecture. He defined the present as the 'epoch of space', distinguishing it from the past, which was defined by considerations about history and the passage of time: 'We are in the epoch of simultaneity, we are in the epoch of juxtaposition, the epoch of closeness and distance, we are close together and far apart. We are, I think, at a moment when the world is experiencing itself not so much as a large life developing through time, but more as a net, linking its intersections and thwarting entanglement.' (Foucault 1967)*

einander, des Auseinander. Wir sind, glaube ich, in einem Moment, wo sich die Welt weniger als ein großes sich durch die Zeit entwickelndes Leben erfährt, sondern eher als ein Netz, das seine Punkte verknüpft und sein Gewirr durchkreuzt." (Foucault 1967) Solcher als Netz identifizierbarer Raum macht eine Betonung der „verknüpfenden Punkte" notwendig. Landschaftsarchitektur ist vor die Aufgabe gestellt, Raum in seinen Intensitäten und Entfernungen lesbar zu machen.
+ Das Büro Kiefer verfolgt zum Zweck der Identifizierung von Raum eine Logik des Entwerfens, die eine mathematische in eine ästhetisch-synergetische Logik integriert. Beide basieren auf dem Prinzip der Unterscheidung. Dieses Prinzip geht zurück auf die Idee der Logik, wie sie Aristoteles prägte.
Schon in der Metaphysik der griechischen Antike ist die Unterscheidung von Erkennen und Sein, von Idee und Materie sowie von Subjekt und Objekt begründet. Diese Unterscheidung bestimmt unser Verständnis von Mensch und Umwelt. Ein Subjekt denkt, entwirft, begreift die Umwelt als seinen Gegenstand. Im Entwerfen lernt das Individuum zu unterscheiden.

## Gegenwelten-Welten[x]

+ Der Entwurf ersetzt keine Erkenntnis- und damit Entwurfsleistungen des Ich-Subjektes. Landschaftsarchitektur kann aber Raumbilder anbieten und so das Unterscheiden anregen. Landschaftsarchitektur kann den Menschen zum Gegenstand seiner Umwelt in Beziehung treten lassen. Überzeugende Landschaftsarchitektur hilft, den Raum zu lesen, indem eine Grammatik des Raums angeboten wird. Akzentuierungen wie Reduzierungen sind Methoden dieser Grammatik. Kiefer entwickelt viele ihrer Arbeiten anhand von „Raumgerüsten" und „Füllungen". Die Eindeutigkeit des Gerüsts, des Rahmens sowie die Interpretationsspielräume der Füllungen machen Räume lesbar. Lesbar ist, was als interessant erlebt wird, was also lesenswert, betrachtenswert ist.
+ Landschaftsarchitektur hilft, Stimmungen zu erzeugen und somit Reflexionen auf Raum zu beziehen. Im Entwurf finden sich traditionell naturwissenschaftliche Ratio und romantische Naturidentifikation. Als klassischste aller Gegenwelten ist „Natur" in einer Raum-Grammatik aufgehoben.
+ Seit der Philosophie des transzendentalen Idealismus sind das Denken und das Entwerfen um einen Bezugspunkt erweitert worden. Der logische Prozess ist nun das Denken des Ich, welches sich einen Gegenstand denkt, ihn quasi entwirft. Das Subjekt steht nicht mehr allein dem Objekt gegenüber, sondern reflektiert seine Subjekt-Objekt-Beziehung.
+ Landschaft ist daher heute ein vielschichtiges Phänomen, nicht mehr allein Abbild einer eindimensionalen und allgemein verbindlichen Naturvorstellung des Menschen. Doch auch als Abbild einer relationalen Identität des Raumes, die eine jeweilige Identität des Betrachters einbezieht, dient Landschaft der Orientierung.
+ Die Landschaftsarchitektur Kiefers gibt der Reflexion und Vermittlung räumlichen Ausdruck. Artifizielle Erhebungen wie in der „Erlebniswelt Wolfsburg" markieren die Subjekt-Objekt-Reflexion im Raum ebenso wie die zur Selbstvergewisserung einladenden Hybridräume des Opfiker Parks in Zürich. Der betrachtende Mensch wird auf sich selbst zurückgeworfen.

## Raum x emotionale Identität = Komplexität

+ Entstanden ist der Entwurfsansatz des Büro Kiefer ganz konkret: aus der Wahrnehmung von Stadt und Landschaft. In der Auseinandersetzung mit der

*Space identifiable as such a net necessitates emphasizing the 'linking intersections'. Landscape architecture has to make all space's intensity and distance intelligible.*
*+ To identify space, Büro Kiefer pursues a design logic that builds mathematical logic into an aesthetic and synergistic logic. This goes back to the idea of logic as determined by Aristotle.*
*Even the metaphysics of Greek Antiquity permit a distinction between cognition and being, idea and material, subject and object. A subject thinks, designs and understands the environment as its object, its counter-part. Designing teaches individuals to distinguish.*

## *Counter-worlds-worlds[x]*

*+ A design does not replace the I-subject's input of cognition, and thus of design. But landscape architecture can offer spatial images, thus stimulating the drawing of disctinctions. Landscape architecture can make people relate to the counter-part in their environment. Convincing landscape architecture helps us to read space by offering a grammar of space. This grammar works with accentuation and reduction.*
*Kiefer develops a lot of work using 'spatial frameworks' and 'fillings'. Fillings offer an unambiguous framework and interpretative scope, thus making spaces intelligible. Something is intelligible if it is seen as interesting, and so worth reading, worth looking at.*
*+ Landscape architecture helps to create moods and thus to relate reflections to space. Traditionally, scientific reason and romantic identification with nature are part of the design. As the most classical of all counter-worlds, 'nature' is preserved in a grammar of space.*
*+ Since the philosophy of transcendental idealism, thinking and designing have acquired one more reference point. The logical process is now thinking by the ego, which thinks an object into being, designs it, as it were. The subject is no longer simply confronted with the object, but is reflecting on a subject-object relation.*
*+ Thus landscape is a complex phenomenon nowadays, no longer just a copy of man's one-dimensional and generalized idea of nature. But landscape also provides orientation as an image of a relational spatial identity including a particular viewer-identity.*
*+ Kiefer's landscape architecture expresses this sense of reflecting and mediating. Artificial eminences in the 'Erlebniswelt Wolfsburg' mark subject-object reflection in a space, and so do the hybrid spaces inviting self-ascertainment in Zurich's Opfiker Park. Human beings are thrown back on themselves as they observe.*

## *Space x emotional identity = complexity*

*+ The Büro Kiefer design approach emerged quite concretely from perceiving town and landscape. New places are conceived by examining the surroundings, not by negating them. These are independent spatial segments and spatial structures. They stand out for their emotional quality. And they are distinct from non-places. The Paris anthropologist Marc Augé states that 'a space that cannot be defined as relational, or historical, or concerned with identity, will be a non-place.' (Augé 1995)*

*But a space that can be defined conflicts with 'Supermodernism's' many everyday spaces, the streets, centres, stations that are defined by their function*

Umgebung, nicht in deren Negation, werden neue Orte konzipiert. Diese sind eigenständige Raumsegmente und Raumstrukturen. Emotionale Qualität zeichnet sie aus. Und unterscheidet sie von den Nicht-Orten. Diese definiert der Pariser Anthropologe Marc Augé als „Raum, der keine Identität besitzt und sich weder als relational noch als historisch bezeichnen lässt" (Augé 1995).

Der Ort dagegen, der sich bezeichnen lässt, steht den vielen Räumen des Alltags der „Supermoderne", den Straßen, Centern, Bahnhöfen, die sich allein durch ihre Funktion definieren, entgegen. Den neuen Berliner Zentralbahnhof wie den Flughafen Wien lädt das Büro Kiefer bei aller Schlichtheit der Entwürfe mit emotionaler Identität auf.

+ Die zunehmende Komplexität landschaftsarchitektonischen Entwerfens ist in dem Prinzip des Entwerfens selbst angelegt. Das Wissen um die Fähigkeit des Unterscheiden-Könnens macht die Landschaftsarchitektur systematisch und regelgerecht anwendbar. Auf der Grundlage von Logik und Reflexion lässt sich das klassische Sein der griechischen Metaphysik, die Objektivität, das Es, im Entwurf kombinieren mit dem Ich und Du, der transzendentalen Subjektivität. Diese Vermittlungsleistung ist im kreativen Entwerfen des Büro Kiefer enthalten.

+ Wo nun aber das Subjekt ein Gegenüber schafft – als geistiges Bild wie als materielle Landschaft oder als Bauwerk (welche wiederum auch von Dritten reflektiert werden) – entsteht eine potenziell unendliche Zahl an Wahrnehmungsmöglichkeiten.

## Ästhetisch-mathematische Vermittlungen

+ Das Entwerfen als logischer Prozess bezieht sich auf das triadische Verhältnis aus Objekt (Es), Subjekt (Ich und Du) und einer Vielfalt intersubjektiver kultureller Übereinstimmungen und Urteile (Wir, Ihr und Sie). Dem Technikphilosophen und Logiker Gotthard Günther gilt jedes gebaute Objekt als „Stellwerk einer Fülle gelungener oder gescheiterter Vermittlungen: zwischen Gestalter (dem Ich) und Benutzern (dem Du oder dem Ihr), Form und Materialien, der bildlichen Symbole mit den technischen Funktionen" (Baldus / Günther 1987). Für die Landschaftsarchitektur überträgt Kiefer diese Betrachtung auf den Park, den Garten, den Weg und den Platz, auf Stadt und Landschaft als Vermittlungsleistungen.

Gotthard Günther hat in hohem Alter eine Aufgabe gestellt, an deren Lösung die Kybernetik, die Soziologie wie die Philosophie noch lange arbeiten werden: die Arithmetisierung und mathematische Durchdringung der Vermittlungen zwischen Subjekt, Objekt und Kultur. Was in der Philosophie des transzendentalen Idealismus begrifflichen Ausdruck fand und in den Kulturwissenschaften beschrieben werden kann, müsse über Begriffe zukünftig hinausgehen. „Wenn Sie aus der idealistischen Philosophie eine Technik entwickeln wollen, dann müssen Sie die Vermittlungstheorie arithmetisieren, dann kommen Sie mit Begriffen allein nicht mehr durch. Sie brauchen dialektisch organisierte, arithmetische Systeme, die klarmachen, wie die Spiegelungen und Vermittlungen zwischen Ich, Du und Es nun wirklich ‚funktionieren'." (Ebd.)

+ Kiefer bedient sich des landschaftsarchitektonischen Entwerfens als eines solchen Systems. Mit Hilfe der ästhetisch-mathematischen Vermittlung weist sie über die begriffliche Vermittlung einer Subjekt-Objekt-Dialektik hinaus.

+ Daher kann die Landschaftsarchitektur des Büro Kiefer in festgefügten und tradierten Bildern zu den Begriffen ‚Stadt' oder ‚Natur', ‚Kultur' oder ‚Wildnis' nicht stehen bleiben. Ein Entwurf als Methodik und als Technik kann fertige Eindrücke und Bildmuster nicht einfach reproduzieren, um neue Kreationen und Kombinationen zu schaffen. Vielmehr gilt es, eine Vielzahl an möglichen

alone. Büro Kiefer's designs, simple though they are, charge both the new central station in Berlin and Vienna airport with emotional intensity.

+ The increasing complexity of landscape architecture design is part and parcel of the principle of design itself. Awareness of the human ability to make decisions means that landscape architecture can be applied systematically and correctly – a creative technique. Working on the basis of logic and reflection, the classical essence of Greek metaphysics, objectivity, the id, or it, can be combined in design with the ego, or I, and the you, transcendental subjectivity. This act of mediation is preserved in Büro Kiefer's creative design.

+ But where the subject creates an opposite – as a intellectual image and as material landscape or a building (which will in their turn be reflected on by third parties as well) – a potentially infinite number of perception possibilities emerges.

## Aesthetic and mathematical mediation

+ Design as a logical process relates to the triadic relationship of object (it), subject (I and you – singular) and a number of intersubjective cultural agreements and judgements (we, you – plural). The technology philosopher and logician Gotthard Günther, considers every built object as a 'signal-box for a large number of successful or failed mediations: between the designer (I) and the users (you singular or plural), form and materials, pictorial symbols with technical functions.' (Baldus / Günther 1987) For landscape architecture, Kiefer transfers this observation to parks, gardens, paths and squares, to town and countryside as acts of mediation.

Gotthard Günther, now an old man, has posed a problem that cybernetics, sociology and philosophy will work on for a long time: imposing arithmetic and mathematical stringency on mediations between subject, object and culture. Matters that used to be expressed conceptually in the philosophy of transcendental idealism and can be described within cultural academic disciplines will have to go beyond concepts in future. 'If you want to develop a technique from idealistic philosophy then you have to make mediation theory arithmetical, and then concepts alone will not be enough. You need dialectically organized arithmetical systems that make it clear how reflections and mediations between I, you and it 'function'.' (Ibid.)

+ Kiefer uses landscape architecture design as a system of this kind, employing aesthetic and mathematical mediation to imply more than conceptual mediation of a subject-object dialectic.

+ For this reason Büro Kiefer's landscape architecture cannot remain within fixed and traditional images of 'city' or 'nature', 'culture' or 'wilderness'. A design, as a method and technique, cannot simply reproduce complete impressions and image patterns in order to come up with new creations and mediations. Instead, a large number of possible reflections and mediations have to be examined. Only then is it possible to use logical conclusions to achieve a convincing result.

+ Context and counter-world provide the necessary field of tension for this design process. The method Büro Kiefer has developed is to use the ability to decide as the basis of deciding, and thus of design technique. Separating impressions is the first step towards this.

## Place = idea + material

+ There may well be a variety of subject-object relations, and thus of ways of understanding the world, so a design does not make it possible to illustrate an objective world view, or even a 'true' world of 'nature' or of 'culture'. As one

Spiegelungen und Vermittlungen zu überprüfen. Erst dann gelingt es, mittels logischen Schließens zu einem überzeugenden Ergebnis zu kommen.

+ Kontext und Gegenwelt bilden das notwendige Spannungsfeld dieses Entwerfens. Zur Methode entwickelt, nutzt das Büro Kiefer die Fähigkeit zu unterscheiden als Grundlage des Entscheidens und damit der Technik des Entwerfens. Das Separieren von Eindrücken ist hierzu ein erster Schritt.

## Ort = Idee + Materie

+ Weil eine Vielfalt an Subjekt-Objekt-Beziehungen und damit an Weltverständnissen denkbar ist, besteht im Entwurf nicht die Möglichkeit, eine objektive Weltsicht, gar eine „wahre" Welt der „Natur" oder der „Kultur", abzubilden. Als Freiheit der Kunst entspricht die ästhetische Vermittlung dem Überschreiten der zweiwertigen, der klassischen mathematischen Logik hin zu einer mehrwertigen oder „polykontexturalen Logik" (Günther). Der „Geist des Ortes", auf den sich viele Landschaftsarchitekten bis heute beziehen, bringt nicht den idealen Park, sondern viele Möglichkeiten eines Parks hervor.

+ Der genius loci ist kein primär vorhandenes Phänomen, das man nachbilden könnte. Vielmehr wird ein „Geist des Ortes" durch Betrachtung konstituiert und durch Landschaftsarchitektur und Architektur herausgestellt. Der Ort wird mittels des künstlichen Eingriffes von seiner Umgebung unterschieden und erhält so seinen spezifischen Charakter – ebenso wie er die Umgebung in neuer Weise betont.

+ Die von Kiefer propagierte Logik des Entwerfens überwindet die einfache Unterscheidung in „wahr" oder „falsch" als moralische wie als vernünftige Kategorien. Entwerfen ist eine Technik, ein logischer Prozess. Entwerfen ist aber keine Formel, die auf das immer gleiche, weil vermeintlich „wahre" Bild einer Welt hinausliefe. Jedoch ist jede Beziehung von Mensch und Welt an einem jeweiligen räumlichen wie zeitlichen Ort festzumachen. Der „Ort" steht für eben jenen Punkt des Denkens, an dem sich Idee und Materie berühren. Wir benötigen diese Vorstellung von „Orten", um uns, unsere Haltungen und Ideen „verorten" zu können, sie zu konkretisieren. Es geht darum, Position zu beziehen. Das Subjekt reflektiert sein Denken des Objektes, der Welt, indem es sich in einen vielfach relativen Kontext stellt. Subjekt reflektiert Raum und Zeit.

## Ort = (Raum x Zeit)$^{Identität}$

+ Entwerfen ist ohne das Integrieren von Zeit (auch von Zeitgeist) wie von Raum nicht vorstellbar. Auch in diesem Sinne ist das Entwerfen in der Landschaftsarchitektur Kiefers ein logischer Prozess, eine auf der mehrwertigen Logik basierende Technik der Konzentration von Raum und Zeit als Ort.

+ Dass dieses Vorgehen (und damit die Landschaftsarchitektur generell) im Informations- und Medienzeitalter an Bezugspunkten (bis zur Unkenntlichkeit ihres Gegenstandes) gewonnen hat, macht eine Konzentration im Entwurf um so notwendiger. Christophe Girot hat in seinem Aufsatz „Movism" darauf hingewiesen: „If we accept the precept that landscape architecture has always been bound to a strong pictorial and aesthetic tradition, then we are entitled to ask what referential image, if any, prevails in today's landscape practice. Ever since the early Renaissance, there has always been a strong and determined picture frame in which our perception of landscape has expanded and matured. But, with the advent of the moving image, particularly within new media, the notion of a precise reference image has become both relative and confused." (Girot 2002)

of art's freedoms, aesthetic mediation means going beyond binary, classical mathematical logic to a multiple-valued or 'polycontextural logic'. (Günther) The 'genius loci', to which many landscape artists still relate, does not produce the ideal park, but lots of possible parks.

+ The 'genius loci' is not a primary phenomenon that could be copied. In fact the 'spirit of the place' is constituted through contemplation and brought out by landscape architecture and architecture. The place is distinguished from its surroundings by the artistic intervention and acquires its specific character in this way – just as it emphasizes the surroundings in a new way.

+ The design logic that Kiefer propagates goes beyond simple division into 'true' or 'false' as moral and as rational categories. Design is a technique, a logical process. But designing is not a formula that would always lead to a picture of a world that is always the same because it is supposed to be 'true'. But any relation between man and the world has to be attached to a particular place in space and time. This 'place' is the point within thinking where idea and matter make contact with each other. We need this idea of 'places' in order to be able to 'place' ourselves, our attitudes and ideas, to concretize them. It is about taking up a position. The subject reflects its thinking about the object, the world, by placing itself in a multiply relative context. Subject reflects place and time.

## Place = (place x time)$^{identity}$

+ Design is unimaginable if it does not integrate time (including the spirit of the time) and space. In this sense too, designing is a logical process in Kiefer's landscape architecture, a technique based on a multiple-valued logic of concentrating space and time as place.

+ The fact that this process (and thus landscape architecture in general) has acquired more reference points in the information and media age (to the extent where its object becomes unrecognizable), makes it all the more necessary that there is concentration in the design. Christophe Girot pointed out this connection in his essay 'Movism': 'If we accept the precept that landscape architecture has always been bound to a strong pictorial and aesthetic tradition, then we are entitled to ask what referential image, if any, prevails in today's landscape practice. Ever since the early Renaissance, there has always been a strong and determined picture frame in which our perception of landscape has expanded and matured. But, with the advent of the moving image, particularly within new media, the notion of a precise reference image has become both relative and confused.' (Girot 2002)

+ A sequence, a flow of impressions in time, in other words place-images that create identity, leads to perception of space. At the analysis stage, the first step in the design, Büro Kiefer's landscape architecture effectively reverses this process. The overall picture creates individual images. This is how Kiefer responds to our expanded perception of landscape.

+ If the identity of a place is to be emphasized, it is necessary to separate objective and subjective components. Considered examination of each of these individual planes of reference produces a convincing image of space. The viewer identifies 'space' and 'place' with each other.

## Intensifying (raising by a power)

+ How does a space cause itself to be identified as a place? It is possible to go back to images. Paths, benches, bushes or trees can be arranged and

Separation | Separation

+ Eine Sequenz, eine zeitliche Folge an Eindrücken, also identitätsstiftenden Ortsbildern, ergibt die Wahrnehmung von Raum. In der Analyse, der ersten Stufe zum Entwurf, kehrt die Landschaftsarchitektur des Büro Kiefer diesen Prozess quasi um. Aus dem Gesamtbild entstehen Einzelbilder. Kiefer reagiert damit auf die erweiterte Wahrnehmung von Landschaft.

+ Um einen Raum in seiner Identität zu betonen, gilt es, objektive und subjektive Bestandteile der Wahrnehmung zu trennen. Die überlegte Betrachtung jeder einzelnen dieser Bezugsebenen ergibt ein überzeugendes Bild von Raum. „Raum" und „Ort" werden vom Betrachter miteinander identifiziert.

## Potenzieren

+ Wie lässt sich ein Raum als Ort identifizieren? Man kann auf Bilder zurückgreifen. Wege, Bänke, Stauden oder Bäume können in traditioneller Weise gelegt und gesetzt werden, so dass der Betrachter weiß: Dies ist ein Park. Einem solchen Ansatz fehlt jedoch meist die zeitgenössische Bedeutung. Orte werden sich selbst immer ähnlicher. Wahrnehmungsräume beginnen sich ineinander aufzulösen.

+ Hier könnten nun zeit-geistige Akzentuierungen abhelfen. Die Verwendung eines Materials, einer Bautechnik, einer Formensprache weisen einen städtischen oder ländlichen Ort aus als Produkt seiner Zeit.

+ Das Büro Kiefer geht über beide Ansätze hinaus. Eine Festlegung auf ein Bild wird gerade ausgeschlossen. Stattdessen wird eine Entwurfsaufgabe anfangs aus unterschiedlichsten Blickwinkeln gelesen und interpretiert. Eine Vielzahl an charakterisierenden Bildern entsteht in den Köpfen des Teams. Die Vielfalt an Erfahrungshintergründen ist Basis der tendenziell unendlichen Vielfalt möglicher Subjekt-Welt-Beziehungen.

## Separieren

+ Ein Ort entsteht anfangs als Vielzahl an möglichen Charakterisierungen. Um den Ort zu definieren, bedarf es eines aufwändigen Prozesses der Separation. Dieser methodische Prozess der Separation basiert auf dem phänomenologischen Denken. In der Analyse als erste Stufe des Entwerfens werden Situationen und Räume als gegebene wie als gedachte Phänomene erfasst. In der Konzentration auf die Erscheinungsform der existierenden Dinge im Raum entspricht der Entwurf einer mathematisch-physikalischen Versuchsanordnung. So werden Separationen möglich und notwendig.

## Schließen und Kombinieren

+ Dann muss eine zweite methodische Denkweise Anwendung finden: das logische Schließen und Kombinieren. Für ein geordnetes, kontrolliertes und kontrollierbares Entwerfen ist dieses Kombinieren und Schlussfolgern die einzig geeignete Ergänzung zum phänomenologischen Denken.

+ Es ist dieser Entwurfsprozess, in dem sich die Kiefer'sche Überzeugung von einer mehrwertigen Entwurfslogik ausdrückt. Im Ergebnis, dem gebauten Raum, ist dieser Prozess abzulesen. Wenn Raum in der Zeit als Ort identifiziert wird, wenn dem Raum in seiner Akzentuierung Charakter und emotionale Qualität gegeben sind, werden die Unterscheidungen im Entwurf zu Entscheidungen geführt.

*planted in the traditional way, so viewers know that this is a park. But usually that approach lacks contemporary significance. Places become more and more similar to each other. Perception spaces start to dissolve within each other.*

*+ Accents in tune with times can meet the need here. Using a material, a building technique, a formal language can identify an urban or rural place as a product of its time.*

*+ Büro Kiefer goes further than either of these approaches. Fixing on one image is out of the question. Instead of this, a design brief is first read and interpreted from a whole range of different points of view. A large number of characterizing images form in the team's minds. The diversity of experiential backgrounds is the basis for the tendentially infinite diversity of possible subject-world relations.*

### *Separating*

*+ A place first emerges as a number of possible characterizations. An elaborate separation process is needed to define the place. This methodological separation process is based on phenomenological thinking. Analysis is the first design step, and here situations and spaces are seen as given and as devised phenomena. By concentrating on the new appearance of the existing things in the space, the design acquires the nature of a mathematical-physical experiment. Separations are possible and necessary.*

### *Concluding and combining*

*+ Then a second methodical thought approach has to be applied: concluding and combining. For ordered, controlled and controllable design, this combining and concluding is the only appropriate complement to phenomenological thinking.*

*+ This design process expresses Kiefer's conviction about multiple-valued design logic. This process can be read in the result, built space. If the space is identified in time as a place, if the space is given character and emotional accentuation quality, then design distinctions will turn into decisions.*

1 - Biosphärenplatz, Potsdam

2 - Wohnhof Flämingstraße, Berlin | Flämingstraße apartment block, Berlin

3 - Lehrter Platz, Berlin

4 - Flughafen Wien | Vienna airport

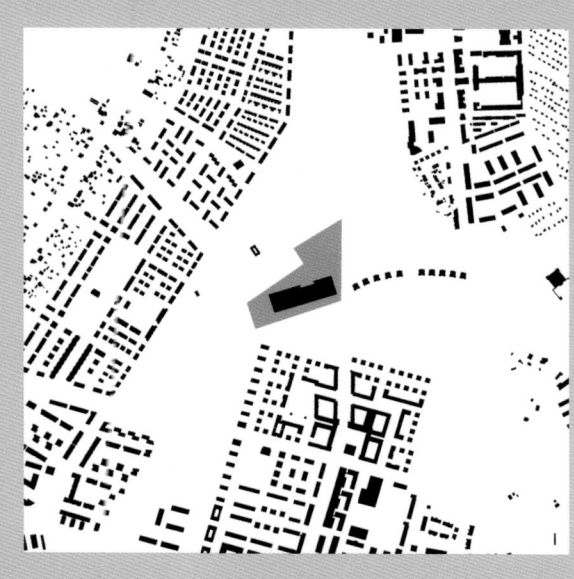

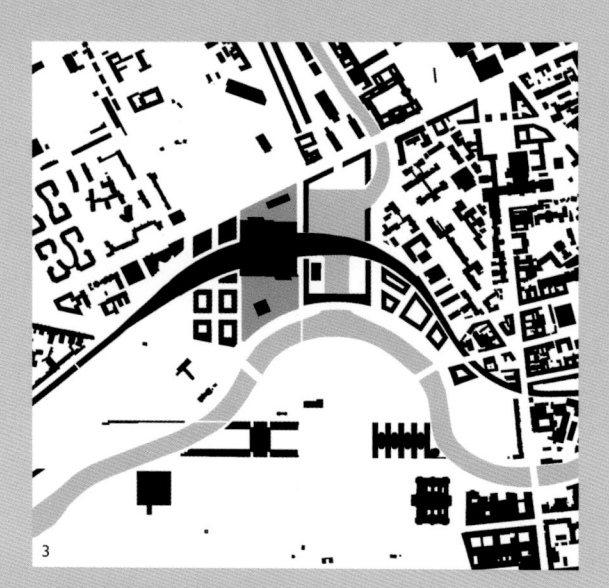

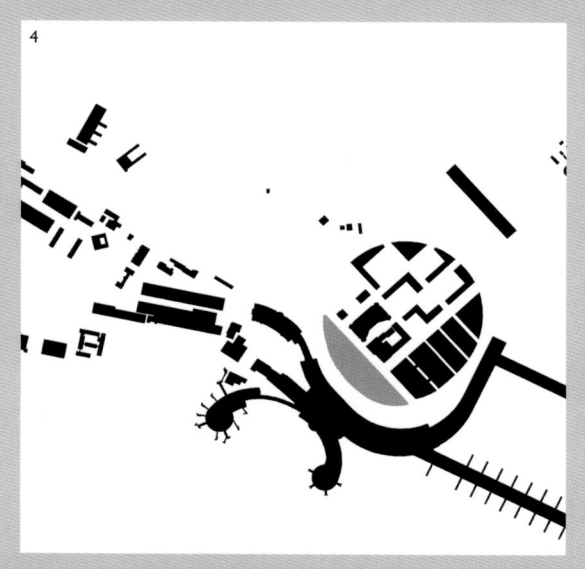

0   500   1000   1400 m

# Platz
# Square

Identität bildet sich in der Differenz. Aus der Identifizierung und der Betonung der Grenzen wie der Verbindungen ergibt sich ein überzeugender städtischer Platz. Umgekehrt gilt: Ein Platz, der sich in seiner Gestaltung allein aus dem Kontext ableitet, bleibt unsichtbar, da ununterscheidbar. Dichte und Leere, Ruhe und Dynamik zu einem Ganzen zu fügen, ohne sie ineinander aufzulösen, macht Spannung im Raum aus. Diese Spannung ermöglicht Kommunikation, die herausragende Aufgabe des städtischen Platzes. Die Grenzen definieren Dimensionen und damit die Räumlichkeit. Und durch das Erlebnis der Räume wird das Strukturgerüst einer Stadt lesbar. Dieses Strukturgerüst, die Grammatik der Stadt, dominiert das Aufgabenfeld von Landschaftsarchitektur und Städtebau. Die Architektur dagegen ist der Wortschatz einer Stadt.

Victor Hugo bezeichnet in „Der Glöckner von Notre Dame" die Architektur als „alphabetisch". Der Stein sei der Buchstabe, das Haus sei das Wort. Wenn die Architektur Worte formuliert, so das Büro Kiefer, muss der Freiraum als die Grammatik es ermöglichen, eine in verständlicher Sprache erzählte Geschichte der Stadt lesbar zu machen. Ein solcher Freiraum lässt sich nicht auf die Kulisse, das Weichbild der Stadt reduzieren. Landschaftsarchitektur, offener Raum, ist vielmehr strukturgebend und identitätsstiftend. Worte und Grammatik gemeinsam definieren die Atmosphäre des städtischen Raums. Zugleich ist ein Platz Bewegungsraum. Der öffentliche Raum bietet den Möglichkeitsraum der Städte. Wenige gliedernde Elemente, Dimensionen setzende Kanten, ein maßstabgebender und identitätsstiftender Blickfang, zum Beispiel in Form des Unerwarteten, einer Irritation. Ordnung und Zufall, absolute Strenge und völlige Freiheit bedingen einander.

Über die Möglichkeitsräume als Orte des Urbanen schreibt der Stadtsoziologe Walter Siebel: „Historisch überkommene Gebäude halten Distanz zu ihren aktuellen Nutzern und Nutzungen. Damit schaffen sie Möglichkeitsräume, Spannungen zwischen verschiedenen möglichen Deutungen. Das gilt auch für Architektur und Städtebau. Das Programm des Funktionalismus, ein Gebäude gänzlich in seinem Zweck aufgehen zu lassen, hätte … gerade keine urbanen Orte geschaffen. Erst in der Spannung zwischen verschiedenen Logiken, der Logik der Ästhetik und der Logik der Funktionserfüllung, können Räume entstehen, in denen ein Musil'scher Möglichkeitssinn Platz hat." (Siebel 2002) Für die Plätze, die das Büro Kiefer entwirft, gilt eben diese Spannung aus funktionaler und ästhetischer Logik.

*Identity derives from difference. Identifying and emphasizing borders and connections produces a convincing urban square. The converse is true: a square whose design derives from context alone remains invisible, because it is indistinguishable. Bringing density and emptiness, tranquillity and dynamics together to form a whole creates tension within a space, provided they are not allowed to dissolve in each other. This tension makes communication possible, and this is an urban square's principal function. The borders define dimensions, and thus spatial quality. And experiencing spaces makes the structural framework of a city intelligible. This structural framework, the grammar of the city, dominates the field in which landscape architecture and urban development operate. Architecture is the city's vocabulary.*

*In 'The Hunchback of Notre Dame', Victor Hugo calls architecture 'alphabetical'. He says the stones are the letters and the buildings are the words. And if architecture formulates words, Büro Kiefer logically concludes, open space, as grammar, must make it possible to read the city's story, narrated in comprehensible language.*

*Open space of this kind cannot be reduced to the setting, the city as a municipal area. Landscape architecture, open space, in fact imposes structure and creates identity. Words and grammar join to define the atmosphere of an urban space. At the same time, a square is a space in which to move. Public space offers the range of urban possibilities. A few articulating elements, edges to set dimensions, an eye-catching element to provide scale and identity, something unexpected, for example, something disturbing. Order and chance, absolute rigidity and complete freedom are mutually dependent.*

*The urban sociologist Walter Siebel has this to say about the range of possibilities available in urban locations: 'Historical buildings keep current users and uses at arm's length. In this way they present a range of possibilities, tensions between various possible interpretations. The same applies to architecture and urban development. Functionalism was programmed to let a building merge entirely with its purpose; this could not have… created urban places. It is only the tension between different logics, aesthetic logic and function fulfilment logic, that can produce spaces in which a Musil-style sense of possibility can find room to operate.' (Siebel 2002) This tension between functional and aesthetic logic also applies to squares designed by Büro Kiefer.*

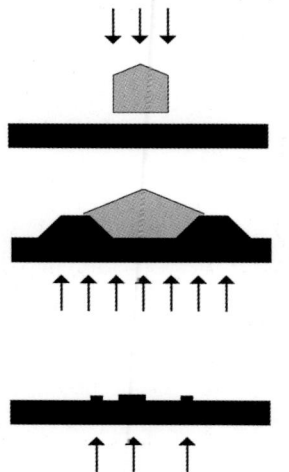

Das Gebäude entwickelt sich aus der künstlichen Topografie des Ortes.
Der Wasserplatz folgt dem gleichen Prinzip.
*The building develops from the artificial topography of the location.*
*The square with water follows the same principle.*

## Biosphärenplatz, Potsdam

Das Gebäude der Biosphäre Potsdam wurde 2001 anlässlich der Bundesgartenschau in Potsdam errichtet. Die Architekten Barkow Leibinger, Berlin, und das Büro Kiefer schufen mit diesem Gebäude ein Statement des Zusammenspiels von Landschaft und Architektur.

Die für eine Ausstellung tropischer Flora und Fauna genutzte Halle mit 6.000 Quadratmeter Fläche interpretiert den Charakter eines ehemals militärisch genutzten und nun zum zeitgemäßen Volkspark gewandelten Areals. Dieser Park im Bornstedter Feld schließt direkt an die Potsdamer Kulturlandschaft der preußischen Schlösser und Gärten an.

Die Architektur der Halle arbeitet mit dem Vorgefundenen. Erdwälle, die aus der militärischen Nutzung stammen, werden in der Biosphäre zum konstruktiven wie konstitutiven Element. Das Raumkonzept hebt die Trennung von Landschaft und Gebäude weitgehend auf, ohne diese Trennung zu negieren.

## *Biosphärenplatz, Potsdam*

*The Potsdam Biosphere was erected in 2001, for the Federal Horticultural Show in Potsdam. The architects Barkow Leibinger, Berlin and Büro Kiefer co-operated to create a statement about the interplay between landscape and architecture.*

*The hall was used for an exhibition of tropical flora and fauna. It occupies an area of 6,000 square metres, interpreting the character of a site formerly used for military purposes and now transformed into a modern people's park. This park in the Bornstedter Feld is immediately adjacent to Potsdam's cultural landscape of Prussian Palaces and Gardens.*

*The architecture of the hall works with existing features. Earth ramparts left over from the site's military days become constructive and constitutive elements in the Biosphere. The spatial concept largely cancels out the separation between landscape and building, without negating that separation.*

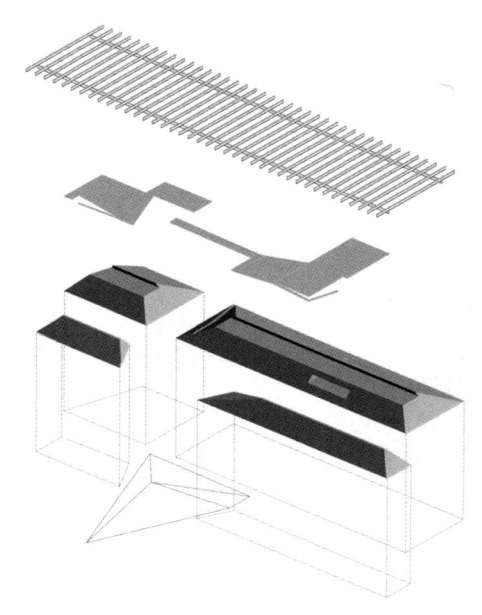

Biosphärenplatz, Potsdam

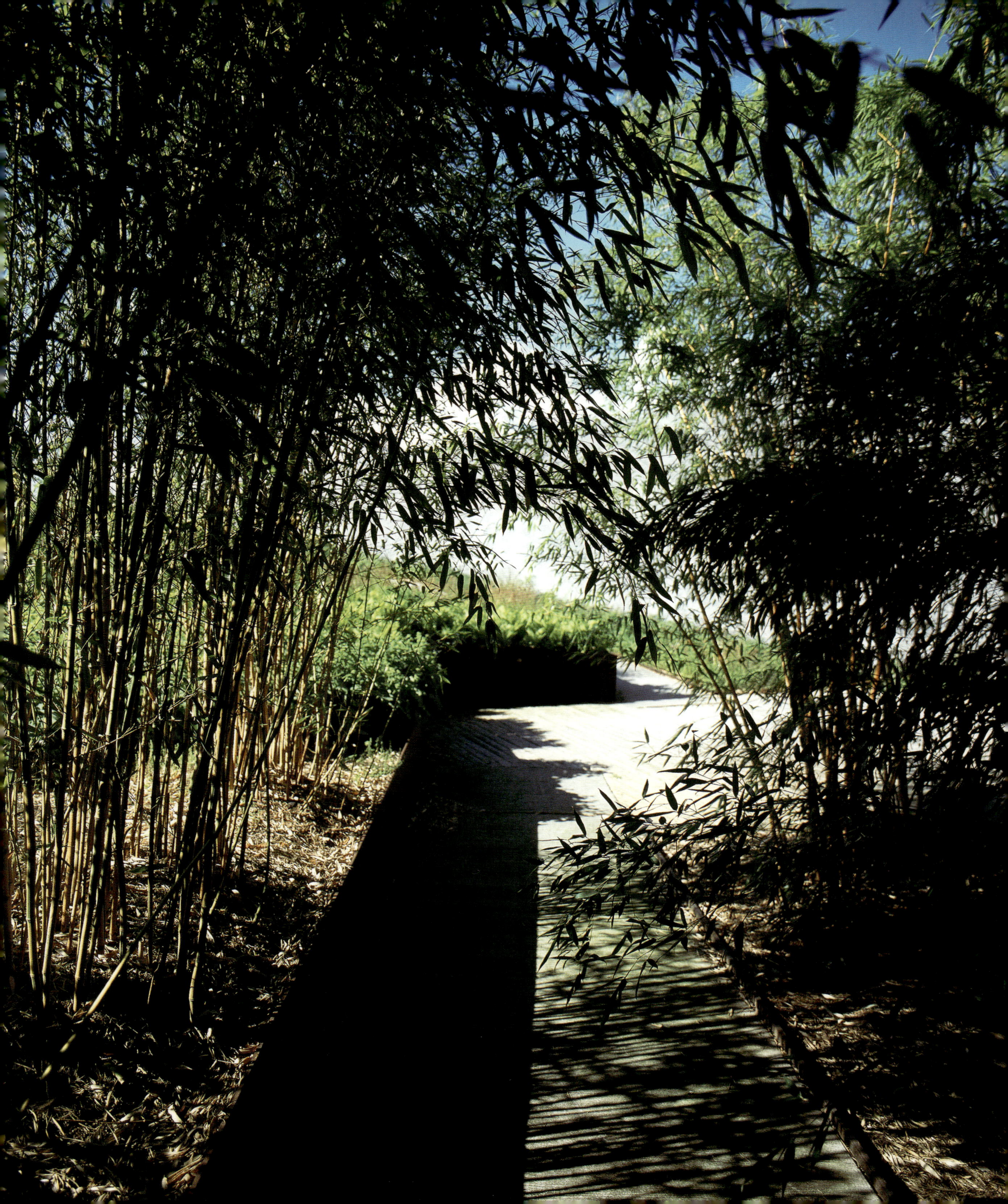

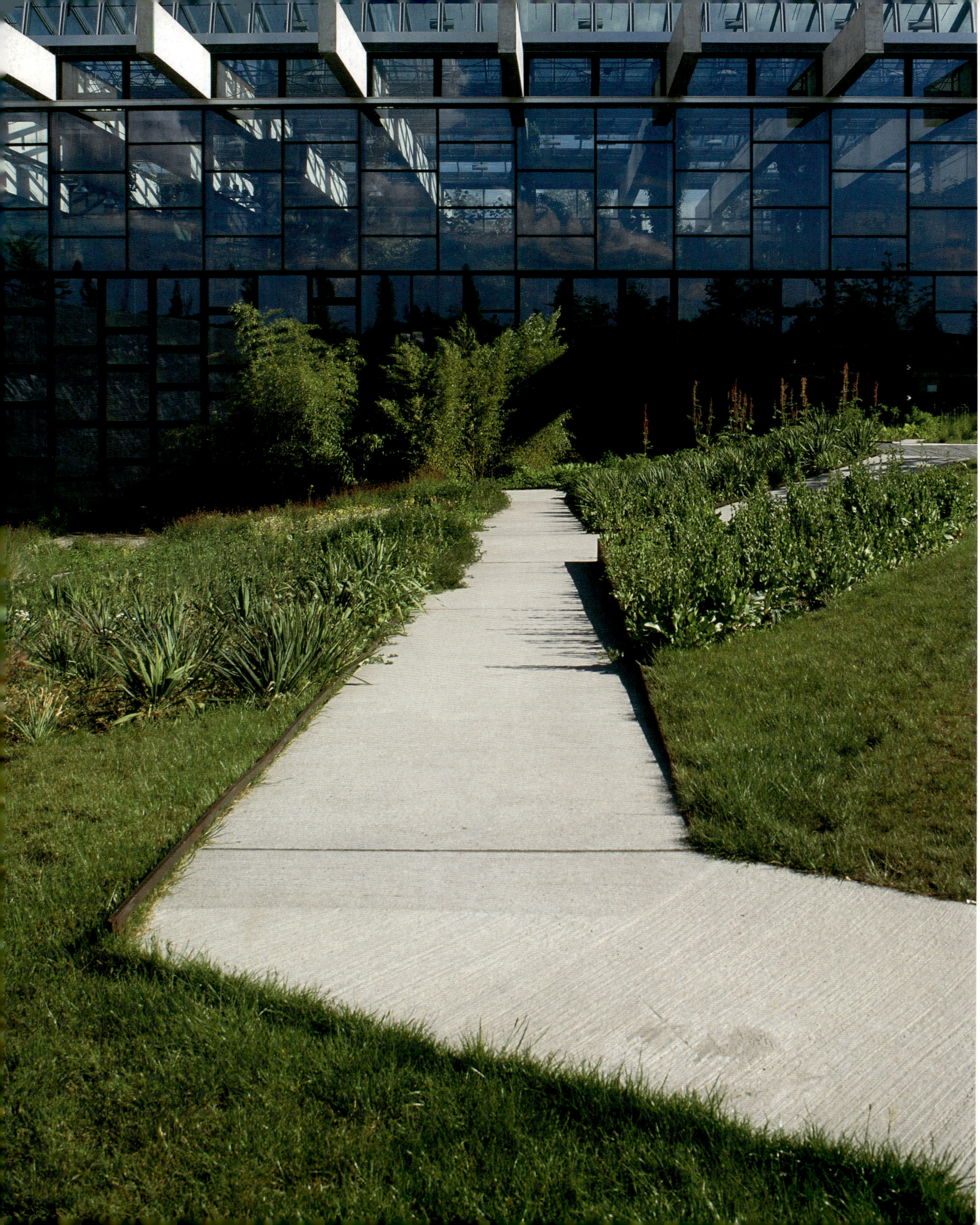

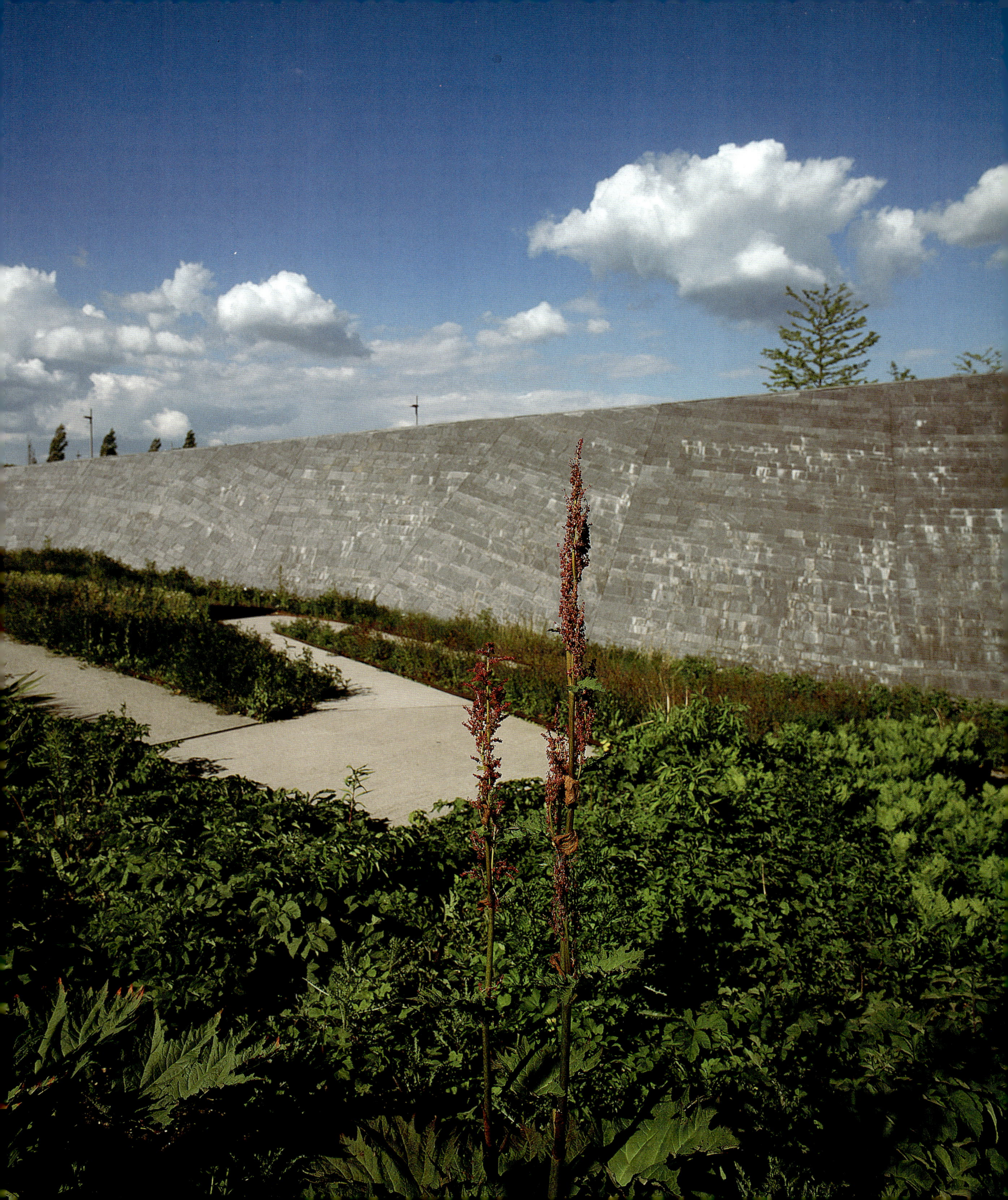

Historische Vorbilder + Nutzungen der Gegenwart = visuell ansprechender Hecken-Parkplatz.
*Historical models + present-day uses = visually appealing car-park with hedges.*

Der Platz zur Biosphäre bildet mit dem Gebäude eine Einheit und verbindet es gleichzeitig mit der umgebenden Parklandschaft. Mit einem anthrazitfarben bis rostrot schillernden chinesischen Schiefer gepflastert, erweitert dieser Platz das Gebäude nach Westen.

Cortenstahl und chinesischer Schiefer vermitteln durch ihre irisierenden Oberflächen Variationen des Wachsens und Vergehens von Natur. Ein Wassertisch und Bänke, die sich aus dem Platz heraus erheben, verkörpern die Verbundenheit des Gebäudes wie seines Wasserplatzes mit dem Standort inmitten der Potsdamer Kulturlandschaft. Verschiebbare Pflanzkübel interpretieren das Thema „Orangerie" und lassen unterschiedliche Pflanz- und Raumformationen zu.

Peter Wilson hat die Biosphäre Potsdam in den architekturgeschichtlichen Kontext eingeordnet. „Die wahre Bedeutung der Biosphäre liegt darin, dass sie uns nicht mit theoretischen Abstraktionen von ihrem Ort distanziert, sondern uns darin erdet, verankert. Diese Ortbildung ist maßgebend, nicht nur im Rahmen der unmittelbaren landschaftlichen Umgebung, sondern auch im flüchtigen Reich des Digitalen... Dieses Projekt überwindet den Gegensatz von Natur und Menschenwerk – jenes Relikt der Kristallpaläste des 19. Jahrhunderts." (Wilson 2001)

*The square relating to the Biosphere forms a unity with the building and at the same time ties it into the surrounding parkland. The square is paved with Chinese slate in shades shimmering from anthracite to rust-red, and extends the building to the west. Corten steel and Chinese slate have iridescent surfaces, conveying variations on nature's growth and decline. A water-table and benches rise up out of the square, embodying the building's and its watery square's connections with their central site in Potsdam's cultural landscape. Movable plant tubs interpret the 'Orangery' theme and provide information about different plants and spaces.*

*Peter Wilson placed the Potsdam Biosphere in the context of architectural history. 'The real significance of the Biosphere is that it does not distance us from its site with theoretical abstractions, instead it grounds, it anchors. This placemaking gives measure not only within the immediate landscape, but also in the ethereal realm of the digital. ... This project transcends the oppositional nature-artifice dialectic, a relic of nineteenth-century glass palaces.' (Wilson 2001)*

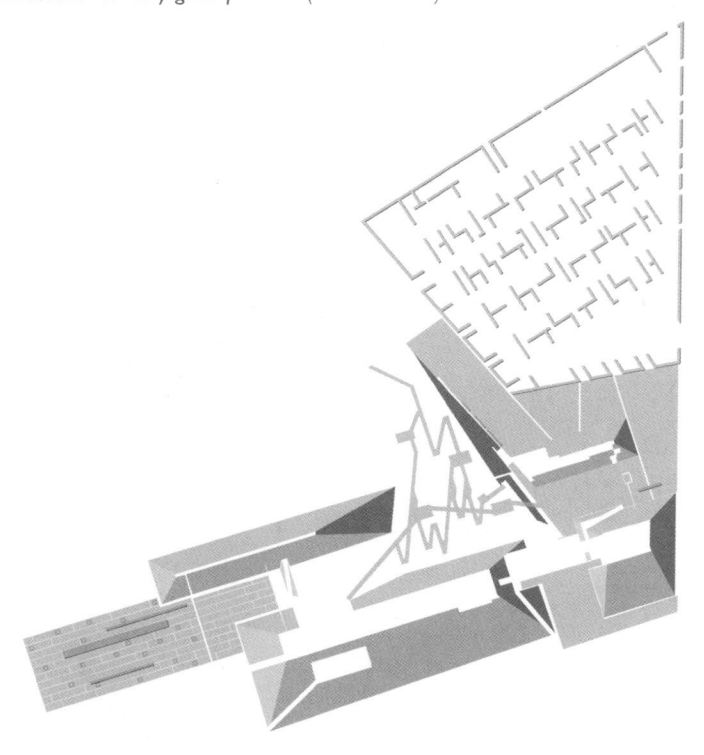

Lageplan Biosphäre Potsdam und Hecken-Parkplatz.
*General plan of the Potsdam Biosphere and car-park with hedges.*

Biosphärenplatz, Potsdam

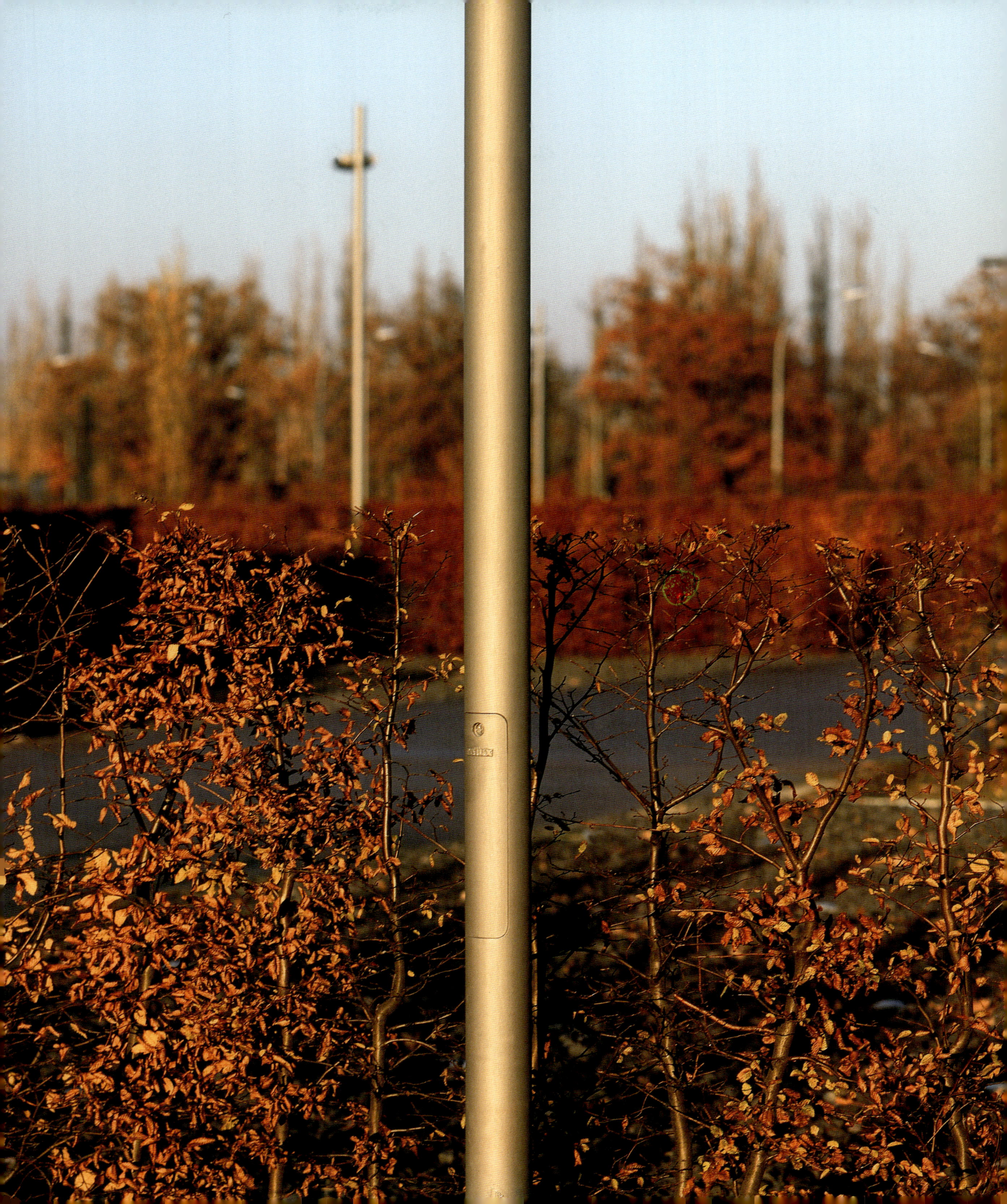

Biosphärenplatz, Potsdam

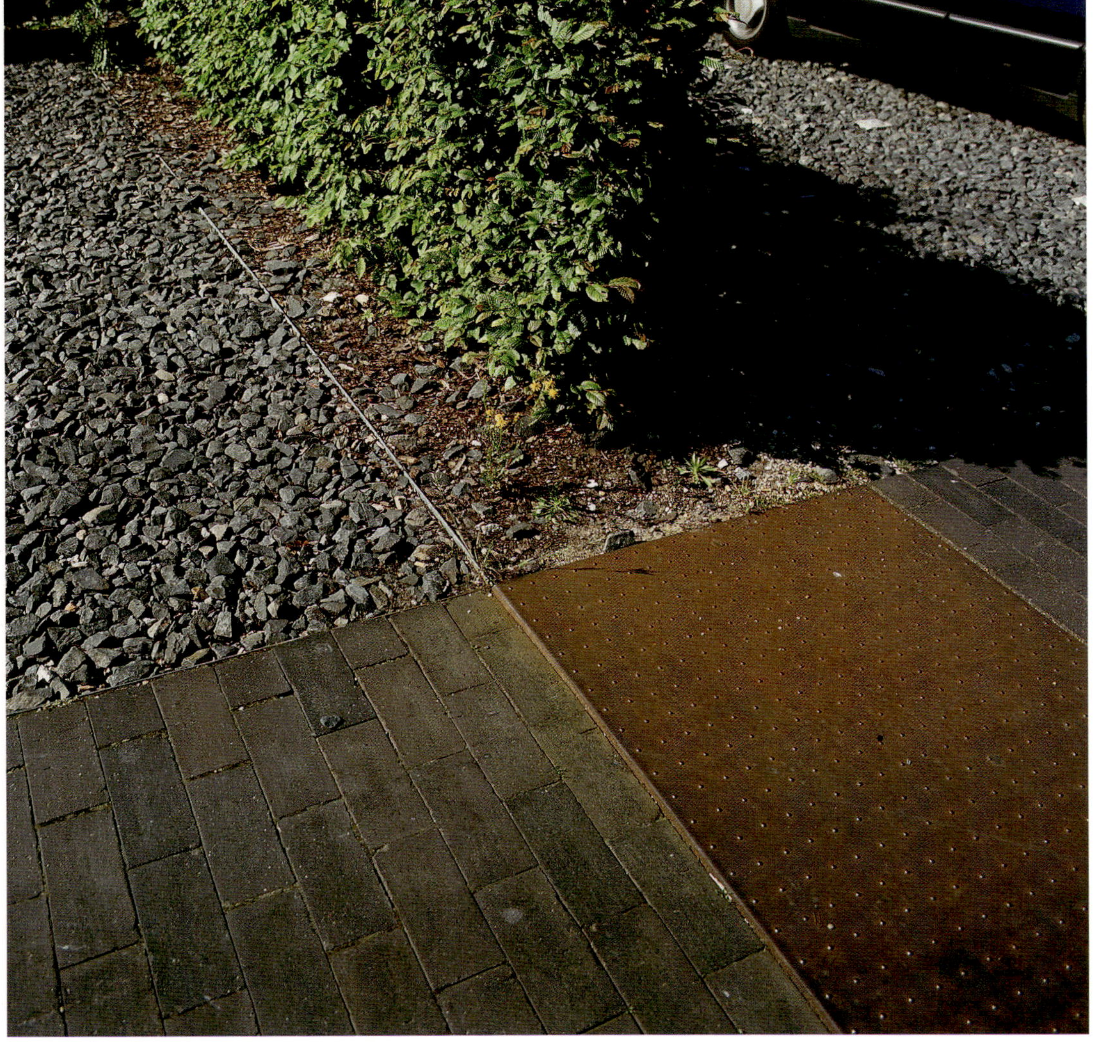

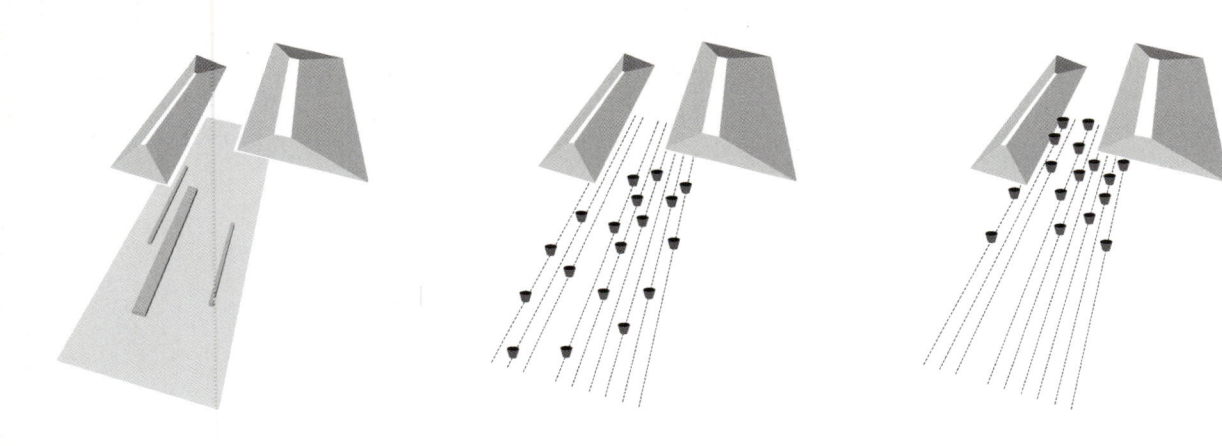

Die typische Nutzungsstruktur einer Orangerie setzt sich auf dem Wasserplatz fort. Mobile Pflanztöpfe ergeben unterschiedliche Platzmuster.
*The typical use-structure of an orangery continues in the square with water. Mobile plant-pots provide different patterns for the square.*

Biosphärenplatz, Potsdam

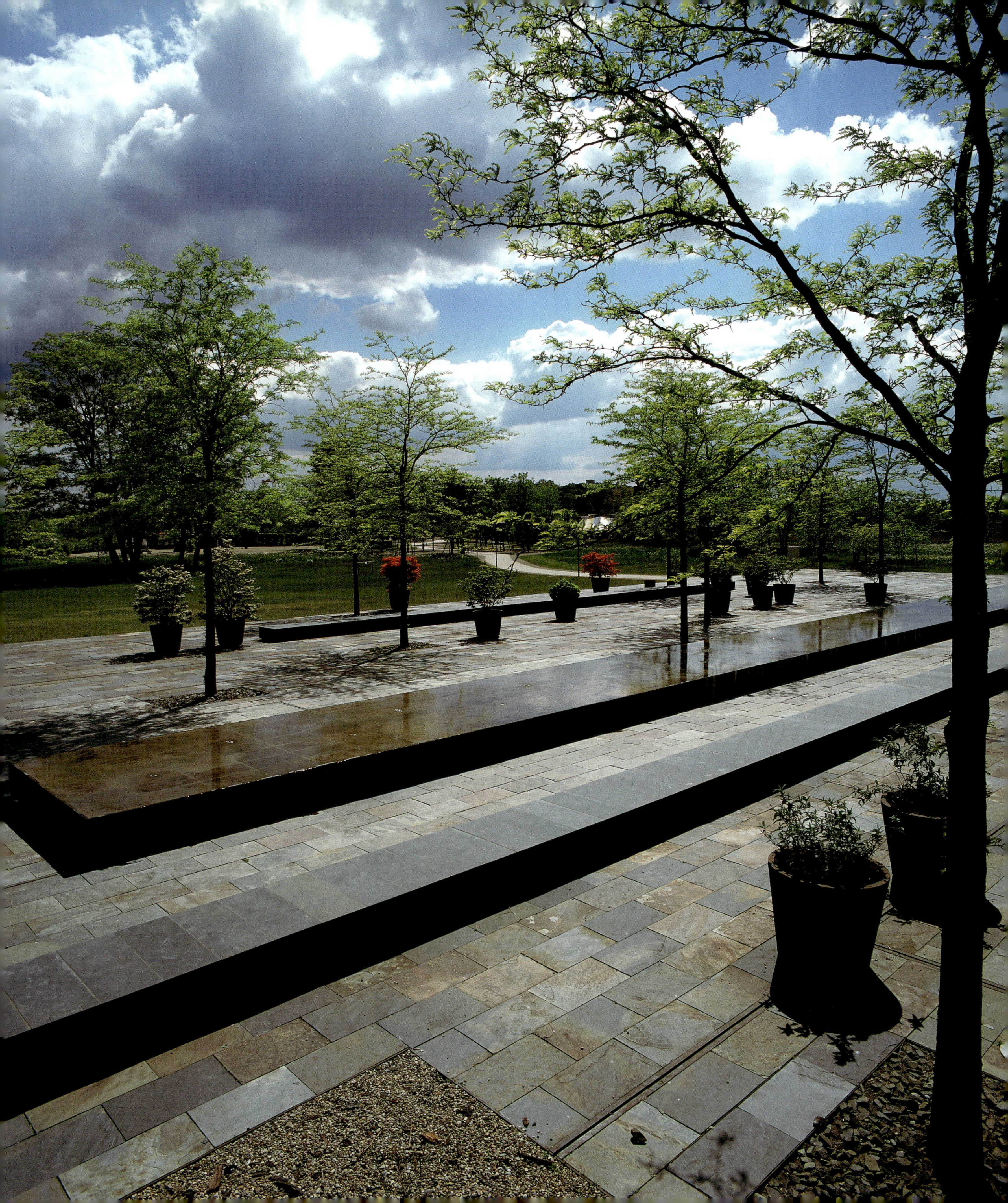

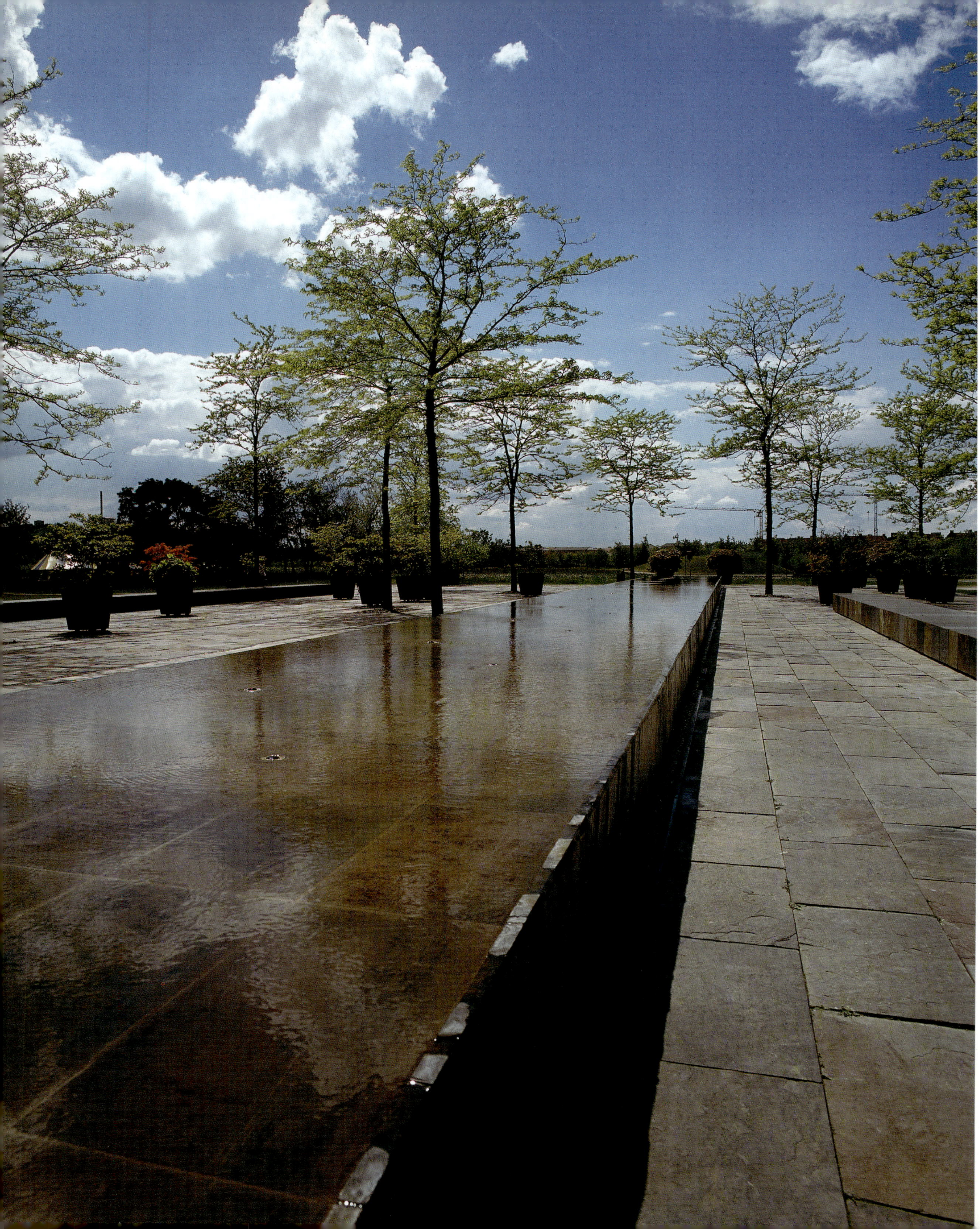

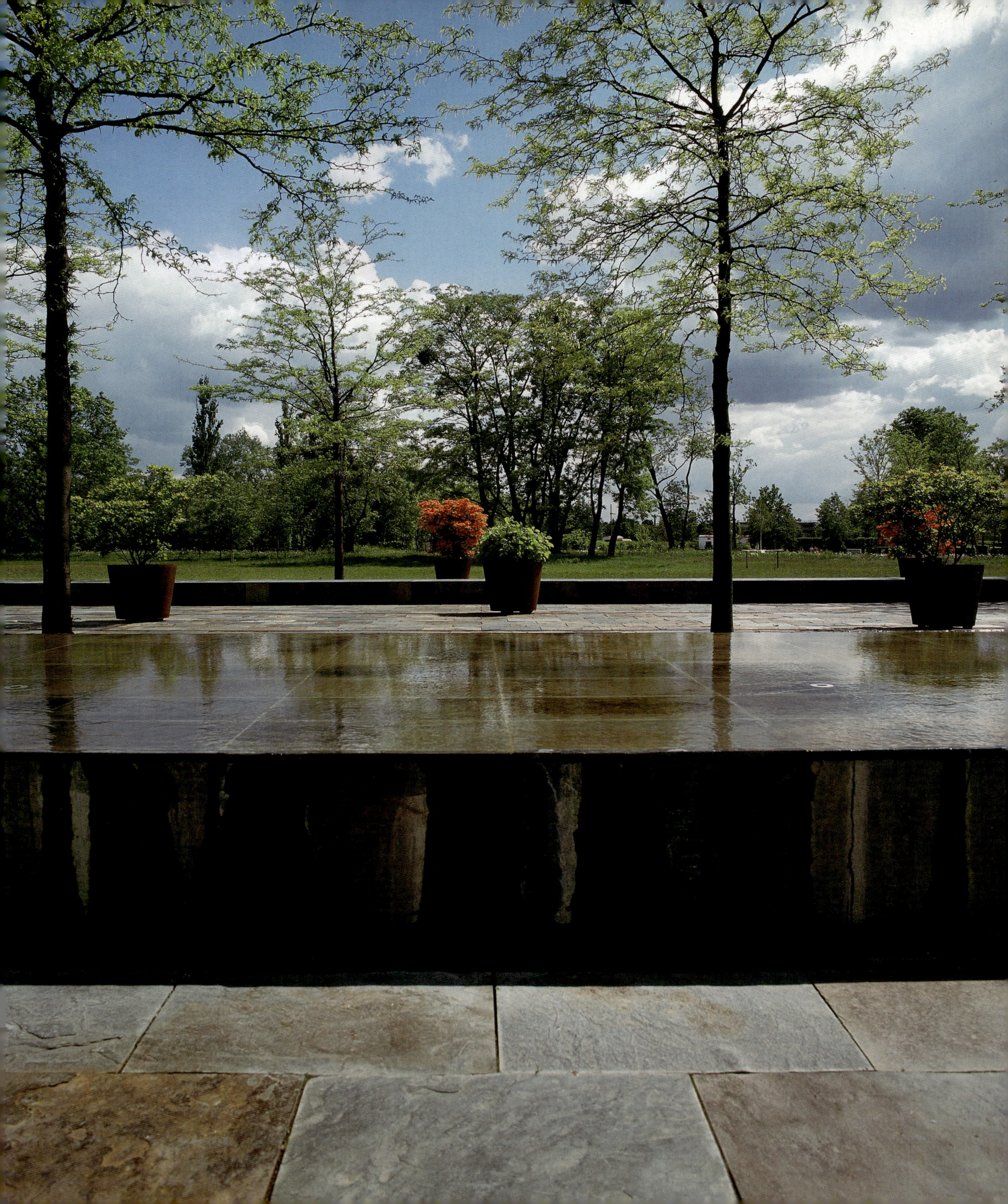

Biosphärenplatz, Potsdam

31

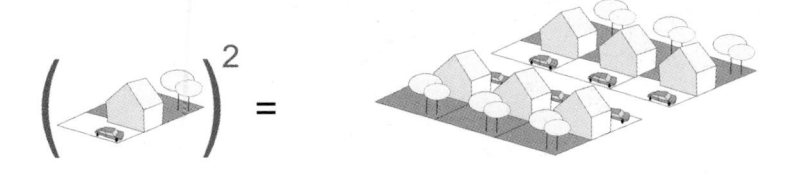

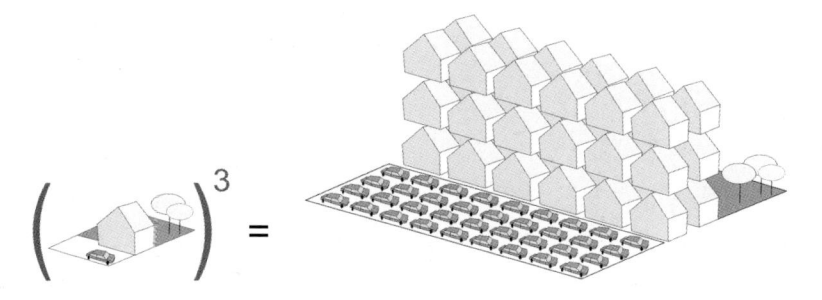

Analyse: In einer Einfamilienhaussiedlung sind Vorgarten, Eingangsbereich und Stellplatz ausgewogen kombiniert. Die Folge: hoher Flächenverbrauch. Beim Mehrfamilienhaus ist der Flächenbedarf geringer, es besteht jedoch eine Nutzungskonkurrenz um knappe Flächen.
*Analysis: front garden, entrance and parking place are combined and balanced on an estate of detached houses. Consequence: a lot of space used. Less space is needed for a block of flats, but there is competition over using it.*

## Wohnhof Flämingstraße, Berlin

## *Flämingstraße apartment block, Berlin*

Kontrast als Gestaltungsmittel bestimmt die Freiflächen eines Wohngebäudes im Berliner Bezirk Marzahn. Betont wird der Kontrast nicht durch Addition, sondern durch die Überlagerung von Gestaltungselementen. Die für eine Großsiedlung typischen fließenden Räume mit ihren umfangreichen Verkehrsflächen und wenigen, den Freiraum strukturierenden Elementen werden von den Landschaftsarchitekten aufgegriffen und transformiert. Die dominierende Verkehrsfläche wird durch grafische Verdichtung und eine ungewohnte Farbgebung überhöht und wirkt so identitätsstiftend. Die Überlagerung der verschiedenen grafischen Codes ermöglicht eine vielfältige Nutzung der Fläche.

Das mehrgeschossige Niedrigenergiehaus (Architektur: Assmann Salomon Scheidt, Berlin), ein bauliches Novum inmitten der Großsiedlung Marzahn, findet seine Entsprechung in der Novität eines multifunktionalen Freiraums: konventionelle Gestaltungselemente eines Gartens auf der südlichen, eine bunte Kombination aus Spiel- und Parkplatz auf der nördlichen Seite des Hauses. Dort sind verschiedene Nutzungen im Wechsel zugelassen. Wo Anwohner über Nacht ihre Autos abstellen, wird tagsüber Fußball oder Volleyball gespielt.

Die Überlagerung von Funktionen im Raum ist eine Antwort auf die Frage nach dem Verhältnis von Formen und Funktionen. Der Entwurf weist einen Weg heraus aus der Langeweile funktionsgetrennter Räume in der modernen Stadt.

*The open spaces in an apartment block in the Berlin district of Marzahn are defined by making contrast a creative resource. Contrast is not emphasized by addition, but by superimposing design elements. The landscape architects take up and transform the fluid spaces typical of a large housing estate, with extensive traffic areas and a very small number of elements structuring the open space. The dominant traffic area is enhanced by graphic condensation and an unusual colour scheme, and thus becomes effective as a source of identity. Superimposing different graphic codes permits multiple use of the area.*

*An unusual feature, a multi-functional open space, responds to the multistorey, low energy building (architecture: Assmann Salomon Scheidt, Berlin), itself an architectural novelty on the Marzahn housing estate. The open space consists of conventional garden design elements on the south side, and a colourful combination of playground and car park on the north side of the building. Different uses are permitted alternately here. The residents park their cars over night, and during the day football or volleyball are played.*

*Superimposing function within a space is a response to the relationship between forms and functions. This design shows how to escape from the boredom of spaces with separate functions in modern cities.*

Lösung: Durch die Überlagerung von Verkehrs- und Freizeitsignets entstehen singuläre Flächenmuster, die dem Ort ein eigenes Gesicht geben.
*Solution: superimposed traffic and leisure signing creates singular patterns for the space, giving the place a look that is all its own.*

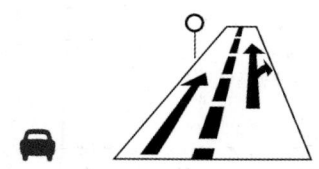

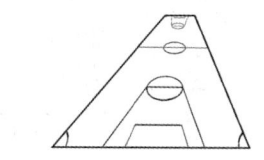

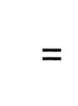

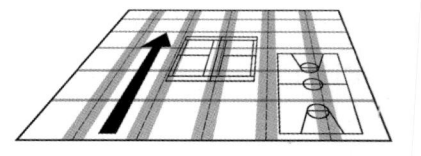

Flämingstraße, Berlin

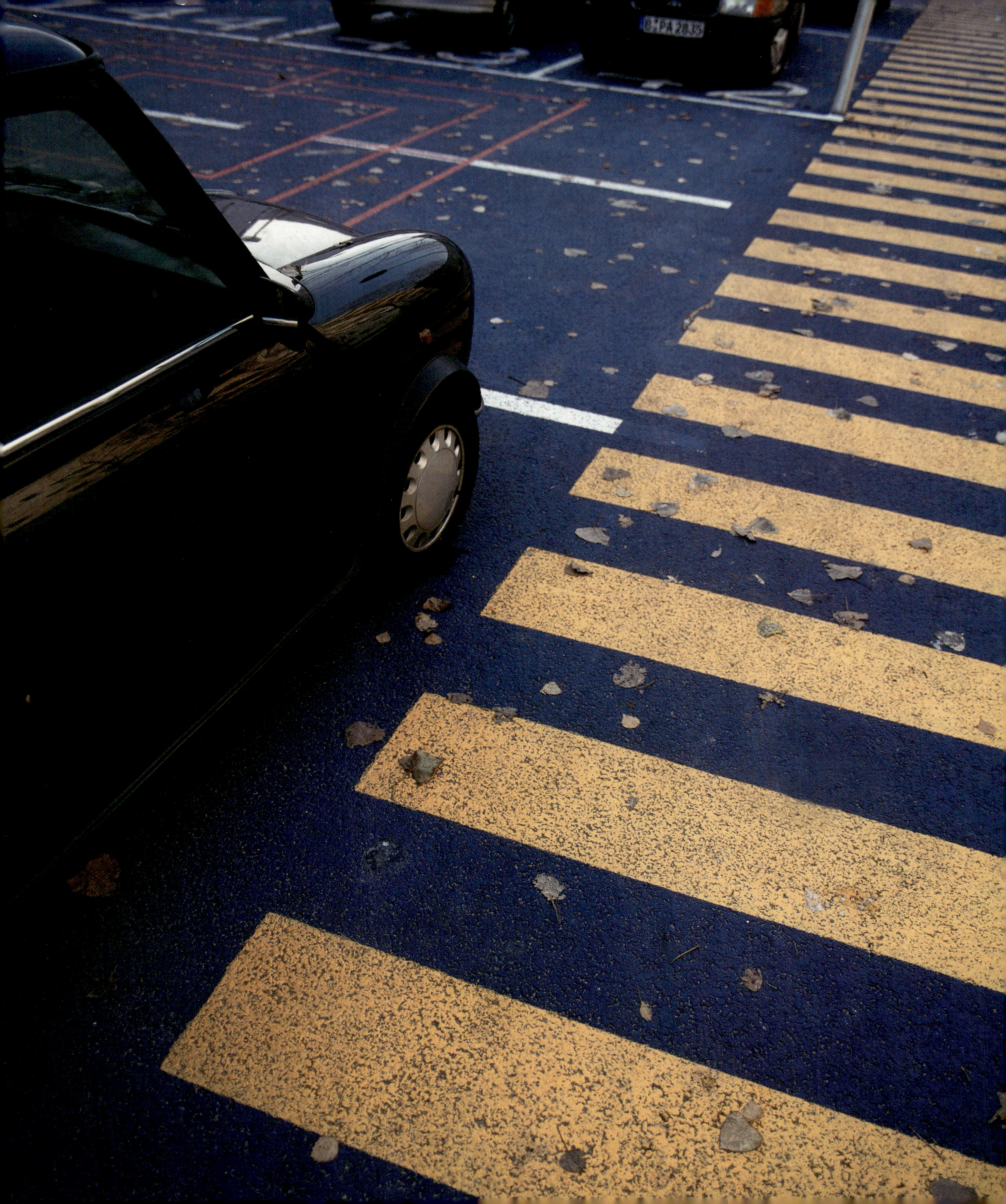

Überlagerung der Nutzungen durch die unterschiedliche
Zeitbelegung des Parkplatzes + ein definiertes Zeitmanagement.
*Superimposed uses through different time allocations in the car park
+ defined time management.*

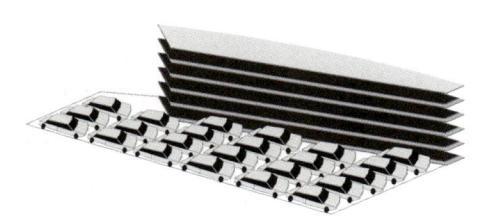

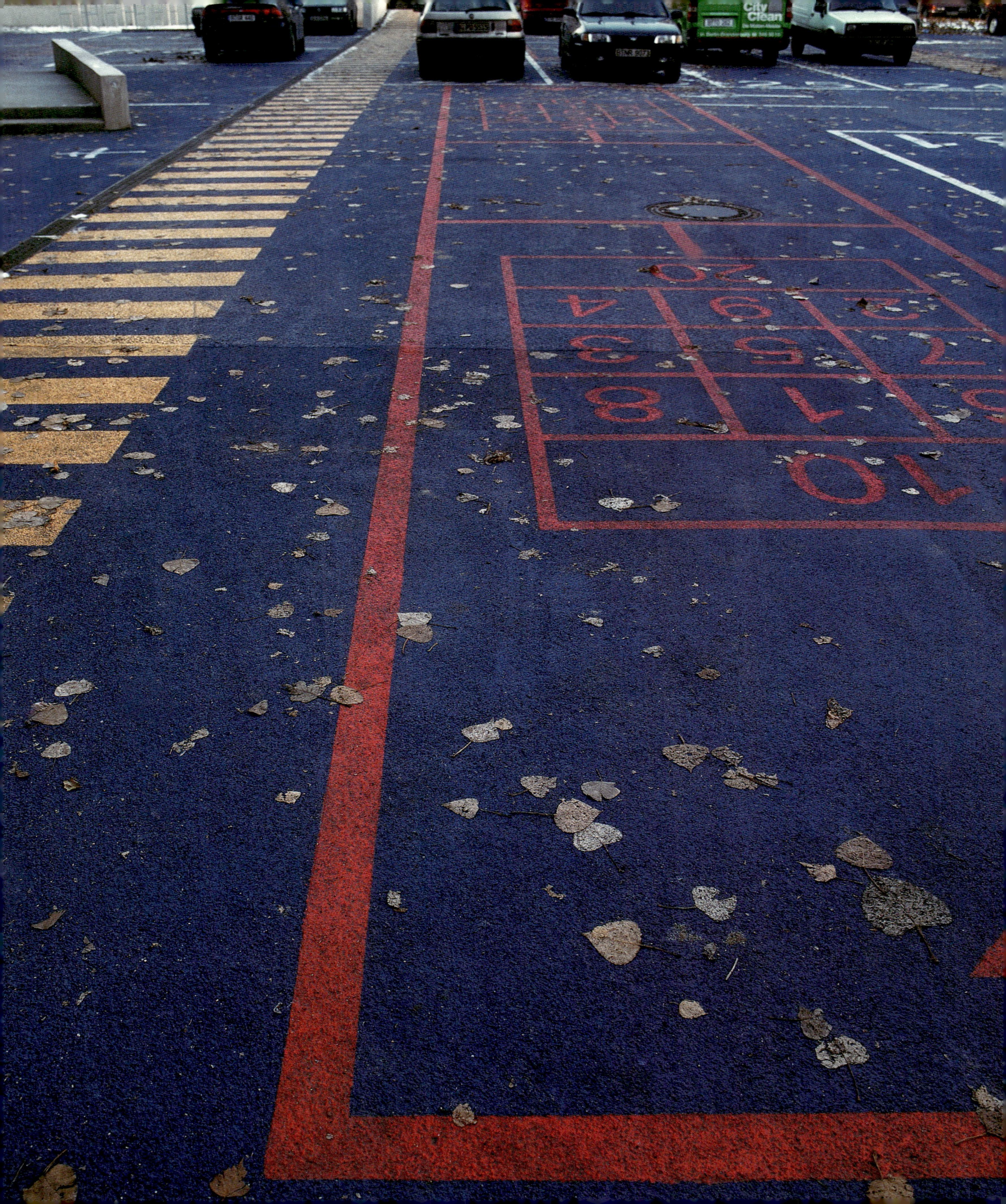
City Clean

Traditionelle Ausstattungselemente eines Platzes werden in Beziehung zur besonderen städtebaulichen Situation eines Bahnhofs neu kombiniert.
*Traditional square furniture is recombined to relate to the special urban situation created by a railway station.*

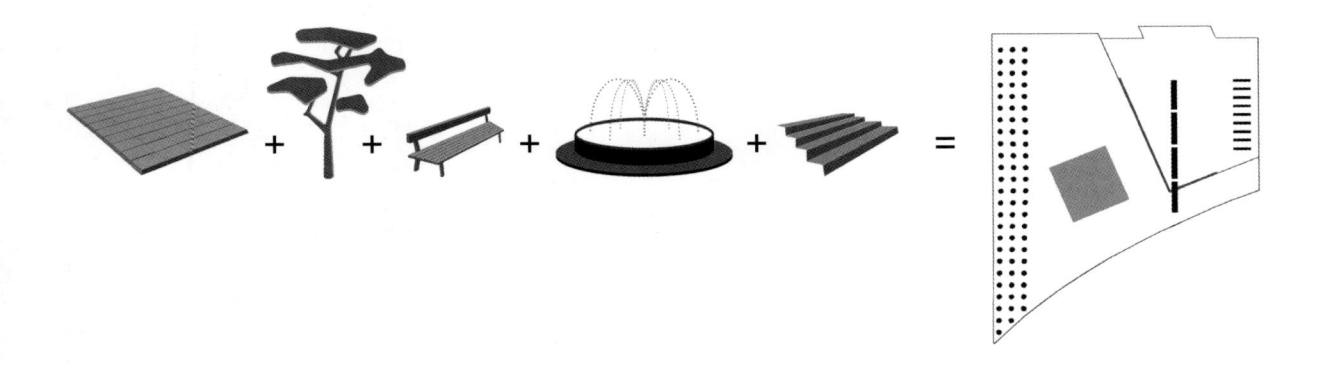

## Lehrter Platz, Berlin

*Lehrter Platz, Berlin*

Ebenso eigenwillig wie schlicht interpretieren Gabriele G. Kiefer und Martha Schwartz den Platz, der zwischen dem zukünftigen zentralen Berliner Bahnhof (bisher Lehrter Stadtbahnhof) und der Spree gegenüber von Bundestag und Bundeskanzleramt entstehen wird.

Der Platz liegt auf dem unterirdischen Teil des Bahnhofs. Sämtliche Nord-Süd-Gleise sowie Straßentrassen verlaufen in Tunnellage unter dem Platz. Die Ost-West-Bahntrasse dagegen verläuft in Hochlage mitten durch Berlin und ist mit dem neuen gläsernen Bahnhofsgebäude (Architekten: gmp, Hamburg) die wichtigste Zäsur in Berlins Mitte. Ein städtisches Zentrum wird entstehen – der Platz entspricht der Bedeutung dieses öffentlichen Ortes. Kiefer und Schwartz haben ihren Entwurf in gegenseitiger Kritik auf das Wesentliche reduziert: einen durch Freitreppen gegliederten Platz und ein Podest, um den Blick über die Spree auf das Regierungsviertel zu ermöglichen.

*Gabriele G. Kiefer and Martha Schwartz have come up with an interpretation that is both individual and simple for the square to be created between the future central Berlin station (formerly the Lehrter Bahnhof) and the River Spree opposite the Bundestag and the Chancellery.*

*The square is on top of the underground part of the station. All the north-south railway lines and roads are in tunnels under the square. The east-west railway lines run through central Berlin on the surface; they and the new glazed station building (architects: gmp, Hamburg) form this area's major caesura. An urban centre will be created – the square reflects the importance of this public place. Kiefer and Schwartz have reduced their design to essentials by means of mutual criticism: a square articulated with open flights of steps and a rostrum to make it possible to look over the Spree towards the government quarter.*

Die lineare Raumstruktur betont die Nähe zur Spree und zum Bundestag. Raumwirksame Höhenkanten gliedern den Platz: Eingangsplateau des Bahnhofs, Hauptplatz, Baumhain.
*The linear spatial structure stresses proximity to the Spree and the Bundestag. Spatially effective peripheral heights articulate the square: station entrance plateau, main square, grove of trees.*

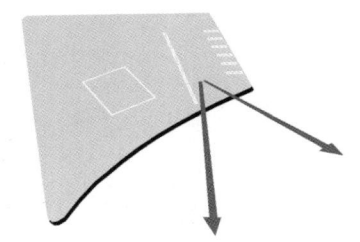

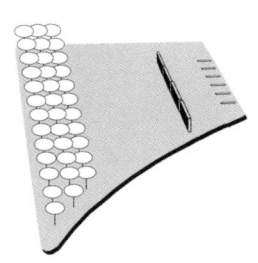

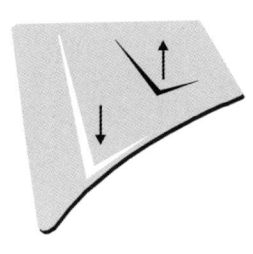

Lehrter Platz, Berlin

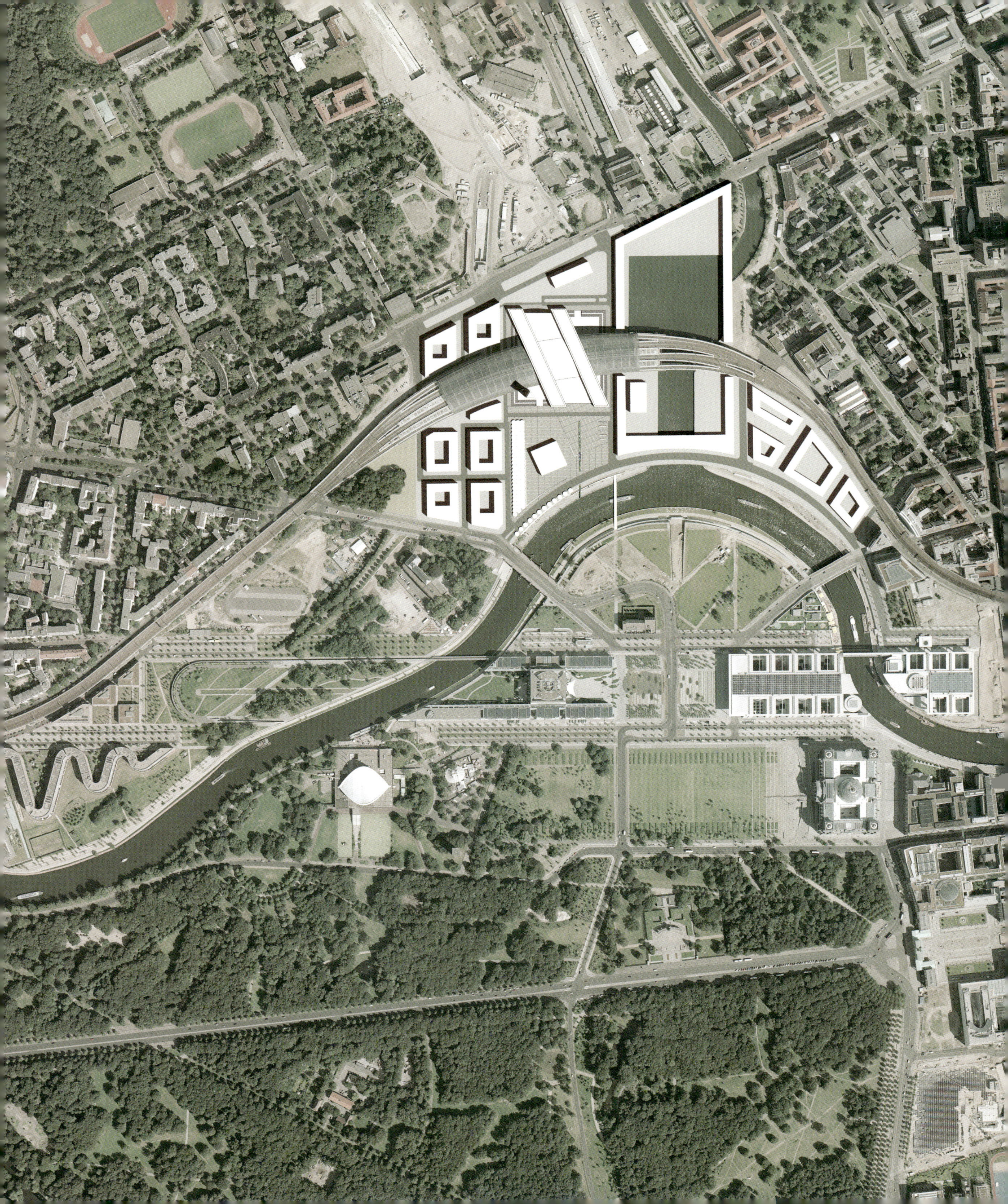

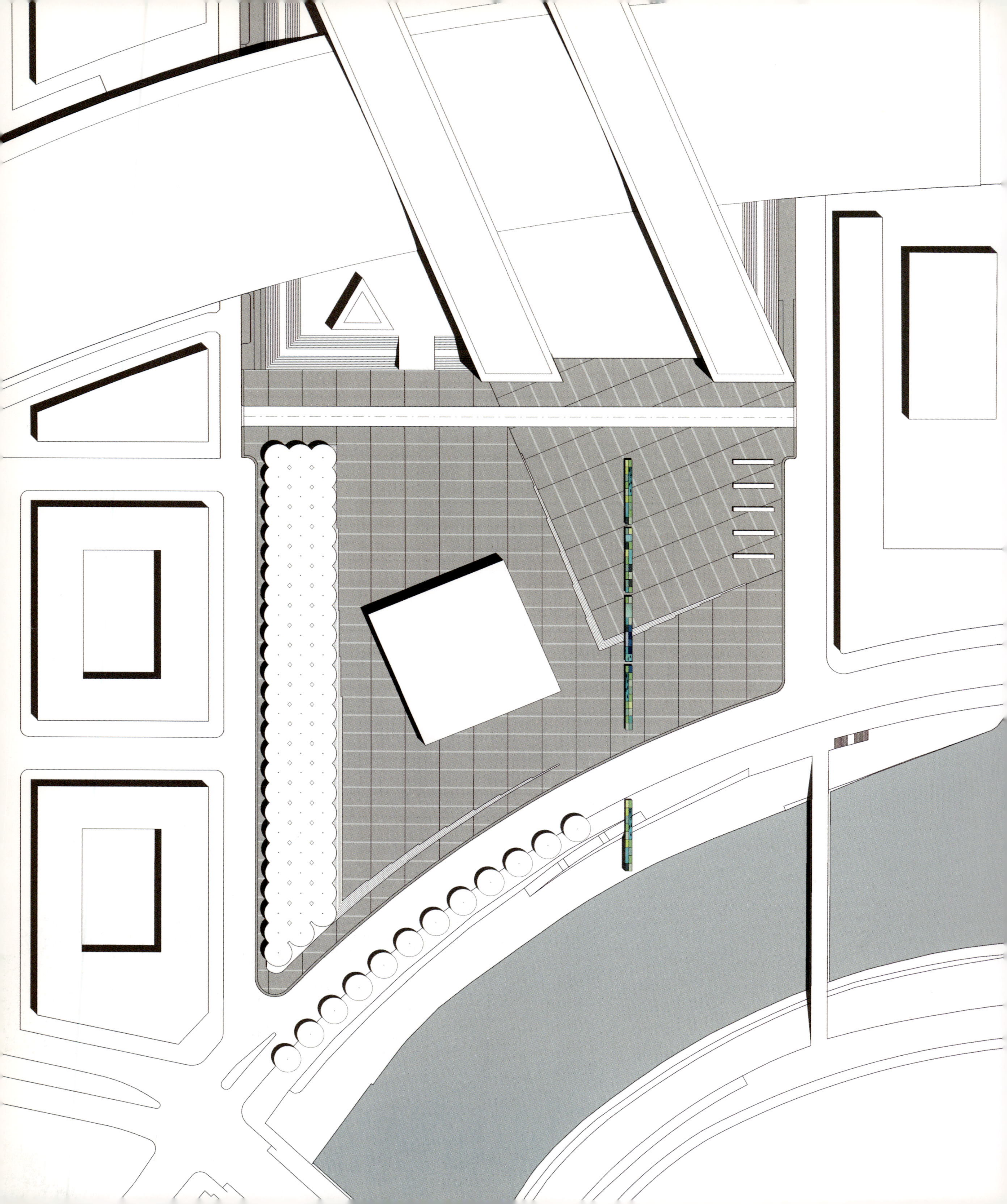

Lebewesen aus dem städtischen Naturraum Spree bringen
Bewegung in die Platz-Installation.
*Living creatures from the Spree, a natural urban space,
introduce movement into the installation for the square.*

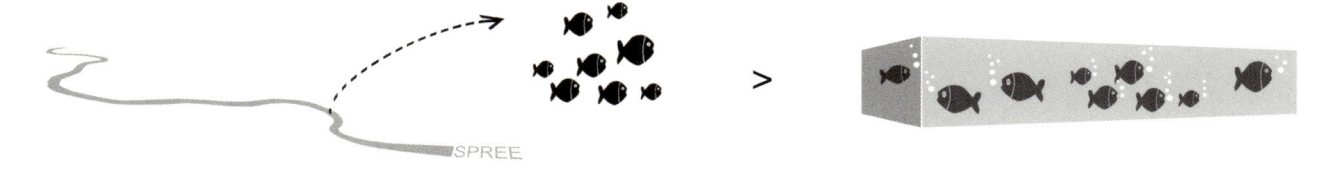

Der weitgehend offene Platz wird nur am westlichen Rand durch einen Baumhain gefasst. Dort weist das Areal hinüber zu Berlins wichtigstem Park, dem Großen Tiergarten. Der Platz wird die räumliche Verbindung zwischen zwei großen linearen Strukturen herstellen, die den Stadtraum Berlins entscheidend prägen: Spree und Hochbahn.
Die Materialwahl ist kompromisslos urban. Asphalt als Bodenbelag, Natursteinbänder für die gliedernden Elemente. Mehrere große Wassertanks werden die Aufmerksamkeit der Reisenden auf sich ziehen. Diese „Spreeaquarien" holen die „Natur" aus dem städtischen Fluss an die Oberfläche der fließenden Stadt. Eine inszenierte Gegenwelt. Und einer der überzeugendsten Entwürfe zeitgenössischer Landschaftsarchitektur.

*The largely open square is framed by a grove of trees on the western side only. Here the site reaches across to Berlin's most important park, the Grosser Tiergarten. The square will create a spatial link between two large linear structures that make a crucial impact on Berlin's urban space: the Spree and the elevated railway.*
*The choice of materials is uncompromisingly urban. Asphalt as a floor covering, bands of natural stone for the articulating elements. Several large water tanks will attract travellers' attention. These 'Spree aquariums' draw 'nature' out of the urban river on to the fluid city surface. A staged counter-world. And one of contemporary landscape architecture's most convincing designs.*

Lehrter Platz, Berlin

Der Flugplatz – das Tor zur Welt via Himmel.
*The airport: a gateway to the world via the sky.*

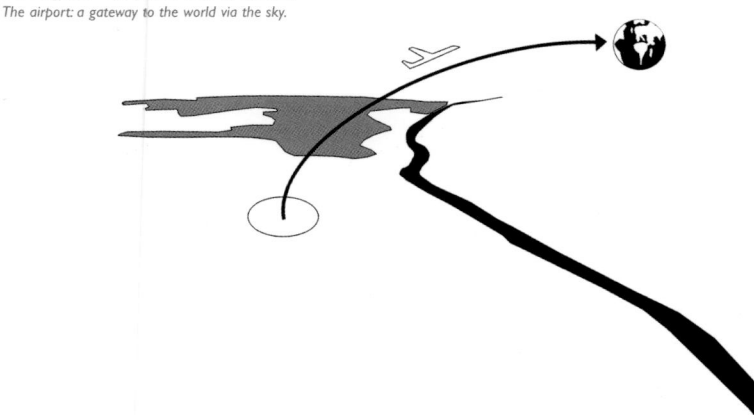

## Flughafen Wien

Der Vienna International Airport VIE wird bis 2008 von den Architekten P.ARC Baumschlager Eberle Gartenmann Raab GmbH (Zürich und Lochau) um neue Terminals erweitert. Nachdem die Architekten 1998 den internationalen Wettbewerb für sich entscheiden konnten, wurde die Planungsgruppe in einem internen Wettbewerb um das Büro Kiefer ergänzt.

Was macht einen Flughafen aus? Start, Landung, Wechsel der Geschwindigkeiten, über den Wolken sein, Zeitwechsel, Kulturwechsel, Verbindung der Kulturen, Zwischenort – diese Assoziationen waren wesentlich für den Entwurfsprozess. Der Flughafen als Implantat in der Peripherie der Stadt Wien bildet einen Raum der Überlagerungen mit eigenem urbanen Charakter.

Für den landschaftsarchitektonischen Entwurf steht die Verzahnung der Internationalität mit dem gewachsenen regionalen Umfeld im Mittelpunkt. Kontinuität und Transformation sind die bestimmenden Leitbegriffe.

Drei Bereiche werden unterschieden: Naturhybrid, Kulturhybrid, Stadtkondensat. Das Baumdach der Donauauen wird bis zum Flughafenareal erweitert. Verdeutlicht wird diese anthropogene Ergänzung durch ein prägnantes Bodenrelief. Die Felder-Struktur der landwirtschaftlichen Nutzung wird zur Struktur des Flughafenareals transformiert. Es entsteht eine Patchworkstruktur unterschiedlich nutzbarer befestigter Flächen sowie farbiger Kies- und Schotterrasenflächen.

## *Vienna airport*

*Vienna International Airport VIE is to acquire new terminals by 2008, designed by the architects P.ARC Baumschlager Eberle Gartenmann Raab GmbH (Zurich and Lochau). After the architects won the international competition in 1998, Büro Kiefer joined the planning group in an internal competition.*

*What makes an airport? Take-off, landing, change of speed, being above the clouds, time change, culture change, linking cultures, intermediate place – these associations were essential to the design process. The airport as an implant on Vienna's urban periphery represents a place full of superimpositions, with its own urban character.*

*Meshing international quality with the mature regional environment is the key to this landscape architecture design. Continuity and transformation are the determining guidelines.*

*Three fields are distinguished: nature hybrid, culture hybrid, urban condensate. The tree canopy of the Danube meadows is extended to the airport site. This anthropogenic addition is elucidated by succinct ground relief. The agricultural field structure is transformed into the airport site structure. This creates a patchwork of solid areas for various uses, and coloured areas in larger and smaller gravel.*

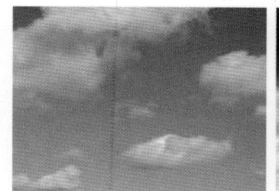

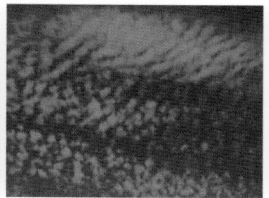

Flughafen Wien | Vienna airport

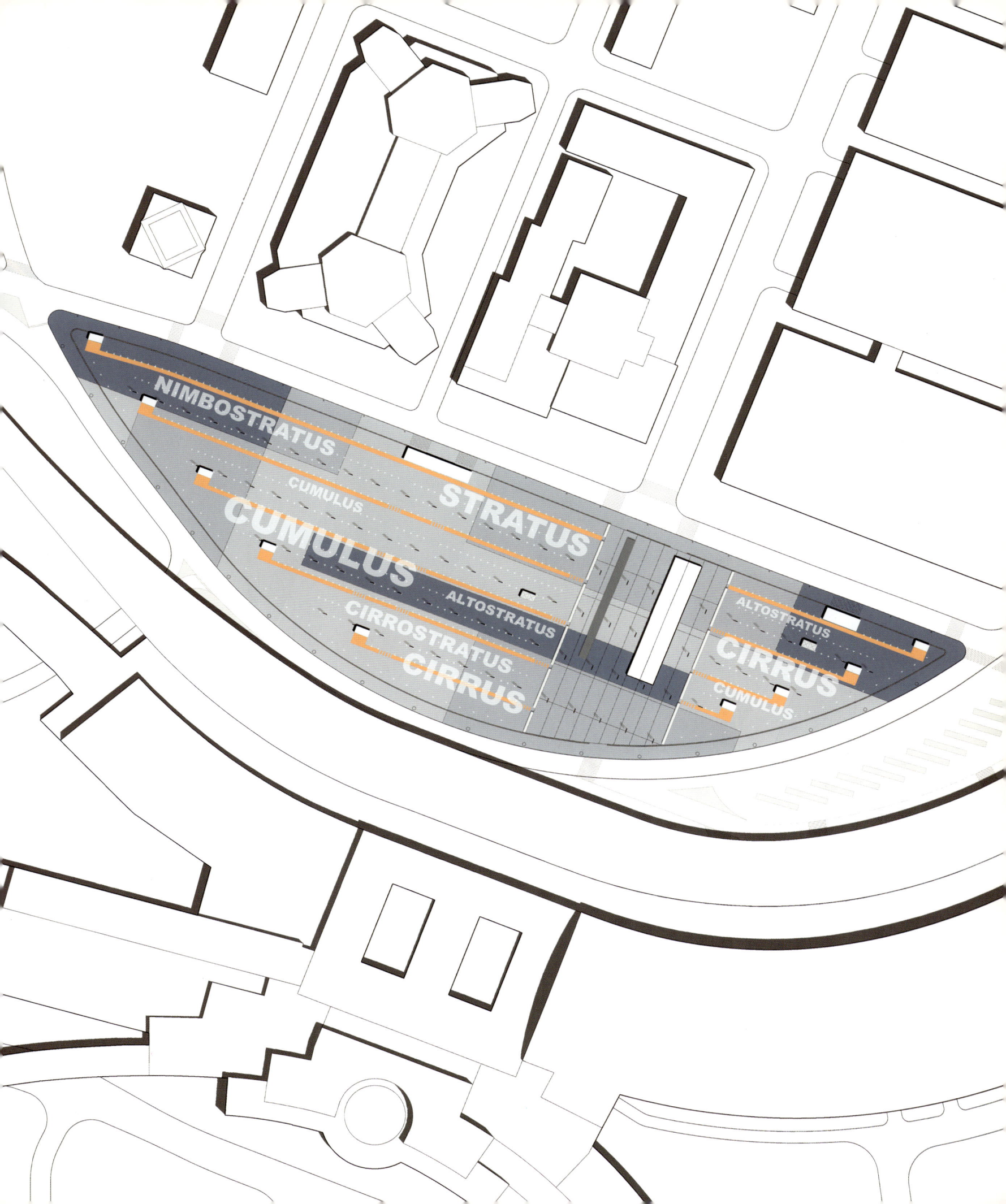

NIMBOSTRATUS
CUMULUS
STRATUS
CUMULUS
ALTOSTRATUS
CIRROSTRATUS
ALTOSTRATUS
CIRRUS
CIRRUS
CUMULUS

Himmel und Wolken bestimmen die Gestaltung des Platzes in abstrakten wie in konkreten Formen.
*Sky and clouds determine the design of the square in abstract and concrete shapes.*

Den zentralen Bereich definiert die „urbane Eleganz" eines Stadtkondensats. Ein in „Himmelstönen" gehaltener Flächenbelag verankert die Weite des Himmels im Boden. Überlagert wird dieses Farbmuster durch Wolkenbezeichnungen wie „Cirrostratus" in meterhohen Schriftzeichen. Eine Wasserlinie spiegelt den Himmel; eine flächige, den gesamten Vorplatz überspannende künstliche Wolke verbindet das Stadthybrid mit der globalen Weite der Bezugsräume eines Flughafens. Kunst, Architektur und Landschaftsarchitektur geben dem Flughafen eine emotionale Qualität als Ort der Welt inmitten der Stadtregion Wien.

*The 'urban elegance' of a city condensate defines the central area. Areas are covered in 'sky shades', anchoring the depths of the sky in the ground. Superimposed on this colour pattern are the names of clouds, like 'cirrostratus', in metre-high letters. A waterline reflects the sky; an extensive artificial cloud covering the whole forecourt links the urban hybrid with the global scope of an airport's frame of reference. Art, architecture and landscape architecture give the airport an emotional quality as a world location in the midst of the Vienna conurbation.*

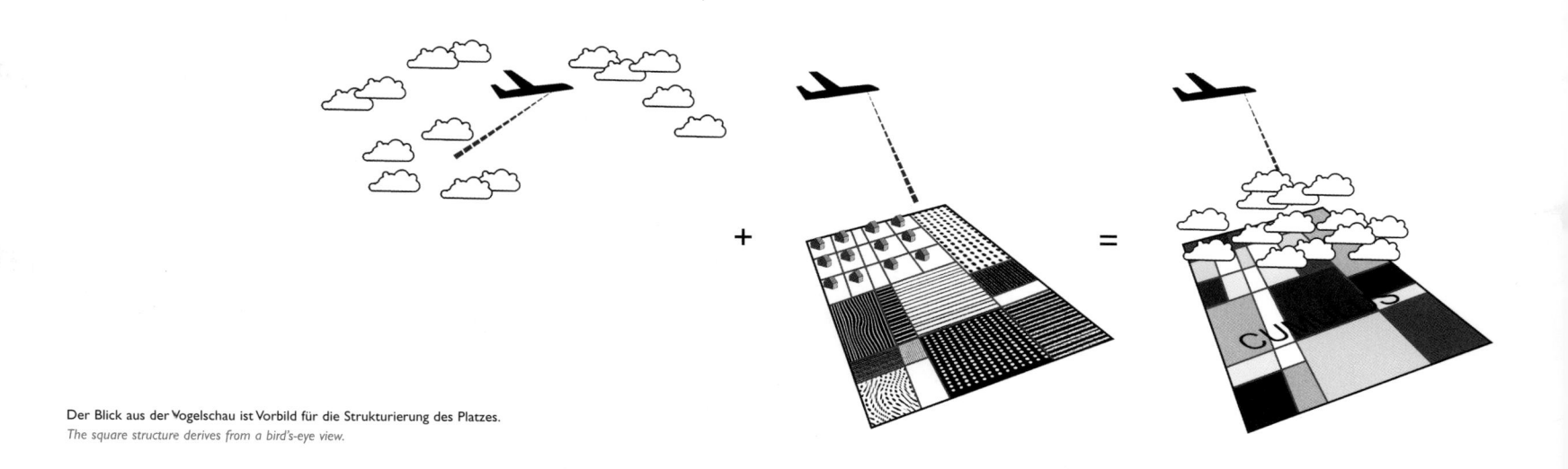

Der Blick aus der Vogelschau ist Vorbild für die Strukturierung des Platzes.
*The square structure derives from a bird's-eye view.*

Flughafen Wien | Vienna airport

NIMBOSTRATUS

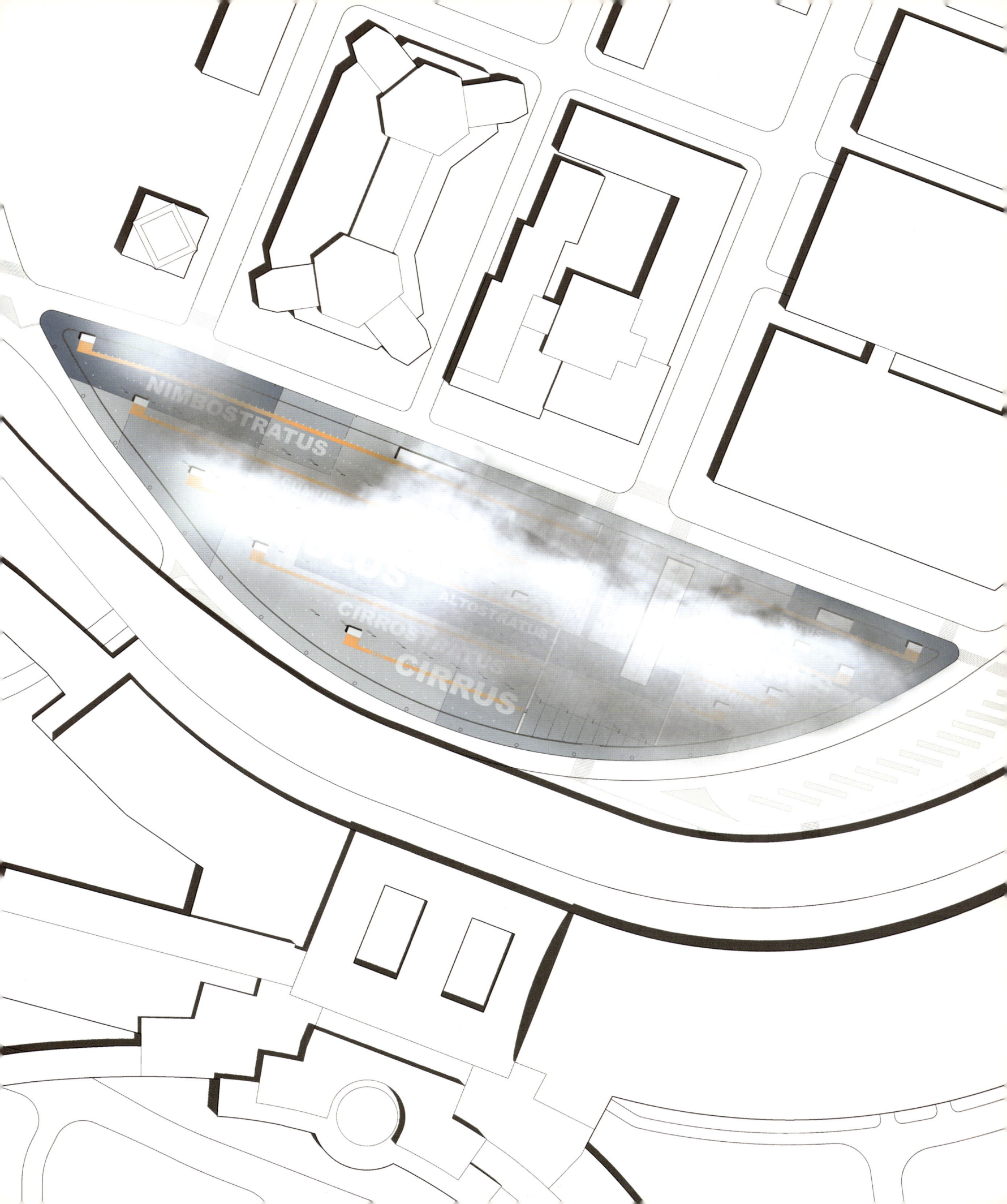

CIRROSTRATUS
CIRRUS

44

# Subtraktion
# Subtraction

+ In der Bewunderung für die Mathematik hat Gabriele G. Kiefer sich gefunden: „Mathematik ist göttlich." Dieser Satz lässt sich auf Platon beziehen. Dem philosophischen Vertreter der griechischen Antike galten mathematische Zeichen und Zahlen als himmlische Ideale. Mathematik existiere außerhalb von Raum und Zeit. Die Mathematik sei Wahrheit – unabhängig vom Menschen, der dieser Wahrheit nur nachspüren könne.

+ Der Überlieferung nach ließ Platon am Eingang seiner Akademie eine Inschrift anbringen: Jener Ort sei nur für Geometer, für wissenschaftliche Kenner der Landvermessung, zugänglich. So beginnt Peter Sloterdijk seine „Sphären"-Trilogie. Sloterdijk fragt, ob „das Leben ein ständiges nachträgliches Abfragen von Kenntnissen über den Raum (sei), von dem alles ausgeht?" (Sloterdijk 1998)

Skeptische Mathematiker der Gegenwart bezweifeln eine solche absolute Gültigkeit der mathematisch-geometrischen Raumkunde und ihrer Idealformen. Ihre antiplatonische Position: Mathematik existiere im Kollektiv menschlichen Bewusstseins. Sie sei „Teil der Kultur, wie das Recht, die Religion, das Geld" (Hersh, zit. n. Blum 1998). Mathematik wird so zur Hilfswissenschaft. Zahlen und Mathematik bleiben zwar universell, sind als solche aber neuropsychologisch und evolutionsbiologisch, nicht metaphysisch zu begründen. „Die ganzen Zahlen sind offensichtlich eine Erfindung des menschlichen Geistes, ein selbstgeschaffenes Werkzeug, das es erleichtert, bestimmte sensorische Erfahrungen zu ordnen." (Einstein, zit. n. Blum 1998)

+ Als geistige Schöpfungen und Instrumente des Ordnens kann man mathematische Regeln und Formen gleichwohl als „göttlich" bewundern. Etwa im Sinne des Universalgelehrten und Philosophen Gottfried Wilhelm Leibniz. Dieser sah in Gott ein Fundament, welches „die Macht, welche die Quelle von allem ist; hernach die Erkenntnis, welche den völligen Zusammenhang der Ideen in sich fasset; und endlich de[n] Wille[n], welcher die Veränderungen oder die Schöpfungs-Werke nach denen Regeln der allerbesten und ausbündigsten Ordnung hervorbringet" (Leibniz 1998), vereinigt.

+ *Gabriele G. Kiefer found herself in her admiration of mathematics: 'Mathematics is divine.' This sentence refers to Plato. The ancient Greek philosopher saw mathematical signs and numbers as divine ideals. He said that mathematics exists outside space and time, and that mathematics is truth – independently of man, who can only seek after this truth.*

+ *According to tradition, Plato had an inscription placed at the entrance to his Academy, saying that it was a place for geometers only, for those with a scientific knowledge of land surveying. This his how Peter Sloterdijk starts his 'Spheres' trilogy. He asks whether 'life (is) a constant retrospective questioning of knowledge about space, which is the basis for everything?' (Sloterdijk 1998)*

*Sceptical contemporary mathematicians are doubtful whether to ascribe such absolute validity to mathematical and geometrical theories about space and its ideal forms. Their anti-Platonic position: mathematics exists in the collective of human consciousness. It is 'part of culture, like law, religion, money.' (Hersh, quoted from Blum 1998) In this way, mathematics becomes a mere auxiliary discipline. Numbers and mathematics remain universal, but as such they have to be substantiated in terms of neuropsychology and evolutionary biology, not metaphysically. 'All numbers are obviously an invention of the human mind, a self-created tool that makes it easier to order certain sensory experiences.' (Einstein, quoted from Blum 1998)*

+ *As intellectual creations and ordering instruments, mathematical rules and forms can nevertheless be admired as 'divine'. The universal scholar and philosopher Gottfried Wilhelm Leibniz did this. He saw God as a foundation stone embracing 'the power that is the source of all things; thereafter cognition, which contains the entire context of ideas within itself; and finally the will, which produces changes or created works according to the rules of the very best and most excellent order.' (Leibniz 1998)*

## Ordnung = Räumliche Struktur

+ Von der göttlichen Mathematik bleibt nach der Säkularisierung eine logische Methode. Diese ist mehr als eine Hilfswissenschaft des Entwerfens. Landschaftsarchitektonische Entwürfe lassen sich nicht ausrechnen.
+ Entwürfe können sich der Mathematik bedienen, wenn man diese Wissenschaft nicht mit „Rechnen" verwechselt. Diejenige Mathematik, die sich der Entwurf als kreative Technik zunutze machen kann, ist die Wissenschaft von den Formeln und Regeln, welche eine kulturelle Abstraktion, eine Strukturwissenschaft darstellt. Diesem mathematischen Denken sind Werte immanent, die für einen Entwurfsprozess wesentlich sein können. Kiefer nennt die Analyse und die Reduktion komplexer Systeme, vernünftige Verallgemeinerungen, das Erkennen gemeinsamer Grundmuster und das Denken in Analogien und Vergleichen, auf die sich die Mathematik wie der Entwurf verstehen müsse. Allesamt keine moralischen Kategorien, wohl aber ethisch-philosophische Anklänge der Mathematik, die für den landschaftsarchitektonischen Entwurf wesentlich sind.
+ Diese Mathematik erklärt, warum Kiefer das Entwerfen als Entwicklung eines Strukturgerüstes begreift. Nicht die Lösung einer Gleichung verbindet sich im Entwerfen im Sinne der mathematischen Logik, sondern der Anspruch, der Umwelt mit dem Entwurf ein ordnendes Strukturgerüst zu geben, innerhalb dessen sich Wahrnehmung und Bedeutung aufeinander beziehen lassen.

## Alles = Nichts

+ Fragt man Kiefer nach ihrer Wahrnehmung der städtischen Realität, erhält man eine doppelt negative Abgrenzung zum Durchschnitt der öffentlichen und nicht-öffentlichen Stadträume. Kiefer beanstandet den allgegenwärtigen „Ausstattungszwang", konstatiert die Fehlauffassung von Raum als „städtisches Wohnzimmer". „Durchwandere ich heute die Stadt, so wird meine Wahrnehmung von zwei Eindrücken geprägt. Im öffentlichen Raum begegne ich einer Explosion an Bildern, Materialien und Farben. Scheint es zuerst, dass diese Flut durch ihre Präsenz Orientierung schaffen könnte, so wird diese Hoffnung durch die homogenisierte Anordnung und den schnellen Wechsel ins Gegenteil verkehrt. Desorientierung ist die Folge, eigene Gedanken und Emotionen werden überlagert.
Im nicht-öffentlichen Außenraum erlebe ich dagegen eine einschläfernde Einfallslosigkeit. Hier rekrutieren sich die Bilder aus mehr oder minder angehäuften Zufälligkeiten und den Produkten revolutionär-öko-sozialen Elans. Wie die Masse an Bildern den einen Raum erdrückt, erzeugt das Fehlen von Bildern im anderen unsägliche Langeweile.
Gemeinsam ist beiden die Typologie des Wohnzimmers, das mit gleichmacherischem Ausstattungszwang dem Zeitgeist-Postulat diverser Einrichtungshäuser folgt. So bewege ich mich in pseudo-intimen Räumen, auf teppichartigen Pflaster-Orgien zwischen einer Fülle von Fast-Food-Mobiliar hindurch. Freiraum, der versucht, es allen recht zu machen. Ist alles möglich, so ist auch nichts mehr möglich."
+ Dieser Kritik Kiefers an der Gegenwart städtischer Räume schließt sich ein grundsätzliches Plädoyer für das Unterscheiden an.

## Definieren = Unterscheiden

+ „Da schied Gott das Licht von der Finsternis und nannte das Licht Tag und die Finsternis Nacht." In der Genesis folgt dieses göttliche Scheiden direkt dem

## Order = spatial structure

*+ After secularization, what remains of divine mathematics is a logical method. This is more than an auxiliary discipline for design. Landscape architecture designs cannot be calculated.*
*+ Designs can use mathematics if this discipline is not confused with 'arithmetic'. The mathematics that design can use as a creative technique is the science of the forms and rules that presents a cultural abstraction, a structural discipline. There are values inherent in this mathematical thinking that can be crucial to a design process. Kiefer calls analysis and the reduction of complex systems reasoned generalizations, recognizing common basic patterns and thinking in analogies and comparisons that both mathematics and design have to know how to handle. None of these are moral categories, but ethical and philosophical echoes of mathematics that are crucial to landscape architecture design.*
*+ This mathematics explains why Kiefer sees design as developing a structural framework. It is not solving an equation that goes to create design in the sense of mathematical logic, but the desire that the design should impose on the environment an ordering structural framework, within which perception and meaning can be related to each other.*

## Everything = nothing

*+ If Kiefer is asked how she perceives urban reality, the reply contains a doubly negative demarcation of the ordinary run of public and private urban spaces. Kiefer objects to the omnipresent 'compulsion to furnish', and states that it is a misapprehension to speak of space as the 'urban living room'. 'If I walk around a town today, my perception of it is shaped by two impressions. In public spaces I am confronted with an explosion of images, materials and colours. It may seem at first as though the presence of this flood could help me to find my bearings, but this hope is quickly switched to its opposite by homogenized arrangements and rapid changes. This leads to disorientation, interfering with one's own thoughts and emotions.*
*But in private open spaces I sense a wearying lack of ideas. Here the images are drawn from features that have accumulated more or less at random, and from products of revolutionary eco-social vigour. The mass of images crushes one space, then the lack of images in the next is unspeakably boring.*
*Both share the typology of the living room: an egalitarian compulsion to furnish follows various furnishing houses' contemporary living postulates. So I move around pseudo-intimate spaces over carpet-like pavement orgies among a huge range of fast food furniture. Empty space that tries to be all things to all men. If everything is possible, then nothing is possible either.'*
*+ This critique of the present by Kiefer includes a fundamental plea for making decisions.*

## Defining = distinguishing

*+ 'God separated the light from the darkness. God called the light day, and the darkness he called night.' In Genesis, this divine separation comes immediately after creation. 'And God said: let there be light! And there was light.' The aim of this process is to introduce the 'Spirit of God' – it 'was moving over the face*

Subtraktion | Subtraction

Schaffen. „Und Gott sprach: Es werde Licht! Und es ward Licht." Das Ziel dieses Prozesses: den „Geist Gottes" – er „schwebte über dem Tohuwabohu" – einzuführen. „Am Anfang schuf Gott Himmel und Erde. Und die Erde war wüst und leer." Dieser mythologischen Ausgangssituation des Schaffens folgen unmittelbar die technischen Instrumente des Gestaltens. Das Licht steht für den Geist, und dieser ist zu unterscheiden von der „Finsternis". Das Scheiden, das Benennen des Unterschieds, setzt somit erst die Möglichkeit frei, Komplexes zu komponieren, zu verbinden. „Da ward aus Abend und Morgen der erste Tag."

Der „erste Tag" ist ein komplexes Produkt aus unterschiedlichen Elementen, aus Tag und Nacht, Abend und Morgen. „Schaffen", „scheiden", „nennen" und „werden" sind seit dem „ersten Tag" die untrennbar verbundenen Instrumente der Kreativität.

+ Die Mathematik nimmt dieses Vorgehen ebenfalls für sich in Anspruch: aus dem Chaos aller Möglichkeiten eine besondere hervorzuheben, sie zu beurteilen, zu benennen. „Scheiden und Benennen, Abgrenzen, Definieren. Ganz gewiss sind das Tätigkeiten, die in der Mathematik üblich sind: Das eine ist ohne das andere nicht zu denken. Erst wenn ich das Abgegrenzte benannt habe, kann ich gewiss sein, ihm sein eigenes Sein gegeben zu haben." (Schock 1997) Wie lässt sich dieser Ansatz für den landschaftsarchitektonischen Entwurf nutzbar machen?

## Vielfalt

+ Aus der Auseinandersetzung mit der Mathematik ergibt sich die Bedeutung, die das Unterscheiden für den landschaftsarchitektonischen Entwurf hat. Definiere den Raum als Ort!

+ Das Ausgangsfeld ist die potenziell unbegrenzte Vielfalt möglicher Assoziationen. Diese können sich auf den Ort beziehen, ihn in Frage stellen, ihn stärken, akzeptieren, ihm widersprechen oder ihn negieren. Sie können aus der Zeit, aus Geschichte, Gegenwart und Zukunft stammen. Und Strukturen, Materialien wie Texturen zu ihrem Gegenstand nehmen. Sie können einem räumlichen, meist städtebaulichen Kontext entlehnt sein, oder auf der Wahrnehmung beziehungsreicher Details basieren. Je umfassender es gelingt, die potenziell unbegrenzte Vielfalt möglicher Ideen zu entwickeln – und das meint im Büro Kiefer, sie zugleich bildhaft darzustellen –, desto wahrscheinlicher ist es, dass dem weiteren Entwurfsprozess tragfähige Ideen zugrunde liegen.

+ Im Ablauf eines Entwurfs nimmt diese Eröffnungsphase einen wesentlichen Zeitraum ein – und beteiligt eine Vielzahl an Ideengebern. Dies sind neben Bauherren, kooperierenden Architekten oder Fachplanern, Urbanisten, Künstlern oder Anwohnern vor allem alle Mitarbeiter des Büro Kiefer selbst. Die kooperative Arbeit ist wesentliches Prinzip.

Die Mitarbeiter des Büro Kiefer bringen eine größtmögliche Vielfalt an Charakteren, Erfahrungen und Interessen in die Arbeit ein. Diese Verschiedenartigkeit ist Voraussetzung für die notwendige Ideenfülle. Büro Kiefer versteht sich als Ort des Lernens, des gemeinsamen Erarbeitens von Themen, Orten und Ideen. Ein Labor für Landschaftsarchitektur, in dem man experimentiert, Lösungen findet, wieder ausschließt und neue Lösungen in Angriff nimmt.

## Subtraktion

+ Auf die Phase der Ideenfindung, der Abbildung einer größtmöglichen Vielfalt an Ideen, folgt – ebenso notwendig – die radikale Infragestellung aller dieser Ideen.

of the waters.' 'In the beginning God created the heavens and the earth. The earth was without form and void.' This mythological starting point for creation is followed immediately by the technical instruments of creation. The light stands for the spirit, and this has to be distinguished from the 'darkness'. Separating, naming the distinction, thus first releases the possibility of composing and combining complexity. 'And there was evening and there was morning, one day.'

The 'first day' is a complex product of distinct elements, of day and night, evening and morning. 'Creating', 'separating', 'naming' and 'becoming' have been the indivisibly linked instruments of creativity from the 'first day'.

+ Mathematics also claims this approach for itself: isolating one particular possibility from the chaos of all possibilities, assessing it, naming it. 'Separating and naming, demarcating, defining. Certainly these are activities that are customary in mathematics: the one is not thinkable without the other. Only when I have named what I have separated can I be sure that I have accorded it its own being.' (Schock 1997) How can this approach be used for landscape architecture design?

### Diversity

+ Coming to terms with mathematics shows what distinguishing means to landscape design. Define the space as a place!

+ The starting point is the potentially unlimited diversity of possible associations. These can relate to the place, question it, reinforce it, accept it, contradict it or negate it. They can come from time, from history, from the present and the future. And they can work with structures, materials and textures. They can derive from a spatial, usually urban development context, or be based on perceiving details with a rich field of connections. The more comprehensively the potentially unlimited diversity of possible ideas is developed – and in Büro Kiefer that means depicting them at the same time –, the more probable it is that the rest of the design process will be based on viable ideas.

+ In the course of a design, this opening phase takes up a considerable amount of time – and a lot of people need to contribute ideas. These include clients, co-operating architects or specialist planners, urban developers, artists and residents, and above all the Büro Kiefer employees themselves. Co-operative work is the key principle.

Büro Kiefer employees introduce the greatest possible diversity of characters, experiences and interests into the work. This variety is essential to produce the necessary abundance of ideas. Büro Kiefer sees itself as a place for learning, jointly working out themes, places and ideas. A landscape architecture lab, where people experiment, find solutions, reject them again and start work on new solutions.

### Subtraction

+ The idea-finding phase, illustrating the largest possible diversity of ideas, is followed by – and this is just as necessary – radical questioning of all these ideas. Making this step a fixed part of the design process helps to avoid design mistakes.

+ At first there is unbridled enthusiasm for every design idea. It is only in this way that landscape architects can get these ideas on to paper convincingly and express them at all. But if the idea-finding phase is not immediately fol-

Indem dieser Schritt zum festen Bestandteil des Entwurfsprozesses wird, können Fehler im Entwerfen vermieden werden.

+ Am Anfang steht die uneingeschränkte Begeisterung für jede Entwurfsidee. Nur so können Landschaftsarchitekten diese Ideen überzeugend zu Papier und überhaupt zum Ausdruck bringen. Wenn jedoch nach der Phase der Ideenfindung die einzelnen Ideen nicht kontinuierlich hinterfragt und damit geschärft werden, verliert sich ein Konzept leicht in einer vordergründigen Entwurfskomposition.

Für das Büro Kiefer gilt: Jedes Hinterfragen der Entwurfsideen ist nur scheinbar ein Schritt zurück. Vielmehr bringt ein solcher Schritt den Entwurf meist um mehrere Schritte voran. Auf die Phase der Findung einer maximalen Ideenvielfalt folgt die Phase der Subtraktion von Ideen. Jede kritische Diskussion beschleunigt das Erarbeiten tragfähiger Entwurfskonzepte.

+ Das Ziel: Finde das Wesentliche! Dies setzt eine Vielfalt der Ideen ebenso voraus wie ein Vermeiden von Beliebigkeiten. Dazu dient die Subtraktion der Ideen, bis das wirklich Schlüssige, dem Ort Angemessene übrig bleibt.

## Angemessen ≠ Einfach

+ Was ist der Gestaltung einer Umwelt angemessen? Dies ist zuvorderst eine an das urteilende Subjekt gebundene Geschmacksfrage. Dennoch zieht sich durch die Kulturgeschichte die Suche nach der Basis des Gestaltens als Suche nach Einfachheit. Die Kategorie der Angemessenheit als Entwurfsmaxime wird daher immer wieder mit der Erwartung der Einfachheit verbunden.

+ Als Ideal zahlreicher Kulturen, Religionen und Reformbewegungen ist die Suche nach Einfachheit teils gesellschaftskritisch, teils existentialistisch und moralisch motiviert. Kiefer hat sich mit der Idee der Einfachheit intensiv beschäftigt. Als alleiniges Leitbild taugt Einfachheit für die Arbeiten des Büros jedoch nicht.

So ist die moralische Dimension dieses Begriffes, welche Selbstlosigkeit und Abkehr von der Welt impliziert, für die Arbeiten des Büro Kiefer nicht relevant. Wichtig ist die Kategorie der Einfachheit jedoch als gestalterisches Instrument im Verhältnis zur Komplexität der räumlichen Umwelt.

+ Kiefer beschreibt die Explosion von Bildern, Materialien und Farben, die den städtischen Raum dominieren, als Problem. Die Omnipräsenz dieser Flut an Eindrücken und Informationen verhindert die Orientierung im Raum. Individuelle Gedanken und Emotionen werden überlagert durch eine Reizüberflutung, durch schnellen Bilderwechsel und eine Atmosphäre der Nicht-Identität, die durch Raumverlust und Geschwindigkeit bestimmt ist.

+ Eine Vielfältigkeit zu erleben bedeutet noch nicht, Wesentliches zu erleben. Hier kann die gestalterische Konzentration nützen. Es ist das Ziel der Angemessenheit, der Entsprechung einer Gestaltung zu einem räumlichen Kontext, nicht das Ideal asketischer Einfachheit, das die Entwürfe aus dem Büro Kiefer charakterisiert. Ein solcher Anspruch der Angemessenheit als Reaktion auf ein jeweiliges Umfeld, beispielsweise auf die städtebauliche Figur oder die Architektursprache eines Gebäudes, bringt tendenziell eher Einfachheit als eine überbordende Üppigkeit der Gestaltung hervor.

## Material = Baustoff + Botschaft

+ Das Büro Kiefer bedient sich konsequent der Möglichkeiten und der Ästhetik der industriellen Moderne. Kiefers Landschaften, Gärten, Parks, Plätze sind

lowed by continuous questioning of the individual ideas, thus sharpening them up, a concept can easily be lost in a superficial design composition.

Büro Kiefer believes that any questioning of design ideas only seems to be a backward step. On the contrary, a step of this kind usually takes the design several steps forward. The phase in which the widest possible range of ideas are found is followed by subtracting ideas. Each critical discussion accelerates the devising of viable design concepts.

+ The aim: identify essentials! This requires both diversity of ideas and avoiding anything random. This is why ideas are subtracted until all that remains is what is really convincing and appropriate to the place.

## *Appropriate ≠ simple*

+ What is appropriate to the design of an environment? This is first and foremost a question of taste, attached to the judging subject. And yet throughout cultural history the search for the basis of design has also frequently been a search for simplicity. The category of appropriateness as a design maxim is thus often associated with expecting simplicity.

+ The search for simplicity is partly motivated socio-critically, and partly existentially and morally. Kiefer has taken an intense interest in the idea of simplicity. But simplicity cannot be identified as the sole model for the practice's work.

So the moral dimension of this concept, which implies selflessness and renouncing the world, is not relevant to Büro Kiefer's work. But the category of simplicity is important as a creative instrument in relation to the complexity of the spatial environment.

+ Kiefer describes the explosion of images, materials and colours that dominate the urban space as a problem. The omnipresence of this flood of impressions and information makes it difficult to get one's bearings in a space. Individual thoughts and emotions are interfered with by overstimulation, by rapidly changing images and an atmosphere of non-identity determined by loss of space, and by speed.

+ Experiencing diversity does not yet mean experiencing something essential. Here creative concentration can come to the rescue. It is aiming for appropriateness, the point at which a design corresponds with a spatial context, not the ideal of ascetic simplicity that characterizes Kiefer practice designs. A claim to appropriateness of this kind, as a reaction to a particular environment, for example the urban development figure or the architectural language of a building, tends to produce simplicity rather than exuberant and opulent design.

## *Material = building components + message*

+ Büro Kiefer consistently exploits the scope and aesthetic of industrial Modernism. Kiefer's landscapes, gardens, parks, squares are not counter-worlds to the modern urban landscape, but an urban landscape hybrid of Modernism, without being modish for that reason.

+ Neither the design ideas nor the use of materials are bound to a limiting Büro Kiefer handwriting under the premise of appropriateness for a certain solution. Instead the use of materials always derives from the particular design brief, analysis of the space and the design idea that has been acknowledged to be essential and appropriate. The only obligations are choosing materials

Subtraktion | Subtraction

keine Gegenwelten zur modernen Stadtlandschaft, sondern stadtlandschaftliche Hybride der Moderne, ohne deshalb modisch zu sein.

+ Unter der Prämisse der Angemessenheit der jeweiligen Lösung folgen weder die Entwurfsideen noch die Materialverwendung einer eingrenzenden Handschrift des Büro Kiefer. Stattdessen leitet sich die Materialverwendung immer aus der speziellen Entwurfsaufgabe, der Analyse des Raumes und aus der als wesentlich und angemessen erkannten Entwurfsidee ab. Verpflichtend sind allein die Sorgfalt in Materialauswahl und Bauhandwerk. Je reduzierter der Entwurf, desto höher muss die Qualität der Ausführung sein.

+ Die Frage der Materialverwendung ist somit nicht Ausgangspunkt, wohl aber wichtiger Bestandteil der Kiefer'schen Entwurfslogik. Besonders die Poesie eines Entwurfs entsteht wesentlich durch die Materialverwendung. Materialien sind zum einen Baustoff, zum anderen Botschaft. Materialverwendung steht unter anderem für die flexible Nutzbarkeit eines Raumes. So ist eine Asphaltfläche Ausdruck höchster Flexibilität für rollende, gehende oder stehende Nutzungsformen.

Die verwendeten Pflanzen, Bodenbeläge, überhaupt alle raumstrukturierenden Elemente, unterliegen den Ansprüchen der Benutz- und Belastbarkeit wie der atmosphärischen, der emotionalen und der haptischen Qualität. Dass Kiefer nicht Nutzungen vorgeben, sondern Möglichkeiten anregen möchte, wirkt sich sowohl auf die Entwürfe als auch auf die gewählten Materialien aus. Aus der Eindeutigkeit und Angemessenheit des eingesetzten Materials folgt die mögliche Vielfalt der Nutzungen.

+ In der Materialwahl zeigt sich, wie ein Entwurfskonzept bis auf die Ebene des Details durchgearbeitet wird. Doch ist das Design von Produkten gerade nicht Gegenstand der Landschaftsarchitektur des Büro Kiefer. Jedes eingesetzte Element entwickelt sich aus der Gesamtidee für den Ort. Objektverliebtheit ist im Entwurf nicht zugelassen, die Objekte im Raum nehmen sich gegenüber dem Gesamtkonzept zurück.

Auch die Konstruktion steht nicht im Vordergrund, folgt aber in der Regel einfachen Prinzipien.

+ Betont wird hingegen die Bedeutung einer „reinen Materialverwendung". Materialien werden nicht vermischt eingesetzt. Dies erleichtert die Lesbarkeit und Erkennbarkeit der Gestaltelemente. Eine Komposition aus Materialien in einem Objekt wird möglichst vermieden, stattdessen grundsätzlich ein Leitmaterial verwendet. Dieses kann in verschiedenen Materialzuständen, beispielsweise in verschiedenen Korngrößen von der geschlossenen Wand bis zum Steinsplitt in einem Garten oder Park Verwendung finden. Auch werden Materialien immer unverfälscht eingesetzt. Vorsatzmaterialien, die Eindrücke vorspiegeln, gibt es in der Arbeit des Büro Kiefer nicht.

+ Auch können Materialien helle, öffentliche Orte oder dunklere Rückzugsräume gestalten helfen. So reflektieren manche Oberflächen das Licht, andere schlucken es. Auch können im Licht changierende Oberflächen – wie der für den Platz der Biosphäre Potsdam verwendete chinesische Schiefer – harte geometrische Formen quasi weichzeichnen. Umgekehrt kann in einem floral und vegetativ dominierten Garten ein „hartes" Material ein wichtiger Kontrastbildner sein.

Die Gestaltungen simulieren nicht Natur, sind nicht weich und organisch, zeigen keine Faltungen, Wellen oder Wogen. Vielmehr strahlt das Material, nicht die Form, eine Idee von Natur aus. So wird „Natur" im Entwurf eingesetzt, z. B. als Stein oder Wasser. Jedoch wird Natur nicht – wie ehedem im Landschaftspark – als Vorbild oder als Gegenwelt abgebildet.

+ Das Büro Kiefer will mittels Materialeigenschaften Stimmungen zum Ausdruck bringen: Nass schimmern Natursteine und Beton anders als trocken; Jahreszeiten wirken sich auf die Wahrnehmung des Raumes aus, spiegeln sich auch im Material

*carefully and meticulous building craftsmanship. The more reduced the design, the higher the quality of the execution has to be.*

*+ Thus the question of what materials to use is not a starting-point, but it is an important part of Kiefer design logic. The poetry of a design in particular derives from the material used. Materials are building components, but they also convey a message. Use of materials stands among other things for the flexible usefulness of a space. Thus an area of asphalt expresses the greatest possible flexibility for rolling, walking or standing use.*

*The plants, floor coverings, all the elements that structure the space, are subject to the demands of usability and load-bearing capacity, and also to those of atmospheric, emotional and tactile quality. Kiefer does not prescribe uses, but seeks to stimulate possibilities, and this affects both the designs and the materials chosen. Possible variety of use derives from the unambiguity and appropriateness of the materials used.*

*+ The choice of materials shows how the design concept is worked through, right down to the plane of detail. But product design is not the object of Büro Kiefer's landscape architecture. Each element used develops from the overall idea for the place. Becoming attached to the object is not admissible, the objects in the space withdraw in the face of overall concept.*

*Construction is also not in the foreground, but follows simple principles as a rule.*

*+ What is emphasized is the meaning of 'pure use of materials'. Mixed materials are not used. This makes it easier to read and recognize the design elements. Choosing a mixed range of materials for one project is avoided as much as possible, instead one key material is used. This can be deployed in various forms, for example with different grain sizes from the closed wall to the stone chips in a garden or park. Materials are always used in their pure form. Decorative surface materials that reflect impressions are not part of Büro Kiefer's working repertoire.*

*+ Materials can also help to create light, public places or darker places to retreat to. So many surfaces reflect light, others absorb it. And surfaces that shimmer in different light – like the Chinese slate in the square for the Potsdam Biosphere – can effectively blur the lines of selected hard geometrical shapes. Conversely, a 'hard' material can provide valuable contrasts in a garden dominated by flowers and vegetation.*

*The designs do not simulate nature, they are not soft and organic, they do not have folds, corrugations or undulations. In fact it is the material, not the form, that exudes an idea of nature. So 'nature' is introduced into the design, as stone or water for example. But nature is not copied as a model or counter-world, as it used to be in landscaped parks.*

*+ Büro Kiefer intends material qualities to express moods: natural stone and concrete shimmer differently when they are wet from when they are dry; seasons affect the way a space is perceived, and are also reflected in the material. In contrast with an interior, time sequences and the influence of the weather are readable in outdoor space: Corten steel offers the whole spectrum of possible colour impressions in sun or rain. Materials that can age are preferred, patina is part of Kiefer landscape architecture.*

*+ Büro Kiefer is restrained in its use of colour in the open air. Hard colour contrasts are avoided. Colouring that admits variations on the 'colour coordination' principle emphasizes the context. The colourful qualities of the users of a space are also an intellectual component of the design process.*

*+ The practice usually uses plants in the form of strong archetypes: little birch woods, pine groves, fruit meadows are landscape fragments that are trans-*

wider. Im Unterschied zu einem Innenraum sind Zeitabläufe und Wettereinflüsse im Außenraum ablesbar: Cortenstahl bietet in der Sonne oder im Regen das gesamte Spektrum an möglichen Farbeindrücken. Alterungsfähige Materialien werden bevorzugt, Patina ist Bestandteil der Kiefer'schen Landschaftsarchitektur.
+ Farben im Freiraum setzt das Büro Kiefer zurückhaltend ein. Harte farbliche Kontraste werden vermieden. Den Kontext betont eine Farbgebung, die Variationen nach dem Prinzip „Ton in Ton" zulässt. Denn die „Buntheit" der Nutzer eines Raumes ist gedanklicher Bestandteil schon im Entwurfsprozess.
+ Pflanzen verwendet das Büro meist in Form starker Archetypen: Das Birkenwäldchen, der Kiefernhain, die Obstwiese sind landschaftliche Fragmente, die im städtischen Kontext transformiert Verwendung finden, also beispielsweise gekoppelt mit einem städtischen Bodenbelag oder einer strengen Geometrie.
+ Das Spektrum unterschiedlicher Atmosphären entsteht nicht durch eine möglichst große Materialvielfalt und -fülle, sondern vor allem durch die Berücksichtigung umgebender Strukturen.

## Minimalismus?

+ Dem Büro Kiefer wurde wiederholt eine Haltung des Minimalismus zugeschrieben. So verweist der Architekturkritiker Claus Käpplinger auf einen „strukturellen Minimalismus" (Käpplinger 1998), der den Entwurf für den Natur- und Erholungspark Adlershof in Berlin auszeichnet.
+ Tatsächlich finden sich Anklänge der Entwürfe des Büro Kiefer an die minimal art, wobei die Landschaftsarchitektur keineswegs als bildende Kunst verstanden werden darf. Ähnlich wie die Vertreter der minimal art vermeidet die durch das Büro Kiefer geprägte Landschaftsarchitektur Illusionen, Anspielungen, Metaphorik und Symbolik. Sie betont stattdessen das Verhältnis von einfachen Formen und räumlicher (Wahrnehmungs-)Komplexität.
+ Die minimal art ist dennoch nicht explizites künstlerisches Vorbild für die Landschaftsarchitektur Kiefers. So wie der Kunstphilosoph Robert Wollheim, der den Begriff der minimal art 1965 prägte, ursprünglich nicht die spezifische Kunstströmung meinte, die seit den 1960er Jahren mit minimal art bezeichnet wird, sondern die Kunst der Moderne, des 20. Jahrhunderts insgesamt charakterisierte, ist der Minimalismus des Büro Kiefer als eine aus der Moderne gespeiste und deren Aspekte – wie die serielle Produktion – nutzende landschaftsarchitektonische Haltung zu verstehen.
Diese „Serialität" als technisches, konzeptionelles und methodisches Prinzip eint seit den 1960er Jahren Minimalismus und Pop Art, die gemeinhin als gegensätzliche Kunstströmungen verstanden werden. In der Landschaftsarchitektur Kiefers ist diese serielle Verwendung von Elementen, von grundlegenden Formen ein wesentliches Entwurfsprinzip.
+ Zugleich bezieht sich Kiefer aber auf die minimal music beispielsweise eines Michael Nyman. Diese avantgardistische musikalische Haltung der Komponisten grenzt sich gegen die in den 1950er und 60er Jahren dominante Serielle Musik gerade ab. Während die Strömung des Serialismus in der Musik mittels Proportionsreihen der Tondichten und -höhen sowie der Spielarten alle Parameter einer Komposition im Vorfeld festzulegen versuchte, erweitert die minimal music diese Prädetermination um die Variation. Die Struktur einer Komposition ergibt sich aus der teils kaum wahrnehmbaren Variation der „patterns", der einfachen Grundmuster.
+ Für die Landschaftsarchitektur wird aus dieser Bezugnahme auf minimal art und auf minimal music die Serialität wie die Variation zum gestalterischen Schlüssel.

*formed when used in an urban context, for example coupled with an urban floor covering or austere geometry.*
*+ The spectrum of different atmospheres is created not by the greatest possible variety and abundance of materials, but above all by considering the surrounding structures.*

## *Minimalism?*

*Büro Kiefer is often said to adopt a minimalist approach. For example, the architecture critic Claus Käpplinger refers to a 'structural minimalism' (Käpplinger 1998), which he feels to be a distinguishing feature of the Adlershof Nature and Recreation Park in Berlin.*
*+ In fact there are echoes of Minimal Art in Kiefer practice designs, though it is certainly not right to treat landscape architecture as fine art. Similarly to the exponents of Minimal Art, Büro Kiefer landscape architecture avoids illusions, allusions, metaphor and symbolism. Instead of this, it stresses the relationship between simple forms and spatial complexity (of perception).*
*+ But Minimal Art is not an explicit artistic model for Kiefer's landscape architecture. The art philosopher Robert Wollheim, who coined the term Minimal Art in 1965, was not originally referring to the specific art movement that has been known as Minimal Art since the 1960s, but to Modern Art, the art of the 20th century as a whole. In the same way, Büro Kiefer minimalism should be seen as an approach to landscape architecture that fed on Modernism and made use of aspects of it – like serial production.*
*It is this 'seriality' as a technical, conceptual and methodical principle that has united Minimalism and Pop Art, which are generally seen as art movements running counter to each other, since the 1960s. Using elements and fundamental forms serially is a crucial design principle in Kiefer's landscape architecture.*
*+ But at the same time Kiefer also relates to minimal music of the kind composed by Michael Nyman, say. This avant-garde musical approach to composition demarcates itself from the serial music that dominated the 50s and 60s. Serialism in music tried to use proportional rows of tonal density and pitch and of scale to fix all the parameters of a composition in advance, minimal music opened up this predetermination by adding variation. The structure of a composition arises from variation in the basic 'patterns', sometimes scarcely perceptible.*
*+ When landscape architecture relates to minimal art and minimal music, seriality and variation become creative keys. Addition, combination and permutation, subject to serial change, permit both anchoring in Modernism and the ability to develop it further.*

## *Structuralism?*

*+ A second reference point, also mentioned by Käpplinger, emerges clearly in Kiefer's work: structuralism. We see structuralism as the assumption that phenomena – like landscape designs – do not occur in isolation, but are always combined with other phenomena. So a park cannot be separated from its urban surroundings, even if there is a contrast between the park and the town.*
*+ Büro Kiefer's approach relates to the structuralism debate in architectural theory, which continued from the 1960s to the present day. 'While it was the aim of functionalist architecture to develop a spatial programme that respond-*

Subtraktion | Subtraction

Addition, Kombination und Permutation erlauben in serieller Veränderung sowohl die Verankerung in der Moderne wie deren Weiterentwicklung.

## Strukturalismus?

+ Es wird ein zweiter, von Käpplinger ebenfalls benannter Bezugspunkt der Arbeiten Kiefers deutlich: der Strukturalismus. Als Strukturalismus verstehen wir die Annahme, dass Phänomene – wie eben Landschaftsgestaltungen – nicht isoliert auftreten, sondern stets in Verbindung mit anderen Phänomenen stehen. So lässt sich ein Park vom städtischen Umfeld nicht trennen, selbst wenn der Park die Stadt kontrastiert.
+ Das Büro Kiefer bezieht sich in seiner Haltung auf die Strukturalismusdebatte in der Architekturtheorie, die von den 1960er Jahren bis in die Gegenwart reicht. „Während es Ziel der funktionalistischen Architektur war, ein auf vorhandene Bedürfnisse möglichst präzise reagierendes Raumprogramm zu entwickeln, und die Dekonstruktivisten eben diese Relation in Frage stellten, wird die Architektur nun zu einem dreidimensionalen Rahmen, der seine Gestalt wandelt und damit offen bleibt für heterogene Lebensprozesse. Die gebaute Struktur ist dabei nicht so sehr auf den Nutzer abgestimmt, sondern folgt ihrer eigenen Logik, ihrem generativen Prinzip; sie zwingt die Bewohner zur permanenten Positionsbestimmung, Raum ist um die vierte Dimension Zeit erweitert." (Adam 2001)
+ Während der Strukturalismus in der aktuellen Architekturdebatte aus diesen Erweiterungen um die Dimension der Zeit jedoch schlussfolgert, dass ein fließendes Raum-Zeit-Kontinuum den Orientierung gebenden dreidimensionalen Raum der euklidischen Geometrie ablöst, halten die Entwürfe aus dem Büro Kiefer an dieser Orientierungsfunktion des Raumes, an der Geometrie und der Bedeutung der Formen im Verhältnis zu anderen Phänomenen fest. Topologie und Topografie sind in der Landschaftsarchitektur weiterhin miteinander verbunden.
+ Gerade mittels dieser Verbindung aus archetypischen Landschaftsidealen und zeitgenössischen Phänomenen kann Orientierung in Raum und Zeit gegeben werden. Einflüsse und Ideen sind daher aus einer anfänglichen Vielfalt heraus so zu begrenzen, zu subtrahieren, dass im besten Falle ein Artefakt entsteht, bei dem es nicht mehr möglich ist, es durch weitere Subtraktion noch zu verbessern.

## Vielfalt + Reduktion

+ Die Landschaftsarchitektur muss gestalterische Mittel und Ideen reduzieren, um Notwendigkeiten zu erfassen. Von allen denkbaren Gestaltungsvarianten für einen Ort kann nur das Wichtigste, das Elementare im Entwurf Bestand haben: Intensität durch Reduktion. Mittel ist die Methode der Subtraktion des Unwesentlichen. Die so entstehende Einfachheit ist keine Gegenwelt zur Realität, keine Abkehr von der Komplexität gesellschaftlicher und räumlicher Geflechte, auch kein antiurbaner Reflex und Rückzug in ländliche Stille oder natürliche Ursprünglichkeit, sondern eine akzeptierende Auseinandersetzung mit der Komplexität des Urbanen. So ist gerade das Einfache höchst komplex.

*ed as precisely as possible to existing needs, and the deconstructivists questioned this very relation, architecture is now becoming a three-dimensional framework that changes its form and thus remains open for heterogeneous life processes. Here the build structure is not so much matched to the user, but follows its own logic, its generative principle; it forces occupants into a state of permanently determining positions, space is extended by the fourth dimension, time.' (Adam 2001)*
*+ Structuralism in the current architecture debate concludes from this extension by the dimension of time that the orientating, three-dimensional space of Euclidian architecture is being replaced by a fluid space-time continuum, Büro Kiefer designs retain this orientation function for space, and also geometry and the significance of forms in relation to other phenomena. Topology and topography continue to be linked in landscape architecture.*
*+ It is precisely this combination of archetypal landscape ideals and contemporary phenomena that can provide orientation in space and time. Thus a preliminary wide range of influences and ideas have to be limited, subtracted in such a way that in the best case an artefact is produced that can no longer be improved by further subtraction.*

## *Diversity + reduction*

*+ Landscape architecture has to reduce creative resources and ideas in order to grasp necessities. Of all the many conceivable design variants for a place, only the most important, the elemental element of a design can last: intensity achieved by reduction. And subtraction's appropriate resource is inessentials. The simplicity that this produces is not a counter-world to reality, does not turn away from the complexity of social and spatial networks, and it is also not an anti-urban reflex and withdrawal to rural silence or the natural sate, but an accepting examination of urban complexity. So it is in fact simplicity that is highly complex.*

1 - Botschaft des Königreichs der Niederlande | Embassy of the Kingdom of the Netherlands, Berlin

2 - Hüttenweg, Berlin

3 - Pappelallee, Potsdam

4 - Kleingartenanlage Kirschallee, Potsdam | Kirschallee allotment gardens, Potsdam

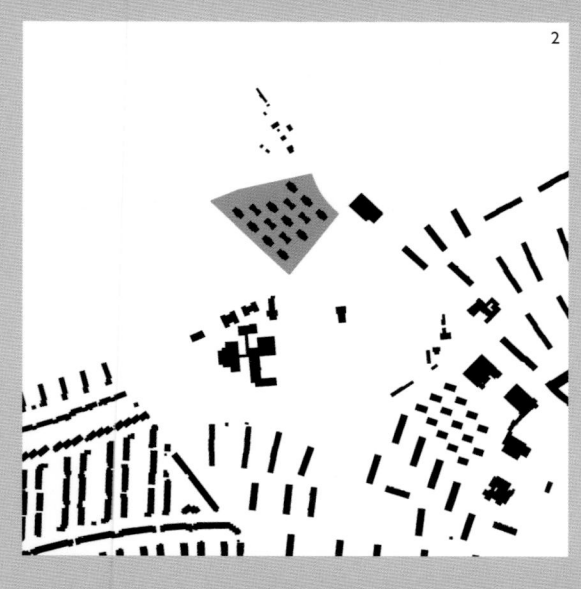

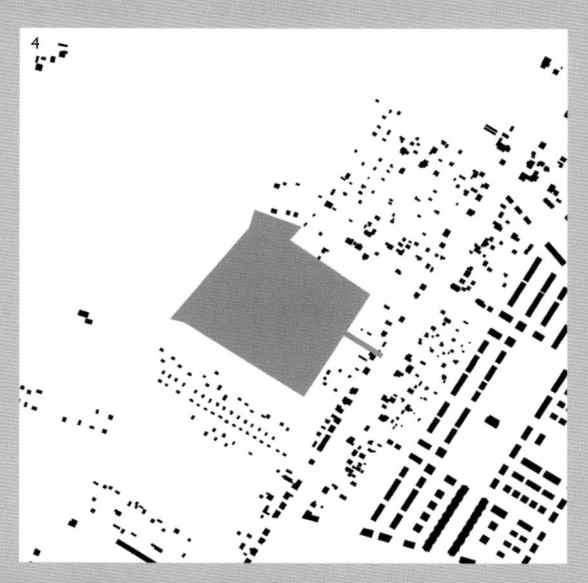

# Garten
# Garden

Die Gärten des Büro Kiefer sind stadträumliche Figuren. Sie erklären sich – wie Plätze, Wege und Parks – aus dem städtebaulichen Kontext. Die Funktion eines Gartens ist die einer Pause im Gefüge der Stadt. Gärtnerische Elemente, allem voran Pflanzen, ordnen sich dieser strukturellen Bedeutung des Gartens unter.

Gärten gliedern Stadt- und Siedlungsräume. Gärten wenden sich vom öffentlichen Raum ab, sind als private Gärten ein bewusst gewähltes Pendant zur städtischen Öffentlichkeit. Andererseits dienen Gärten der Repräsentation, wenden sich der Öffentlichkeit bewusst zu. Sie versuchen Aufmerksamkeit zu erregen für Macht, wirtschaftliche Potenz, für Geist und Stil. Die Vielfalt an möglichen Verwendungen des Begriffes ‚Garten' macht Unterscheidungen notwendig. Das Büro Kiefer unterscheidet zwischen Gärten mit öffentlicher Wirkung, die das Stadtbild strukturieren oder Landschaftsräume überhöhen, und solchen Gärten, die als Rückzugsräume privaten Charakter haben. Diese Grenze ist nicht immer trennscharf zu ziehen. Sie ist aber nützlich, um zu verstehen, dass sich die Landschaftsarchitektur des Büro Kiefer nicht auf Gartenarchitektur begrenzen lässt, gleichwohl die Idee des Gartens ein Kernstück Kiefer'scher Arbeiten ausmacht.

Es ist die im Begriff des Gartens aufgehobene Paradies-Assoziation (‚paradies'/ persisch und ‚paradeisos'/griechisch = Garten), die jede Aufgabe einer Gartengestaltung zu einer besonderen kulturellen Herausforderung macht. Die ursprüngliche Idee des Gartens, des hortus conclusus, als kultivierte und damit kulturelle Keimzelle inmitten lebensfeindlicher Natur (= Wildnis) findet heute ihren Ausdruck in einem übergeordneten Harmoniepostulat, welches den Garten zu einem Ort des Rückzugs macht. Dass der zur Selbsterkenntnis fähige Mensch aus dieser trügerischen Harmonie jedoch auch vertrieben werden kann, zeigt die abendländisch-christlich vermittelte Metapher des Auszugs aus dem Garten Eden. Für das Büro Kiefer ist ein Garten mehr als ein Symbol. Er ist Raum, meist städtischer Raum. Für den Garten eines Bankgebäudes werden strenge, den Raum strukturierende Körper aus industriell gefertigten Gabionengittern durch den Bewuchs zum Weichbild eines Gartenraums. Der Garten eines Geschäftshauses in Berlin ist durch Mauern gefasst, die mit geometrischen Figuren aus Blattgold veredelt wurden. Darüber jedoch rankt Wilder Wein. Das Blattgold ist existent, aber nicht sichtbar. Die Veredelung der Architektur durch den Garten wird zur – im Wortsinne – versteckten Aussage.

*Büro Kiefer's gardens are figures in urban space. They define themselves – like squares, paths and parks – in terms of their urban context. A garden's function is to create a pause in the urban structure. Horticultural elements, above all plants, subordinate themselves to this structural significance.*

*Gardens articulate urban spaces and housing estates. Gardens turn their back on public space; when private, they are a consciously chosen counterpart to urban public quality. But gardens also boost prestige, and consciously turn to the public. They draw attention to power, economic potency, to spirit and style. The term 'garden' can be used in a variety of ways, so distinctions are needed. Büro Kiefer draws a distinction between gardens that make a public impact, that structure urban space or enhance landscape, and gardens that have a private character as places of retreat. This distinction cannot always be made precisely. But it is useful in order to understand that Büro Kiefer's landscape architecture is not restricted to gardens, even though the idea of the garden is a key feature of Kiefer's work.*

*It is the word garden's association with paradise ('paradies'/Persian and 'paradeisos'/Greek = garden) that makes any garden design commission into a particular cultural challenge.*

*The original idea of the garden, the hortus conclusus, as a cultivated and thus cultural germ cell in the midst of nature that is inimical to life (= wilderness), is expressed today in a higher postulate of harmony that makes gardens into places of retreat. But the fact that human beings who are capable of self-knowledge can be driven out of this deceptive harmony is conveyed by the Occidental-Christian metaphor of the expulsion from the Garden of Eden.*

*For Büro Kiefer, a garden is more than a symbol. It is space, usually urban space. For the garden of a bank, growth allows austere, space-structuring sections consisting of industrially produced gabion grids to convey the general impression of a garden. The garden of a commercial building in Berlin is enclosed within walls enhanced with geometrical figures in gold leaf. But they have wild vines growing over them. The gold leaf is there, but it is not visible. The architecture is ennobled by the garden, but this becomes – literally – a hidden statement.*

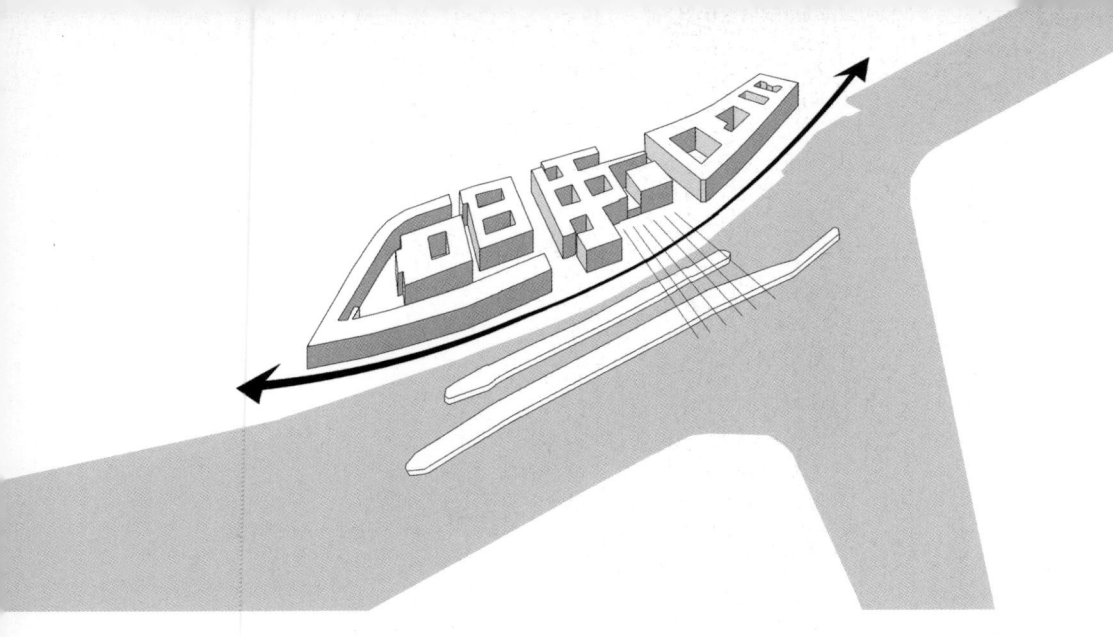

Die Promenade entlang der Spree trifft auf die besondere Situation einer zurückgesetzten Blockkante.
*The Spree promenade meets the special situation created by a set-back block perimeter.*

## Botschaft des Königreichs der Niederlande, Berlin

Dass die Niederlande für ihr Botschaftsgebäude in Berlin eine Wasserlage wählten, ist selbstverständlich. Alles andere jedoch an der Architektur und der Landschaftsarchitektur des Botschaftsareals ist im Berliner Kontext ungewöhnlich – und damit typisch niederländisch. Der von Rem Koolhaas und seinem Büro OMA entworfene Botschaftsbau tritt aus der Flucht der benachbarten Gebäude entlang der Spree zurück, und macht damit auf eine Architektur aufmerksam, der das Attribut „heitere Paradoxie" zusteht. Das in einen gläsernen Kubus und eine metallen verkleidete, L-förmige bewohnte Wand gegliederte Gebäude ist nicht nach Etagen oder anderen hierarchischen Strukturelementen organisiert, sondern baut sich aus ineinander verklammerten Ebenen entlang einer Treppen- und Wegeerschließung auf. Diese lässt immense Dichte, offene Räume, Materialbrüche, erhabene Raumsituationen und überraschende Blickbeziehungen zwischen Stadt und Bauwerk aufeinander folgen. Eine Stadt mit all ihren Gegensätzen wird hier in einem einzelnen Bauwerk zum architektonischen Prinzip.

Das Büro Kiefer reagiert auf diese selbstbewusste städtebauliche wie architektonische Haltung mit großer Souveränität. Entstanden ist eine kleinteilige stadt- und landschaftsräumliche Komposition, in der die Grenzen zwischen Innen und Außen, zwischen Abgeschlossenheit und Offenheit aufgelöst sind. Der öffentliche Raum verschränkt sich in Form der Durchwegung und der ansteigenden Vorfahrt zur Botschaft mit dem Gebäude selbst. Trotz diesem Bekenntnis zur Innovation im Raumverständnis wurde keine spektakuläre, sondern eine selbstverständlich wirkende Anlage entworfen.

## Embassy of the Kingdom of the Netherlands, Berlin

*It makes complete sense that Holland should choose a waterside site for its Berlin embassy. But everything else about the architecture and landscape architecture on the Berlin site is unusual for Berlin – and thus typically Dutch. The embassy building was designed by Rem Koolhaas and his OMA practice. It stands back from the neighbouring buildings along the Spree, thus attracting attention to architecture that deserves the attribute 'cheerful paradox'. The building is structured as a glass cube and a metal-clad, L-shaped inhabited wall. It is not organized on floors or with other hierarchical structural elements, but builds itself up from interlinked planes along an access system of steps and paths. This creates a sequence of intense density, open spaces, breaks in material, noble spaces and surprising views linking the city and the building. A city and all its contrasts become the architectural principle of a single building. Büro Kiefer responds to this whole self-confident urban and architectural approach with masterly control. They have created an intricate urban and landscape composition in which the boundaries between inside and outside, seclusion and openness are dissolved. The public space is linked with the building itself by the form of the path system and the rising approach to the embassy. Despite acknowledging innovation in spatial perception in this way, the complex is not spectacular, but seems entirely natural.*

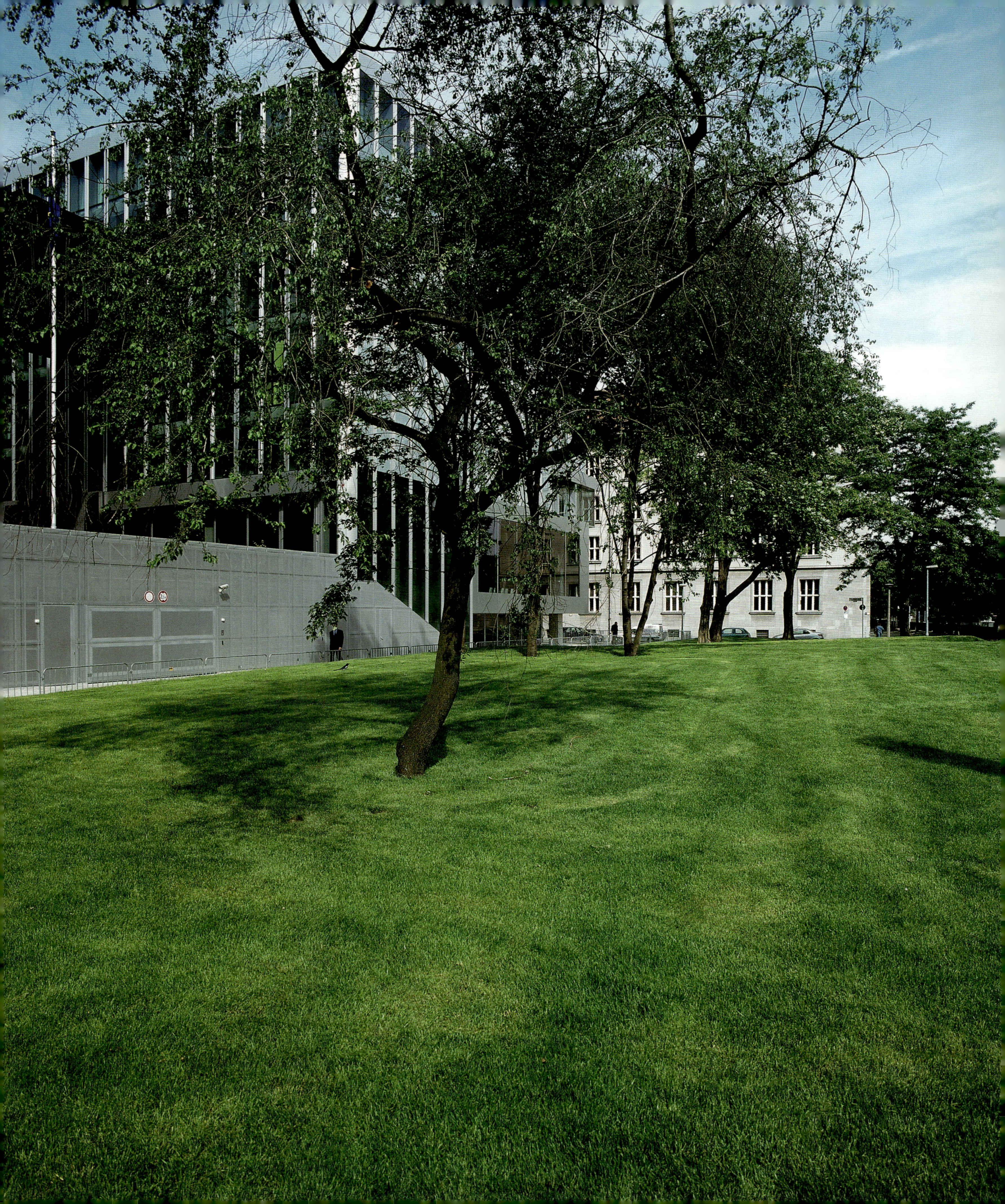

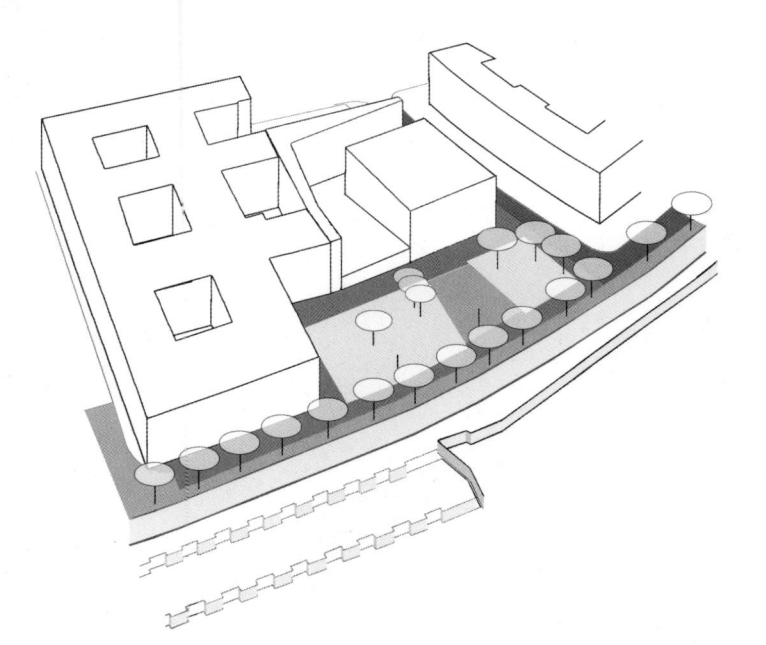

Der freie Raum zwischen Promenade und Botschaftsgebäude ist als Garten sowohl nutzbar als auch repräsentativ.
*The open space between the promenade and the embassy building is imposing, and can also be used as a garden.*

Die Gestalt des neuen Freiraumes integriert die städtischen Freiraumtypologien Garten, Park und Platz. Dabei werden vorhandene Baumbestände in die Neuanlage gegeneinander geneigter Rasenflächen integriert. Die Robinien und Weiden behaupten quasi ihre Stellung, ohne auf den neuen Nachbarn Rücksicht zu nehmen. Die unterschiedlichen Typologien des Berliner Spreeufers, die vor der Botschaft als Promenade und als Uferstraße aufeinander treffen, werden einander nicht angepasst, sondern bleiben in ihrem Kontrast schlicht bestehen. Diese Landschaftsarchitektur ist, wie auch das Bauwerk, eine Botschaft des Bekenntnisses zur Vielfalt der Stadt.

*This new open space is shaped to integrate the urban space typologies of garden, park and square. This involves integrating existing trees into the new complex of lawns sloping in different directions. The robinias and willows assert their position without making allowances for their new neighbour. The different typologies of the Spree banks in Berlin, meeting in front of the embassy as promenade and embankment road, do not conform with each other, but simply remain as contrasting elements. This landscape architecture, like the building itself, is an embassy as acknowledgement of the city's diversity.*

Elemente aus Vorgarten, Platz und Park verbinden sich zu einer hybriden Gestaltung.
*Elements of front garden, square and park combine to form a hybrid design.*

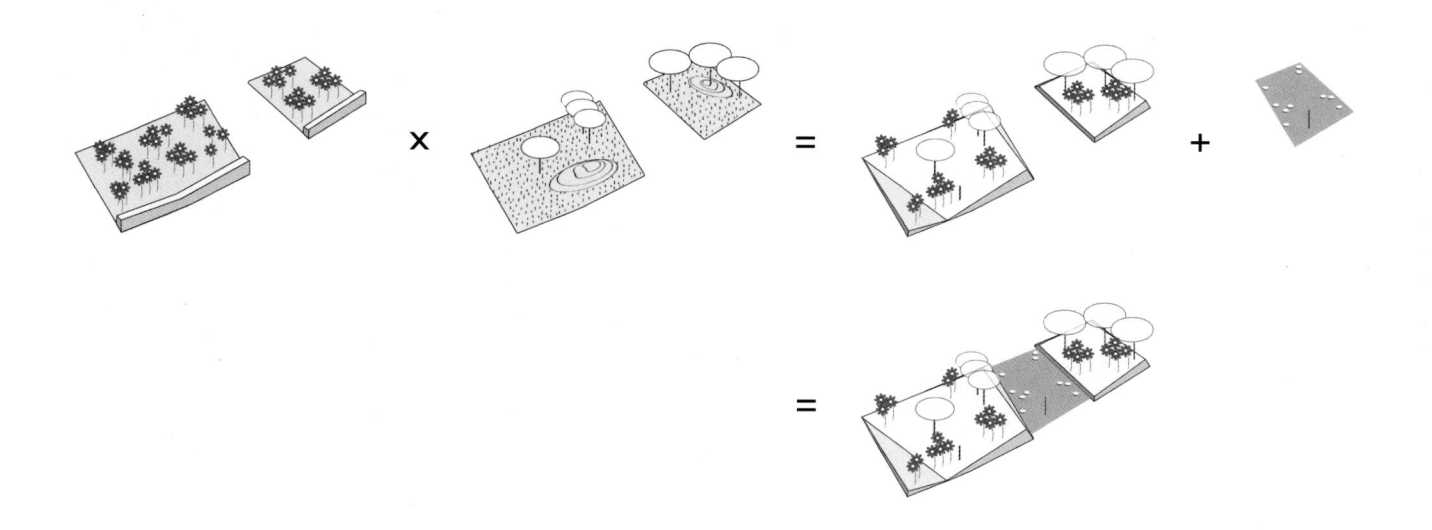

# Botschaft des Königreiches der Niederlande, Berlin | Embassy of the Kingdom of the Netherlands, Berlin

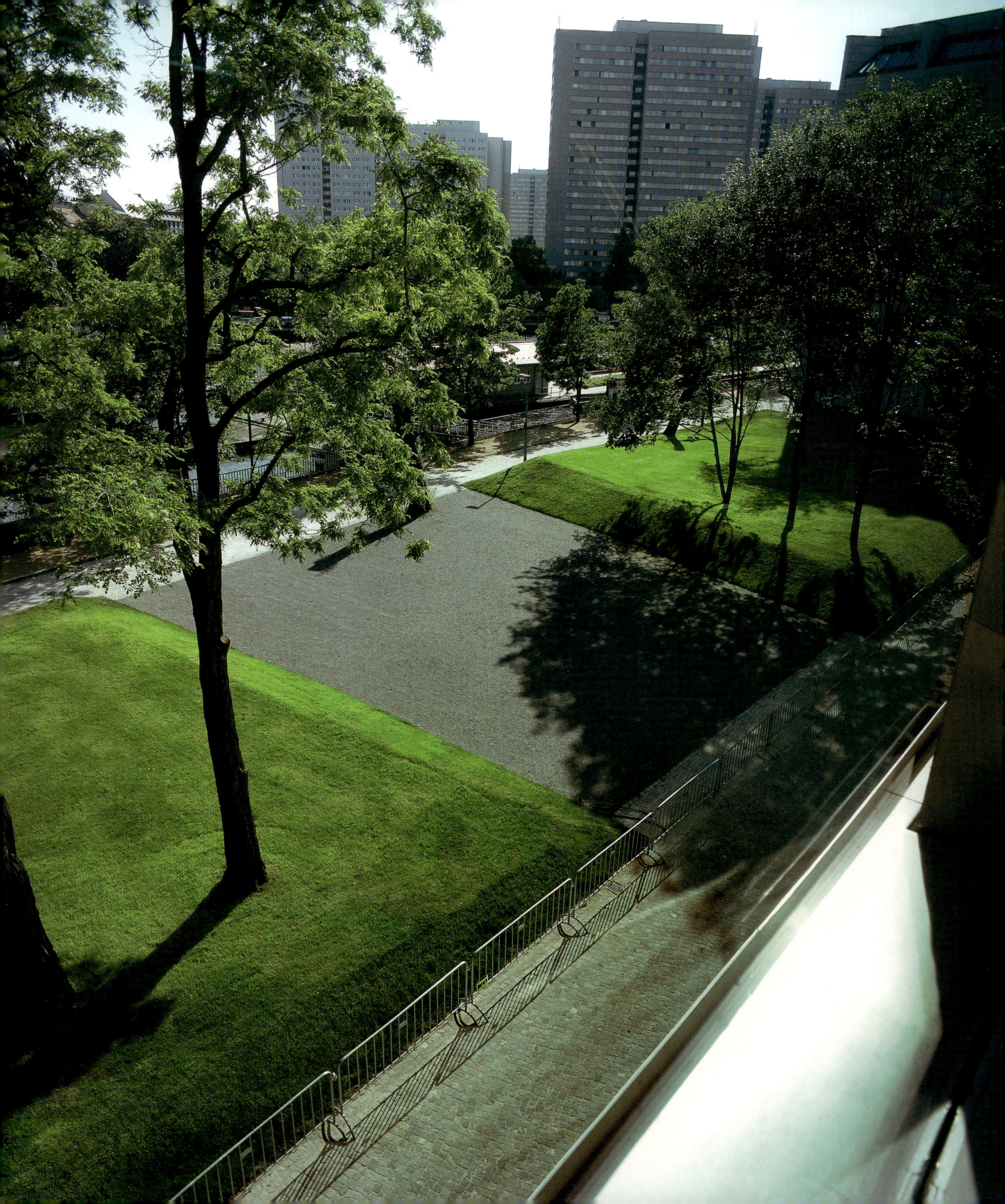

Einigung im Kompromiss: Einige Bäume werden erhalten und stark zurückgeschnitten. Raumverstellendes Gebüsch wird vollständig entfernt.
*Compromise agreement: some trees are retained and cut back heavily. Bushes detracting from the space are removed completely.*

Botschaft des Königreiches der Niederlande, Berlin | Embassy of the Kingdom of the Netherlands, Berlin

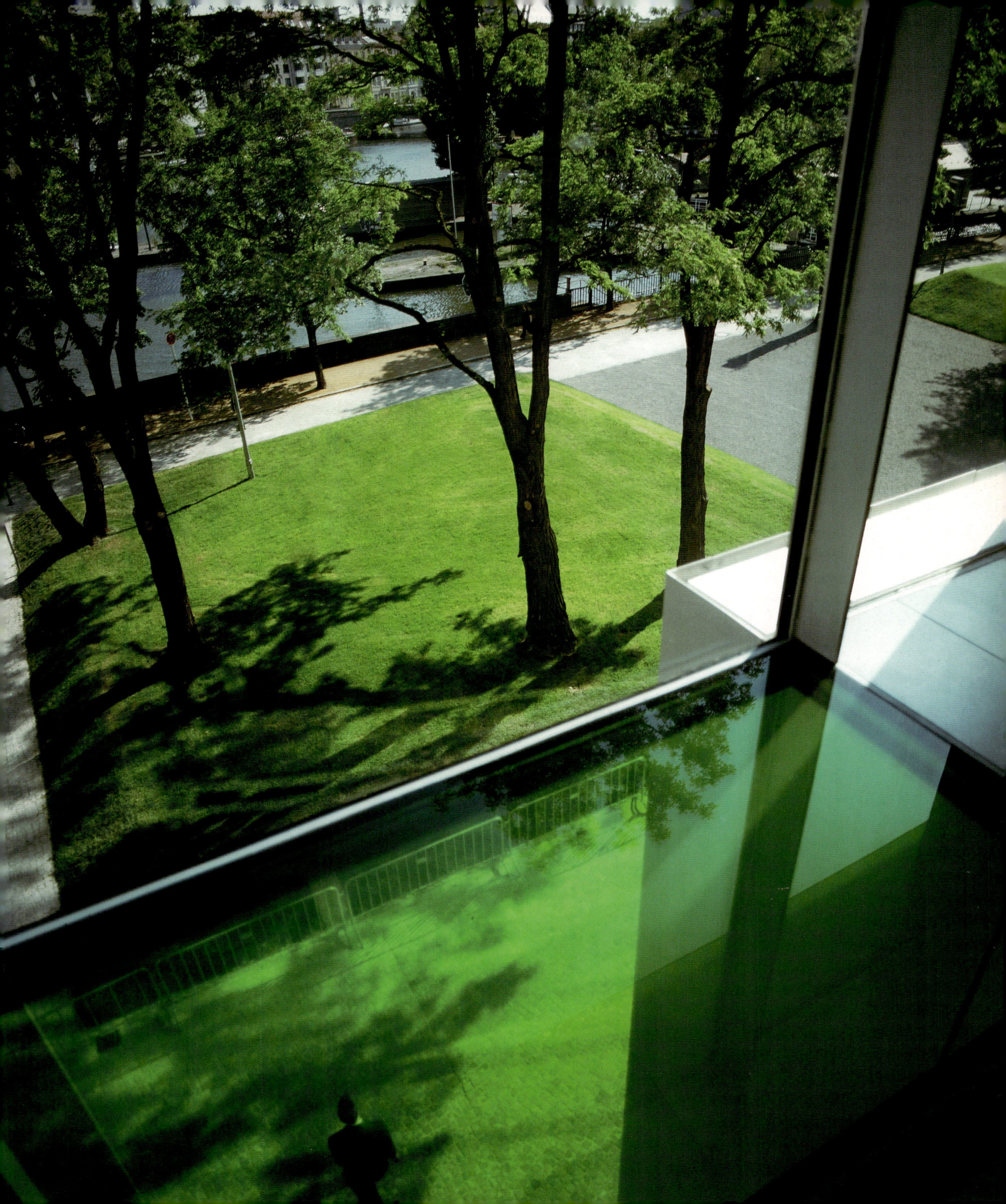

Eine neue Siedlung wird als urbaner Körper in eine vorhandene Waldlichtung platziert.
*A new estate is placed in an existing woodland clearing as an urban entity.*

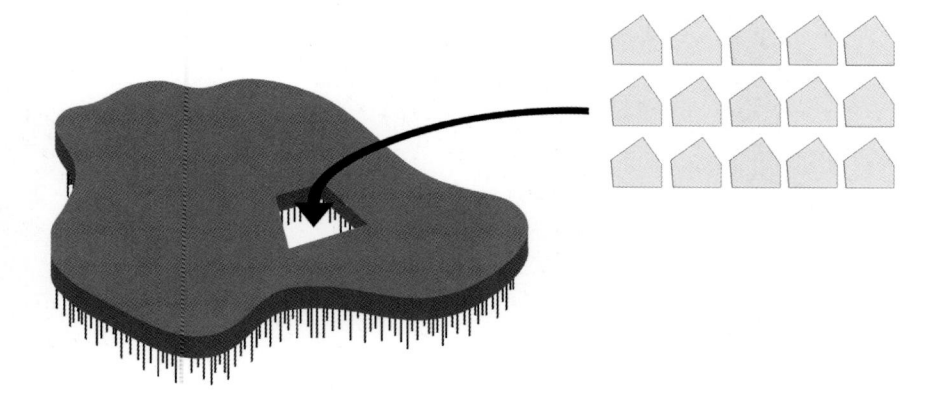

## Hüttenweg, Berlin

*Hüttenweg, Berlin*

Das Grundstück der ehemaligen Turner-Kaserne in Berlin-Zehlendorf ist umgeben von einem Kiefernmischwald. Wie auf einer natürlichen Lichtung liegt die Siedlung offen und sonnig da. Ende der 1990er Jahre wurde die ehemalige Kaserne der amerikanischen Alliierten zu einer Wohnanlage für Bundesbedienstete und Parlamentarier umgebaut (Architektur: Klaus Theo Brenner, Berlin). Dieser Umbau zu Stadtvillen umfasste eine vollständige Neugestaltung der Außenanlagen. Der landschaftsarchitektonische Entwurf respektiert und nutzt die Atmosphäre der Wiesenlichtung im Kiefernwald. Behutsam wird vorhandener Baumbestand mit hochstämmigen Kiefern sowie einzelnen Birken und Eichen ergänzt. Die weitestgehend wiederhergestellte Wiese wird zum Leitmotiv des Entwurfs.

*The plot of the former Turner Barracks in Zehlendorf, Berlin is surrounded by a mixed pine wood. The housing sits as if in a natural clearing, open and sunny. In the late 1990s, the former American Allied barracks was converted into accommodation for Federal employees and parliamentarians (architecture: Klaus Theo Brenner, Berlin). This conversion to urban villas included a complete redesign of the external facilities.*
*The landscape architecture respects and uses the atmosphere of a meadow clearing in the pine forest. The existing tree stock is carefully complemented with tall pines and individual birches and oaks. The meadow, recreated to the largest possible extent, becomes the leitmotif of the design.*

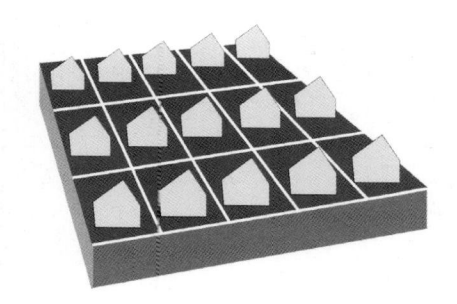

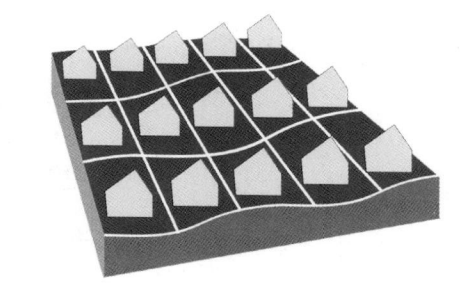

Um die Siedlung in die natürliche Umgebung zu integrieren, schwingt die Landschaft. Das Erschließungsnetz (für Fußgänger) akzentuiert die Schwingungen: ins Gelände eingeschnittene Wege im Wechsel mit über das Geländeniveau herausgehobenen Wegen.
*The landscape undulates to integrate the estate with its natural surroundings. The access network (for pedestrians) accentuates the undulations: paths cut into the terrain alternate with paths raised above the level of the terrain.*

Hüttenweg, Berlin

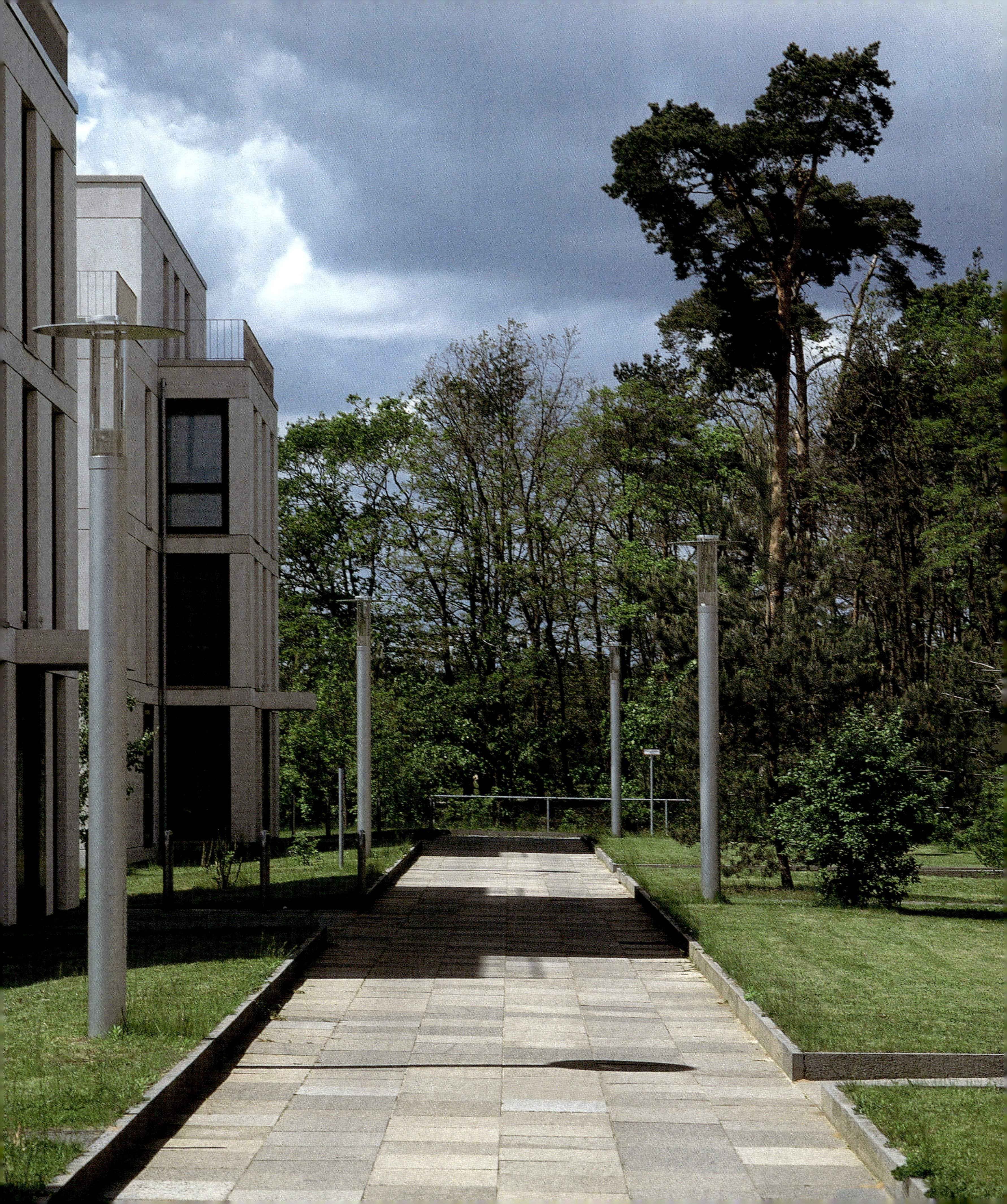

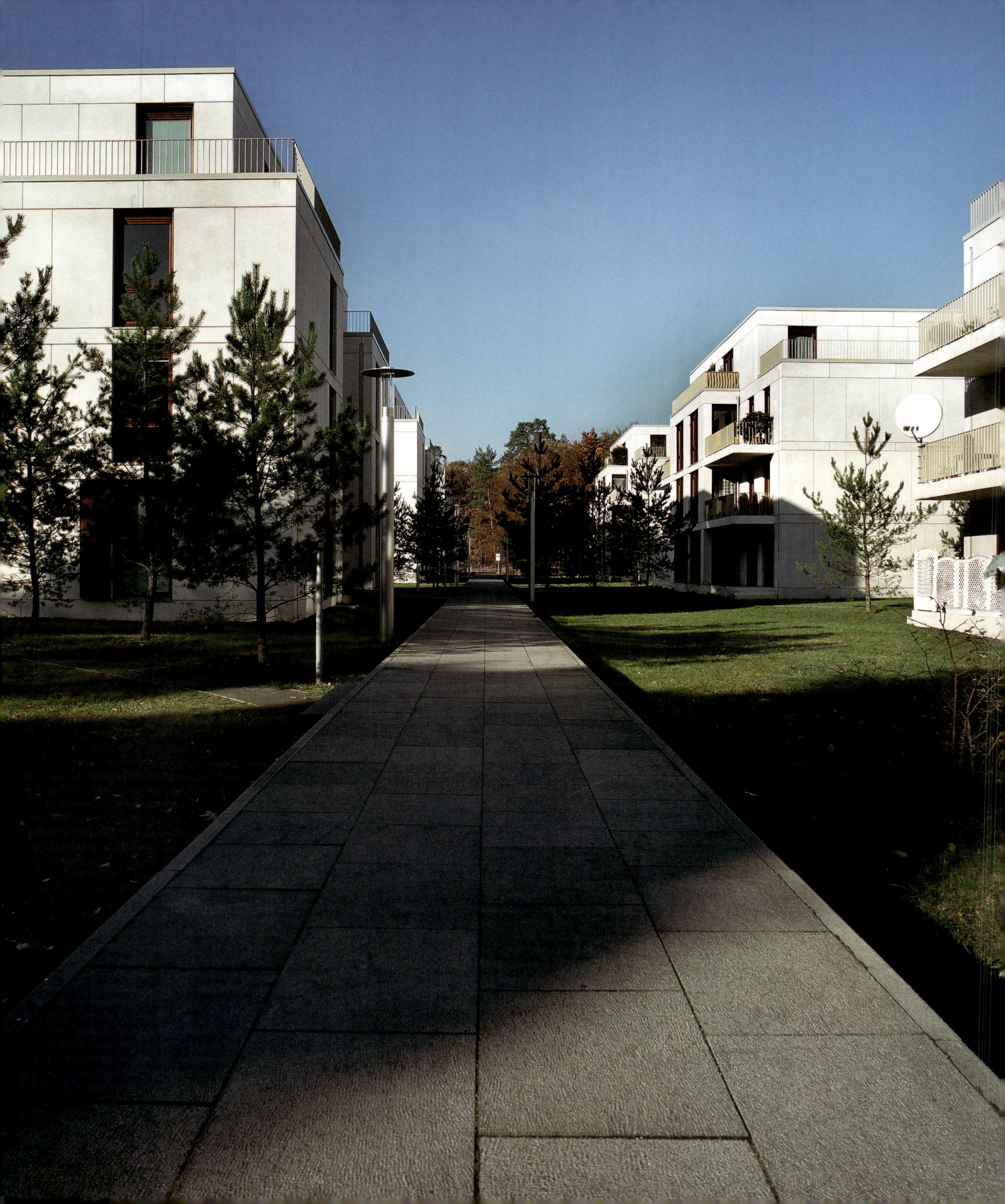

Um die Künstlichkeit der neuen Lichtung hervorzuheben, wird diese durch eine artifizielle Topografie betont, die das gesamte Gelände überformt und strukturiert. Das Gelände wird in leichte Schwingungen versetzt, die wellenförmige Bodenbewegung unterscheidet den neuen Freiraum vom vorhandenen Wald. Die Wege folgen dagegen dem städtebaulichen Raster. Aus der Überlagerung der beiden Systeme – Rasenwellen und Erschließungslinien – entsteht die Besonderheit des Ortes. Abwechselnd werden Wege erhaben über die Wiese geführt oder leicht eingesenkt, wodurch sie in ihrer Erscheinung hervor- oder zurücktreten.
Das Grundstück wird von einer gleichmäßigen Folge zweier unterschiedlicher Raumtypen überzogen: umbauter Raum und Freiraum. Durch diesen Rhythmus wird eine Hierarchisierung des Raumes vermieden: Die Waldlichtung fließt – gleich den Blicken der Menschen – durch die Wohnsiedlung hindurch.
Aus der Fläche heben sich nur die Gebäude selbst sowie die ebenfalls in einem festen Rhythmus platzierten Spielgeräte heraus. Diese bilden gemeinsam ein regelmäßiges Muster, das sich besonders gegenüber den unregelmäßig eingestreuten Bäumen abhebt.

*To emphasize the artificial quality of the new clearing, it is emphasized by artificial topography that reshapes and structures the whole site. The terrain is set in slightly swaying motion, the undulating movement of the ground distinguishes the new open space from the existing woodland. But the paths follow the urban grid. The special quality of the place is created by superimposing the two systems – undulating lawns and access lines. Paths are alternately raised to cross the lawns or slightly sunken, which makes them stand out or withdraw to an extent. The site is covered over by an even sequence of two different spatial types: built-up space and open space. This rhythmic quality avoids imposing a hierarchy: the woodland clearing flows through the housing estate – in the same way as the human eye.*
*The only things rising above the surface are the buildings themselves and the play equipment, which is also placed in a fixed rhythm. Together they form a regular pattern that stands out particularly well against the irregularly scattered trees.*

Das differenzierte Erschließungssystem gibt Orientierung im Raum.
*The differentiated access system provides orientation in the space.*

Hüttenweg, Berlin

Aus Kostengründen: Verzicht auf konventionelle Keller. Erforderliche Abstellräume werden im Freiraum untergebracht. Diese Keller-Ersatzräume sind raumbildend.
*For cost reasons: no conventional cellars. The necessary storage space is accommodated in the open. These substitute cellar areas create space.*

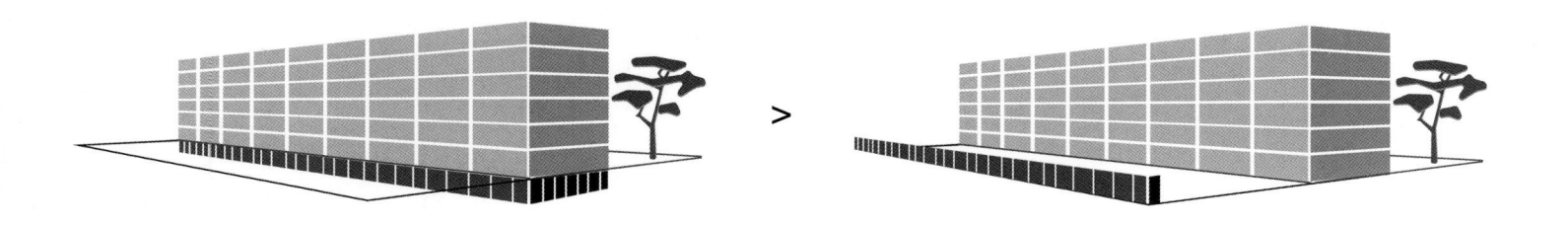

## Pappelallee, Potsdam

*Pappelallee, Potsdam*

Als bisher ambitioniertestes Wohnungsbauprojekt im Entwicklungsgebiet Bornstedter Feld, Potsdam, entstanden 400 Wohnungen im Geschosswohnungsbau auf ehemaliger Militärfläche. Da das Wohnen im Bornstedter Feld vor den Toren Berlins und Potsdams ein Wohnen im Grünen ist, war für das mit dem Städtebaupreis ausgezeichnete Projekt die enge Zusammenarbeit zwischen Architekten (Entwurf: Büro ASTOC / KCAP, Kees Christiaanse und Partner, Köln und Rotterdam) und den Landschaftsarchitekten des Büro Kiefer wichtige Grundlage.

Als experimenteller Ansatz zum kostensparenden Bauen sind sämtliche Kellerflächen im Außenraum untergebracht. Die Kellerersatzräume übernehmen durch ihre Anordnung gleichzeitig die Funktion der Abgrenzung der hausnahen, privaten Bereiche zum halböffentlichen Raum des Hofes. Ebenso sind alle Infrastrukturanforderungen wie Spielen, Müllentsorgung, Fahrradabstellmöglichkeiten und Beleuchtung in die Holzstruktur integriert. So wird die auf den ersten Blick strenge Raumkante durch unterschiedliche öffentliche Nutzungsangebote unterbrochen. Erst auf den zweiten Blick wird sichtbar, wie sich öffentliche und private Funktionsräume ineinander verzahnen.

Der öffentliche Hof ist als zusammenhängende Grünfläche und Sichtraum erfahrbar. Dies wird durch eine lang gestreckte und streng modellierte Wiesenfläche erreicht, die sich durch das gesamte Blockinnere erstreckt. Als weiterer Baustein zu einem kostensparenden wie ökologisch bewussten Bauen versickert das anfallende Regenwasser der Dächer vor Ort unterhalb der Wiesenfläche.

*400 dwellings have been built in a multi-storey complex on a former military site. This is the most ambitious housing project in the Bornstedter Feld development area in Potsdam. Living on the Bornstedter Feld outside the gates of Berlin and Potsdam means living in the country. Hence close co-operation between architects (design: Büro ASTOC/KCAP, Kees Christiaanse und Partner, Cologne and Rotterdam) and the Büro Kiefer landscape architects was a key feature of the project, which won an urban development prize.*

*As an experimental approach to cost-saving building, all the cellar space is accommodated outside. The substitute cellars are arranged so that they also take up the function of forming a boundary between the private areas near the building and the semi-public yard space. All the infrastructural facilities like games, rubbish disposal, cycle parking and illumination are built into this timber structure as well. Thus what at a first glance seems like an austere spatial periphery is interrupted by different public use facilities. It is only on a second look that it becomes clear how public and private functions intermesh.*

*The public courtyard can be experienced as a coherent green space and set of sightlines. It is reached by a long, austerely modelled area of grass that extends through the whole inside area of the block. Rainwater from the roofs seeps away under the lawn surface on the spot, another contribution towards cost-saving and ecologically aware building.*

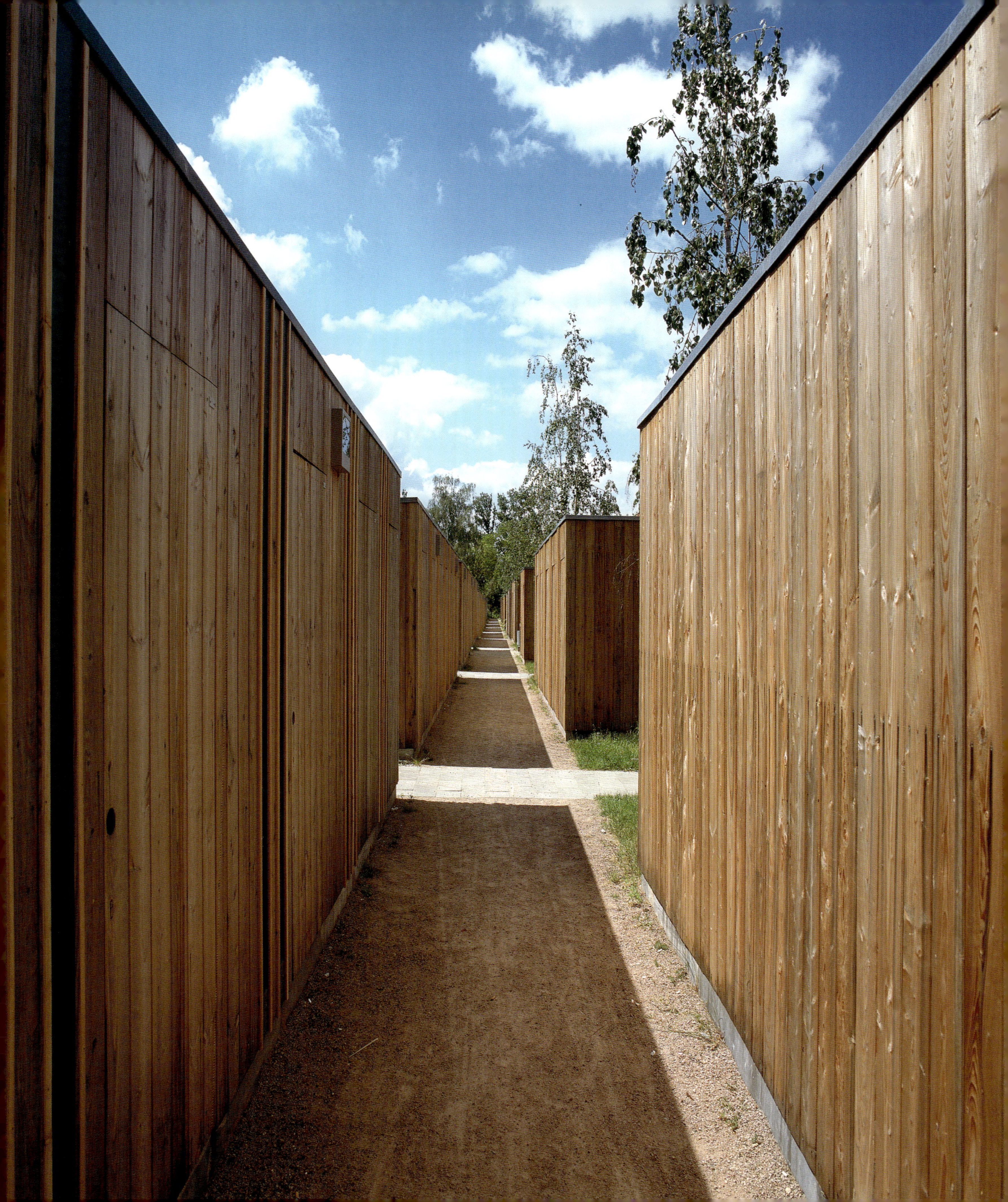

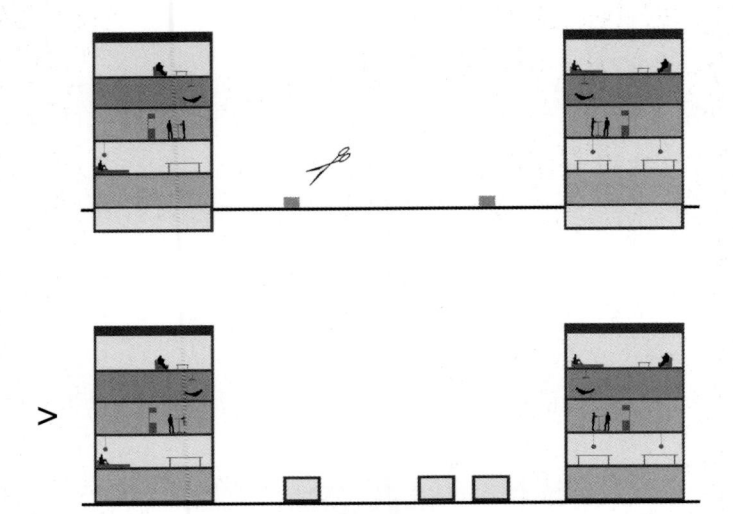

Wirksame Volumen: Die Keller-Ersatzräume grenzen anstelle pflegeaufwändiger Hecken private Mietergärten von den Gemeinschaftsflächen ab.
*Effective volumes: the substitute cellars replace hedges, which need a lot of care, separating private tenants' gardens from the communal areas.*

Die vertiefte Fläche wird im Norden von Sitzstufen gefasst. Im Süden verdichten sich Birkenpflanzungen zu einem Hain, der durch seine Dichte mit der Zeit eine geschlossene grüne Kulisse vor den Kellerersatzräumen herausbildet. Ebenso verwandelt sich die Gartenseite der hölzernen Gartenhäuschen mittels einer Rankkonstruktion, an der Knöterich wächst, sukzessive in eine grüne Wand.
Der homogene Eindruck des Wohnquartiers wird durch die Zurückhaltung der Landschaftsarchitektur und ihre enge Beziehung auf die Architektur gestärkt. Während die Gebäude selbst in Grün- und Orangetönen gehalten sind, verzichtet das Büro Kiefer auf intensive Farbaspekte. Holzgebäude, Rasenflächen und Birkenhain sind die wesentlichen Eindrücke im Freiraum.

*The sunken area is framed by step-seats on the north side. On the south side, the birch plantations come together to form a grove. This is dense enough to constitute a closed green backdrop for the substitute cellar space with time. The garden side of the little wooden garden buildings is also being gradually transformed into a green screen by a structure with knot-grass growing on it. The homogeneous impression made by the residential quarter is reinforced by the reticent landscape architecture, and its close relationship with the architecture. The buildings themselves are restricted to shades of green and orange, and Büro Kiefer does not use any intense colour schemes. Wooden buildings, lawns and birch grove are the key impressions in the outdoor space.*

Funktionselemente wie Kinderspielgeräte, Fahrradstellplätze, Müllstandorte und Beleuchtungskörper werden mit den Keller-Ersatzräumen kombiniert.
*Functional elements like children's play apparatus, bicycle parks, refuse facilities and lighting are combined with the cellar substitutes.*

Pappelallee, Potsdam

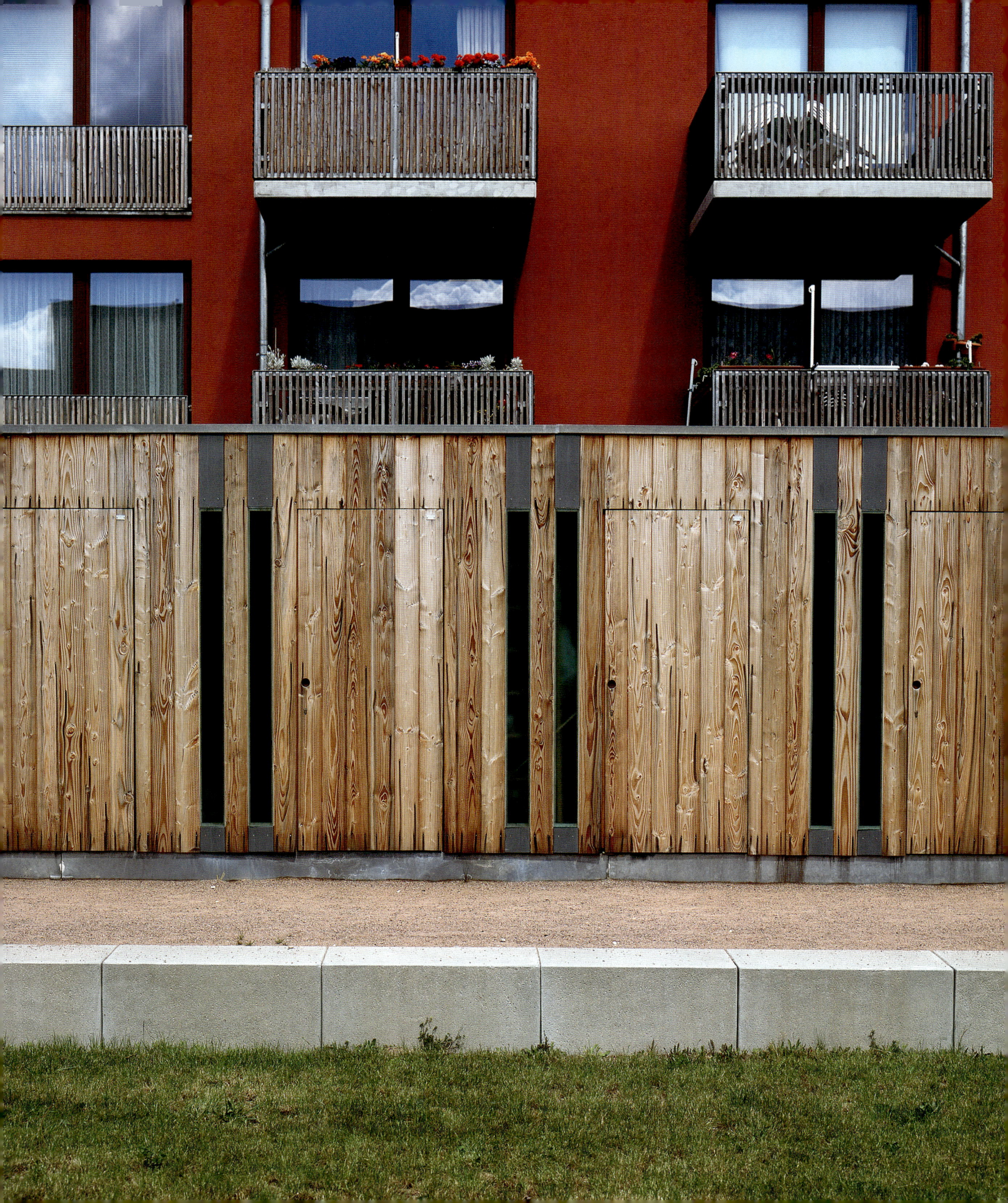

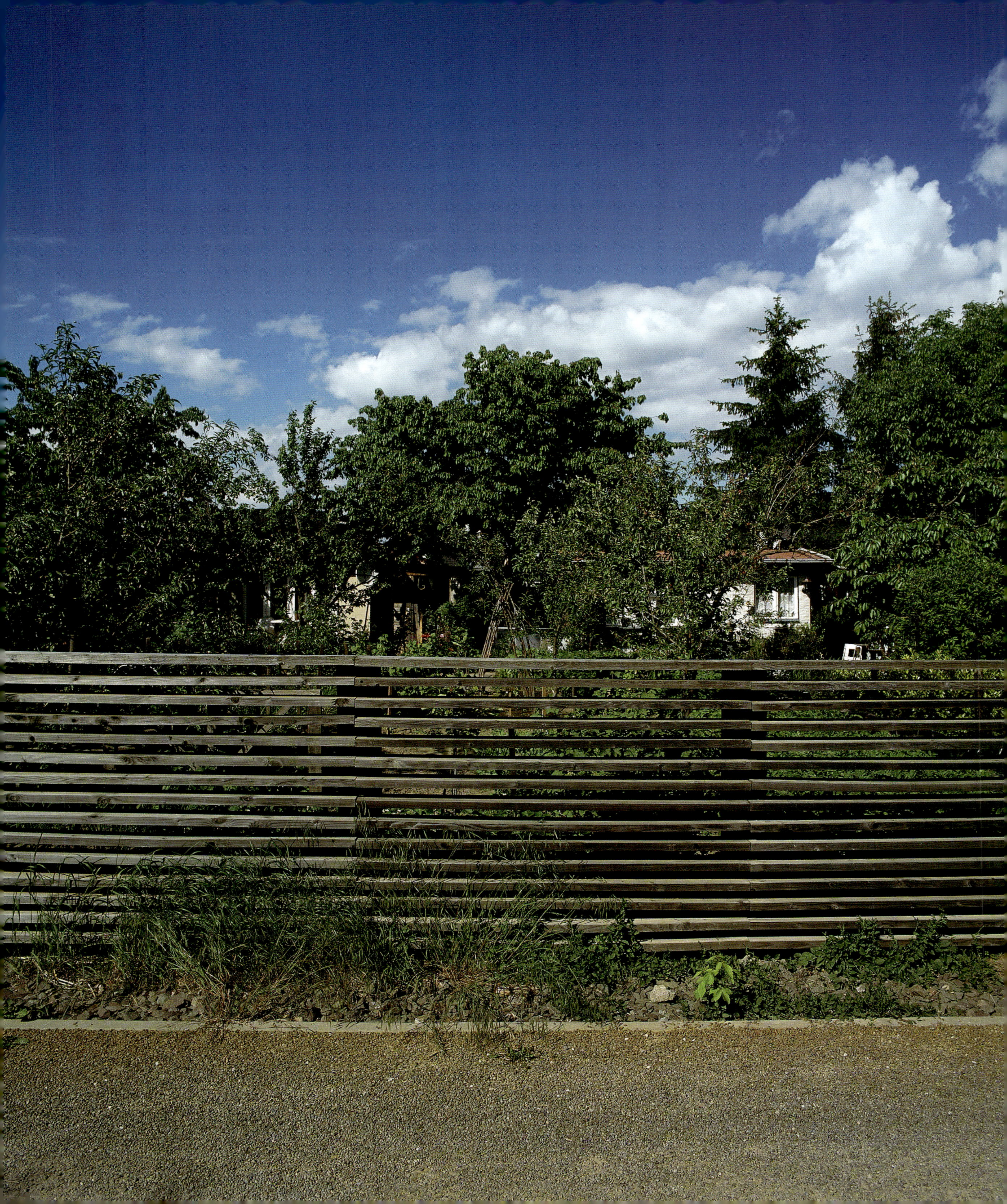

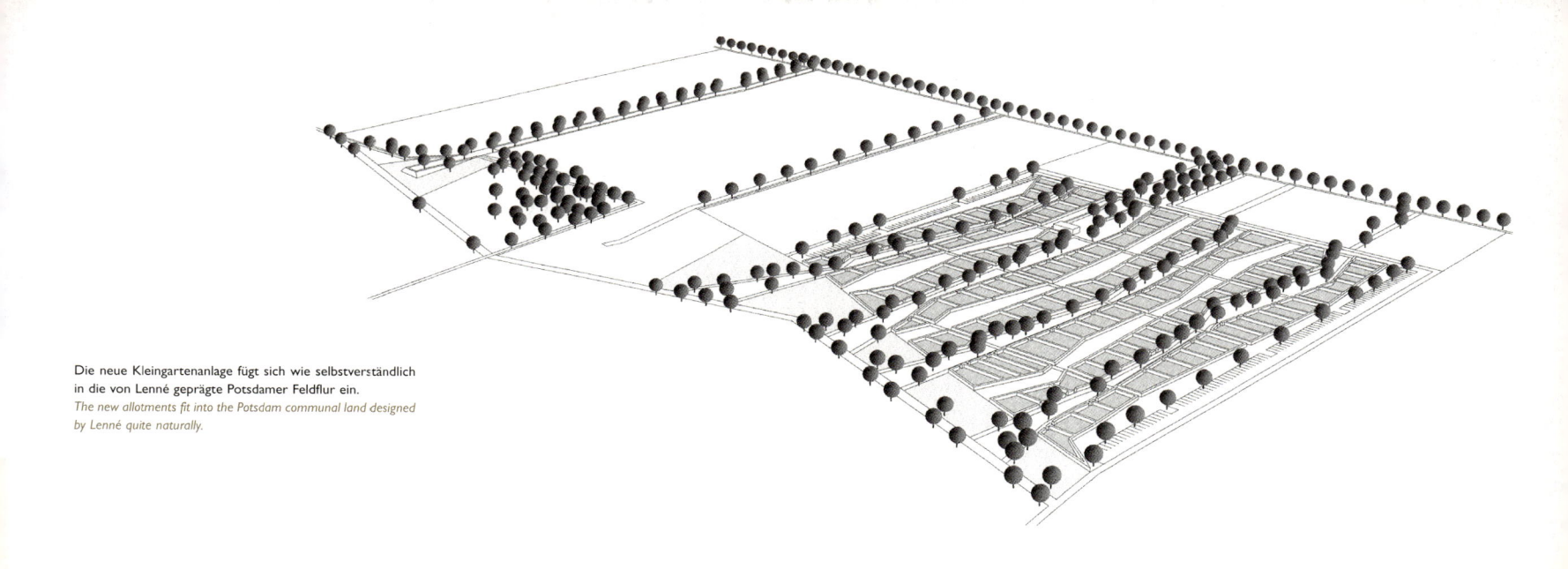

Die neue Kleingartenanlage fügt sich wie selbstverständlich in die von Lenné geprägte Potsdamer Feldflur ein.
*The new allotments fit into the Potsdam communal land designed by Lenné quite naturally.*

## Kleingartenanlage Kirschallee, Potsdam

*Kirschallee allotment gardens, Potsdam*

Als „Gegenentwurf" zur traditionellen Kleingartentypologie entstand im Rahmen der Bundesgartenschau Potsdam 2001 die Modellkleingartenanlage Kirschallee mit etwa 150 Parzellen. Während Kleingärten bisher häufig abgeschottete „Inseln" in ihrer Umgebung darstellen, öffnet sich der Entwurf von Büro Kiefer den angrenzenden Stadt- und Landschaftsräumen und nimmt gestalterisch deutliche Bezüge aus der Umgebung auf.

Die Anlage ist in Bändern strukturiert, die sich in nord-südlicher Richtung mäandrierend über das 65.000 Quadratmeter große Gelände ziehen. Inspiriert von Carl Theodor Sørensens berühmter Kleingartenanlage in Nærum, Dänemark, und dessen Überlegungen zur Beziehung von Gartenraum und Umgebung folgt die Form der heckengefassten Parzellen in bewegten Linien der Topografie. Bänder mit privaten Kleingartenparzellen wechseln mit „öffentlichen" Streifen, die als Fortsetzung der nördlich angrenzenden Lenné'schen Feldflur mit historischen Obstsorten und Feldgehölzen bepflanzt sind. Die übliche Dichte von Kleingartenanlagen wird so aufgelockert. In Ost-West-Richtung durch Querwege verbunden, bieten die Obstgehölzstreifen nicht nur eine großzügige öffentliche Durchwegung der Anlage, sondern nutzbare Räume mit Angeboten zum Grillen oder Spielen. Die Feldgehölzstreifen haben Ruderalcharakter und bilden eine wechselfeuchte Zone, in die auch das anfallende Regenwasser von den Laubendächern entwässert wird.

Die Parzellengrößen lassen verschiedene Typen von Nutzungen und Nutzern zu. Um die typische Einförmigkeit von Kleingartenanlagen aufzubrechen, ermöglicht die Gliederung der Kleingartenanlage Kirschallee sowohl die konventionelle Nutzung durch eine Familie, aber auch die Doppel- oder Gemeinschaftsnutzung sowie die Mietgartennutzung für mehrere Einzelnutzer oder Gruppen. Entsprechend der Nutzeranzahl können die Lauben modulartig erweitert und so den Bedürfnissen der Kleingärtner angepasst werden.

Durch die leicht bewegte Topografie und die sich aufweitenden und wieder enger werdenden Bänder ergeben sich ständig wechselnde, vielfältige Blickbeziehungen in die angrenzenden Stadt- und Landschaftsräume und in benachbarte Parzellen.

*The Kirschallee model allotment complex came into being as part of the Federal Horticultural Show in Potsdam in the year 2001, as a 'counter-design' to traditional allotment typology. It has about 150 parcels.*

*Hitherto, allotment gardens have tended to be sealed off as 'islands' in their surroundings. Here Büro Kiefer's design opens up to the adjacent urban and landscape spaces, clearly relating to its environment.*

*The complex is structured in bands meandering north-south over the 65,000 square metre site. Inspired by Carl Theodor Sørensen's famous allotments in Nærum, Denmark, and his ideas about relating gardens to their surroundings, the shape of the parcels, which are enclosed by hedges, follows the mobile lines of the topography. Bands of private garden parcels alternate with public strips, planted to continue Lenné's community land, which is adjacent to the north, and features historical fruit varieties and copse timber. This opens up the usual dense allotment pattern. The strips of orchard planting are linked east-west by lateral paths. They provide generous public routes through the complex, and also useful spaces for barbecues or games. The copse strips are essentially ruderal, and provide a alternating wet zone, with rainwater draining via the tree canopies.*

*The parcel sizes admit various use and user types. By breaking the typical uniformity of allotments, the Kirschallee complex permits conventional family use, but also double and communal use; it also provides rented garden facilities for several individual users or groups. The units can be extended as modules to correspond with the number of users, and thus adapt to the allotment gardeners' needs.*

*The slightly mobile topography and the widening and narrowing bands produce constantly changing, complex sightlines relating to the adjacent urban and landscape areas, and to neighbouring parcels.*

Die Introvertiertheit herkömmlicher Kleingartenanlagen wird über großzügige öffentliche Verbindungen aufgebrochen.
*The introverted quality of traditional allotments is broken up by lavish public connections.*

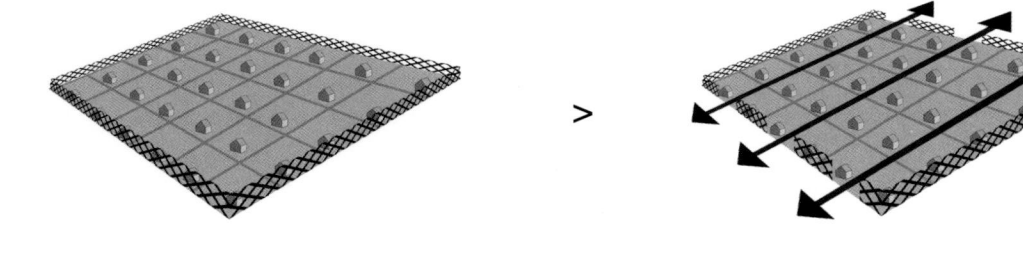

Die intensive gärtnerische Bewirtschaftung der Parzellen wird mit extensiven Pufferzonen ausgeglichen.
*Intensive horticulture in the parcels is compensated for by extensive buffer zones.*

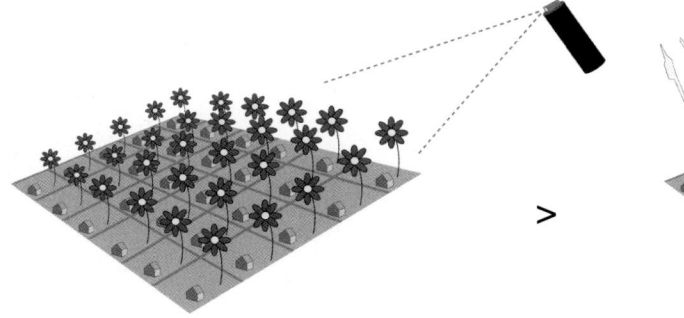

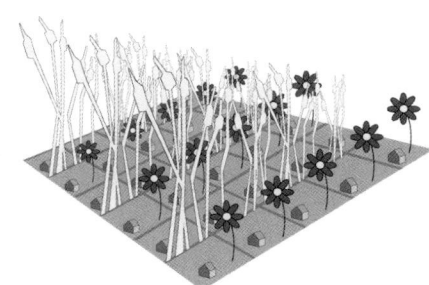

Unterschiedliche Parzellengrößen für neuartige Nutzerstrukturen sind verfügbar.
*Different parcel sizes are available for innovative use structures.*

Die flächenintensive Platzierung von Obstbäumen auf den Parzellen kann durch die gemeinschaftliche Nutzung der Obstbäume auf öffentlichen Flächen entfallen.
*Intensive planting of fruit trees on the parcels can be avoided by communal use of fruit trees in the public areas.*

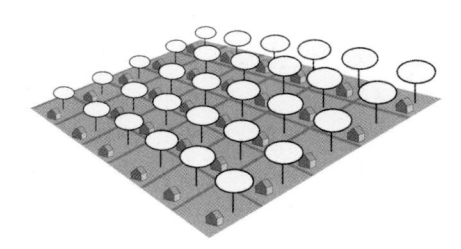

Die strenge und monotone Anlage herkömmlicher Kleingartenkolonien wird durch eine an die Landschaft angepasste Struktur aufgebrochen.
*The rigid, monotonous layout of traditional allotment colonies is broken up by adapting the structure to the landscape.*

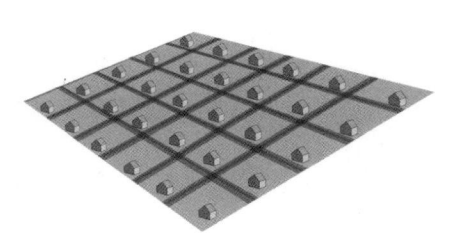

# Kleingartenanlage Kirschallee, Potsdam | Kirschallee allotment gardens, Potsdam

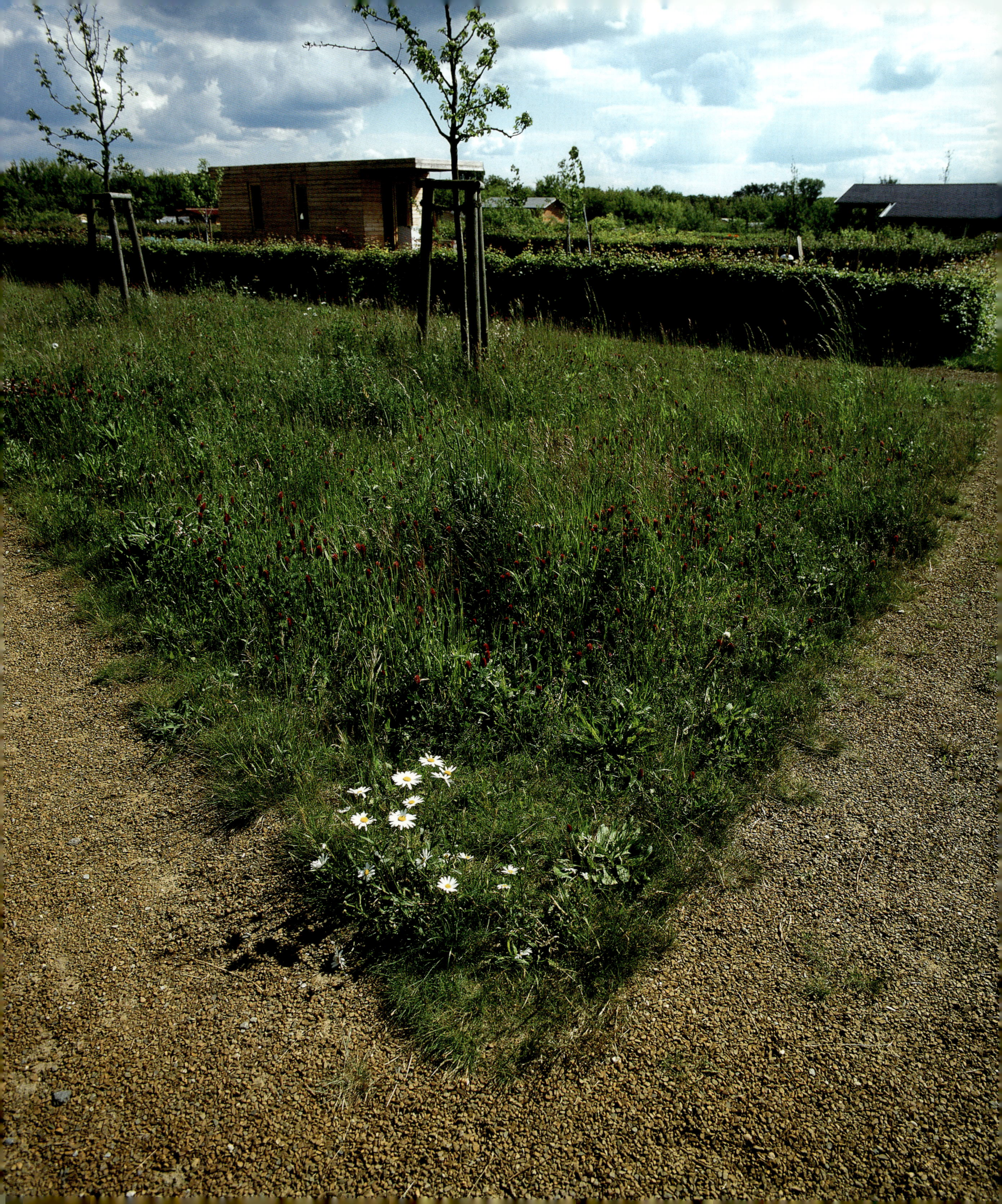

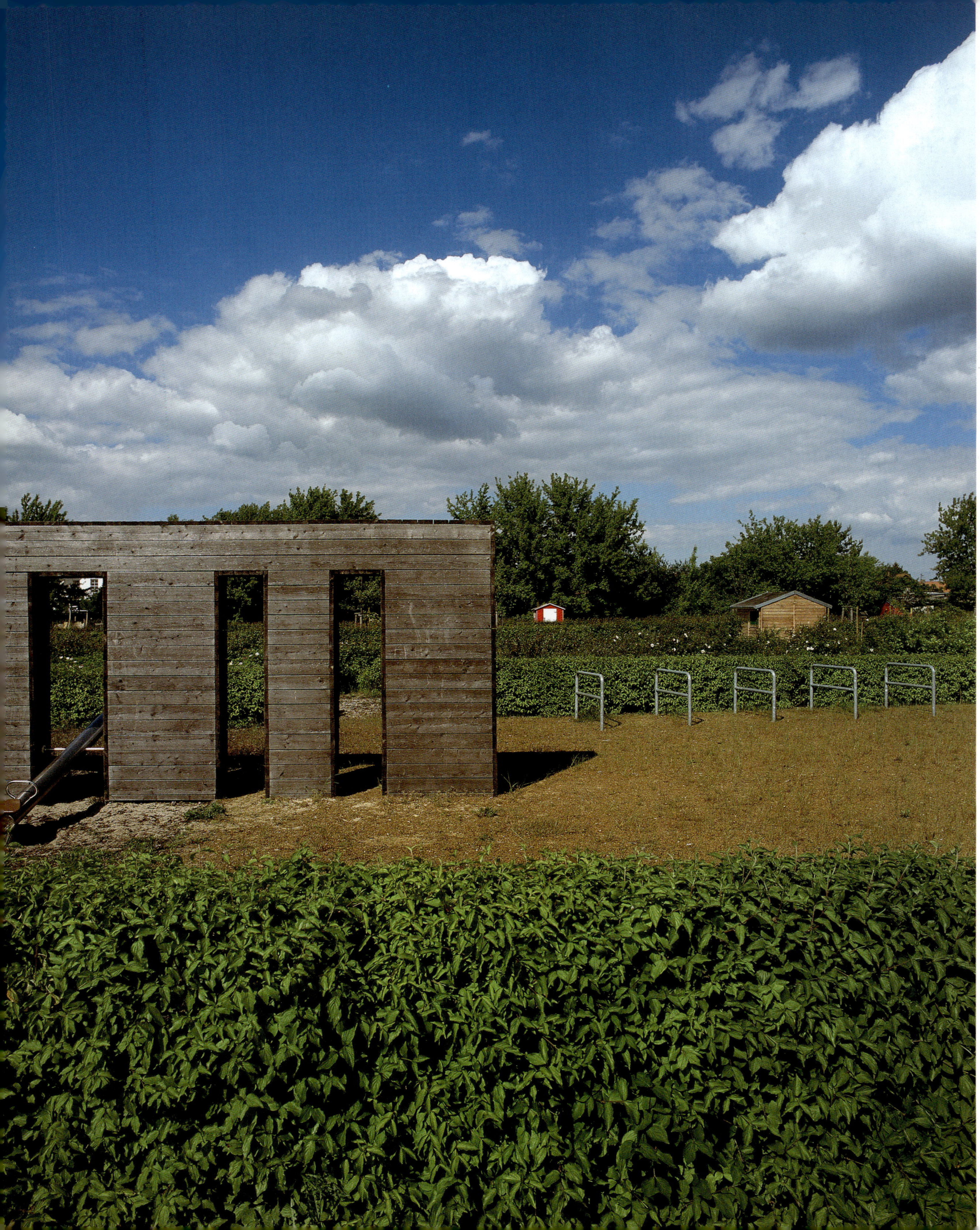

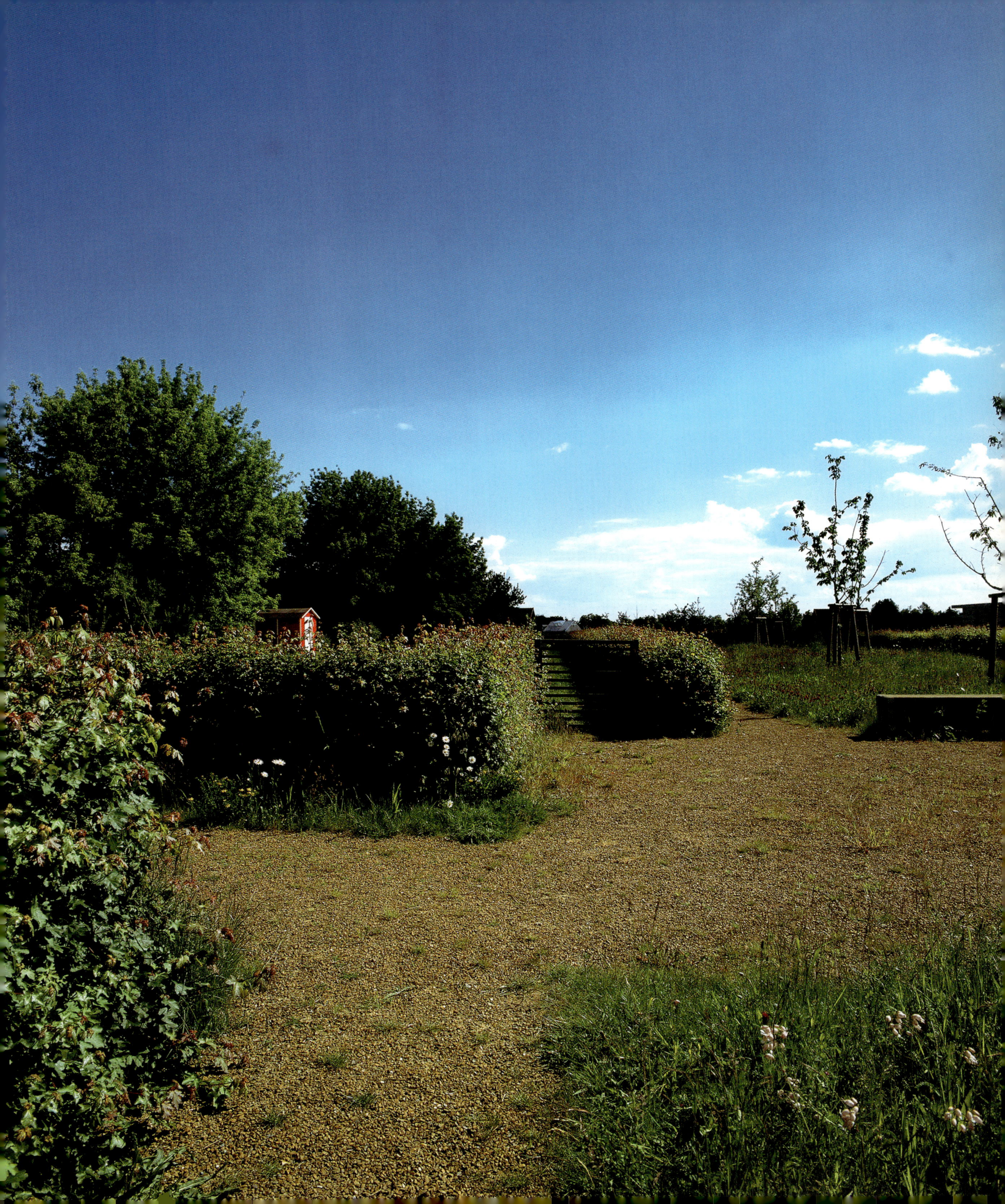

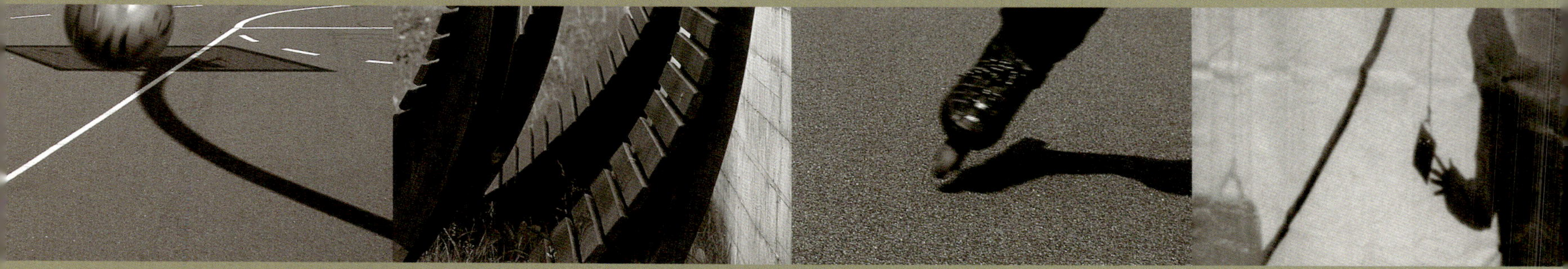

# Kontext
# Context

+ Landschaftsarchitektur kann ihr Arbeiten nicht von sozialen, wirtschaftlichen, technischen und kulturellen Parametern ablösen. Denn Landschaftsarchitektur wird in einem gesellschaftlichen Kontext wahrgenommen, schafft gesellschaftliche Realität und entwickelt diese im besten Falle weiter.
+ Welche Bedeutung haben Räume und Orte in einer Zeit, in der Wissen vom Ort unabhängig geworden und die Kommunikation zwischen Menschen nicht mehr an ihre physische Präsenz im Raum gebunden ist?
Der Aufenthalt im (öffentlichen) Raum wird von der Notwendigkeit, Waren und Informationen zu tauschen, zur kulturellen Freiwilligkeit, zum Lifestyle. Auch verändert die Mobilität als körperliche wie als kommunikative Geschwindigkeit die Zeit- und die Raumerfahrung. Landschaftsarchitektur reagiert auf diese Veränderungen ihres zeitlichen und räumlichen Kontextes. Sie erkennt und akzeptiert die permanent neuen Herausforderungen, so dass Landschaftsarchitektur zu einem Taktgeber kultureller und sozialräumlicher Prozesse wird. Gerade weil die Landschaftsarchitektur keine Kunst ist und von daher nicht den Anspruch der Autonomie erhebt, kann sie – wie Architektur und Städtebau – gesellschaftliche Prozesse lesbar, interpretierbar und damit verträglich machen.
+ Ein solches Selbstverständnis der Landschaftsarchitektur ist kein originär modernes. Doch hat es erst die Moderne vermocht, einen komplexen gesellschaftlichen Kulturbegriff zu diskutieren und damit die Kultur, auch die Bau- und Gartenkultur, zu einem umfassenden Instrument und Ausdruck gesellschaftlicher Entwicklung neben der Kunst mit ihrem „Doppelcharakter als autonom und als fait social [soziale Tatsache; Anm. d. V.]" (Adorno 1970) werden zu lassen.

## Landschaft = Produktion

+ Für die Landschaftsarchitektur der Moderne steht in besonderer Weise Daniel Urban Kiley. Kiefer nennt diesen US-amerikanischen Landschaftsarchitekten ebenso wie den britischen Komponisten und Musikkritiker Michael Nyman und den Schweizer Landschaftsarchitekten Dieter Kienast als die Personen, mit denen sie sich mit besonderer Intensität auseinandergesetzt hat.

*+ Landscape architecture cannot detach its work from social, economic, technical and cultural parameters. This is because landscape architecture is seen in a social context, creates social reality and develops this further in the best case.*
*+ What is the significance of spaces and places at a time in which knowledge has become independent of place and communication between people is no longer tied to their physical presence in a space?*
*The necessity to exchange goods and information makes spending time in (public) spaces into a voluntary cultural action, a lifestyle. Also mobility as physical and communicative speed changes our experience of time and space. Landscape architecture responds to these changes of its context in space and time. It recognizes and accepts a constant stream of new challenges, so that landscape architecture sets the rhythm for cultural processes, and processes within a social space. Precisely because landscape architecture is not an art and therefore makes no claim to autonomy, it can – like architecture and urban development – make social processes intelligible, interpretable and thus tolerable.*
*+ Landscape architecture's perceiving itself in this way is not an exclusively Modern phenomenon. But it was not until Modernism that it became possible to discuss a complex social concept of culture and thus allow culture, including building culture and horticulture, to become an all-embracing instrument and expression of social development alongside art with its 'dual character as autonomous and as a fait social'. (Adorno 1970)*

## *Landscape = production*

*Daniel Urban Kiley is a particularly powerful figure in the field of Modern landscape architecture. Kiefer mentions this American landscape architect along with the British composer and music critic Michael Nyman and the Swiss landscape architect Dieter Kienast as the people whose work she has addressed particularly intensively.*
*+ Dan Kiley is an explicit model. His work stands for a design approach that translates the ideas of classical Modernism into form, in gardens and in urban spaces.*

+ Dan Kiley ist explizites Vorbild. Sein Werk steht für eine Entwurfshaltung, die im Garten wie im Stadtraum die Ideen der klassischen Moderne in Form umsetzt.

+ Vor allem bezieht sich Kiefer auf die städtebauliche Kompetenz Dan Kileys. Sein Verständnis von städtischem Raum, paradigmatisch für die frühe Phase des „Neuen Bauens" in der städtebaulichen Moderne, ist in seiner Biographie angelegt: „In meiner Jugend [in Boston, Massachusetts; Anm. d. V.] lief ich viel herum in den engen Gassen und labyrinthisch umgrenzten Höfen um unser Haus. Die dichte Schichtung dieser architektonischen Räume – sie waren alle verbunden, jeweils einer führte in den anderen – formten die Grundlagen meines späteren Verständnisses von strukturellem Zusammenspiel und räumlicher Beziehung." Kiefer greift diese These vom strukturellen Zusammenspiel der städtischen Räume offensiv auf und begreift ihre Arbeiten als elementare, nicht kompensatorische Beiträge zum modernen Städtebau.

+ Die Entwürfe Kileys entstanden vor allem unter dem Aspekt der Funktion. Räumliche Programmatik und Aspekte der Materialverwendung bilden den Schwerpunkt seiner Arbeiten. „Indem er rein Ästhetisches zugunsten des Funktionalen beiseite ließ, war es ihm möglich, in Bereiche vorzustoßen, die ursprünglich außerhalb des Tätigkeitsfeldes von Landschaftsarchitekten lagen. Dadurch konnte er den Status von Landschaftsarchitektur in der Gesellschaft neu fassen und deren Wirkung hin auf eine wachsende Massenkultur ausdehnen." (Berrizbeitia 1999)

+ Kiley sowie seine engen Mitstreiter Garret Eckbo und James Rose definierten die Landschaft als Folge und Ausdruck der Produktionsweise einer Gesellschaft. Beeinflusst durch die neuen Strömungen in der Architektur stellten Kiley, Eckbo und Rose die Traditionen ihrer Profession in Frage. Die Summe ihrer Veröffentlichungen ergibt ein unvollendetes „Manifest" für die Entwicklung einer modernen Landschaftsarchitektur (vgl. Treib 1993). Da die Autoren in diesem Manifest zu den Aufgaben der Landschaftsarchitektur die Produktionsbedingungen von Landschaft sowie die Auswirkungen von kapitalistischen Produktionsweisen auf Landschaft, nämlich Nutzung und Überformung, zugleich reflektierten, folgt schlüssig die Betonung der Komplementärfunktion der Erholung.

+ In der Moderne wurde „Erholung" zur wesentlichen Triebfeder der Landschaftsgestaltung wie der Gartenkunst. Heute ist diesem Begriff weitaus mehr als nur die Kompensationsfunktion zur Arbeit zugeordnet. Als „Lifestyle" und „Leisure" ist „Erholung" zum Wert an sich geworden – die Gegenwelt der Landschaft als Erholungs- wie als Erlebnisraum ist den produktiven Sphären der Urbanität heute implizit.

Kiley hat diese Entwicklung vorausgesehen. Seine Schlussfolgerung: Wenn sich die Bedeutung der Landschaft(sarchitektur) in der Moderne so grundlegend wandelt, muss dies auch für die Produkte, die Landschafts- und Gartenbilder gelten. „Kiley's work has centered on an investigation of geometric, spatial landscape compositions.... Kiley denounces the replication of nature in built landscapes, except in counterpoint to planted geometry." (Van Valkenburgh 1984)

+ Gestalterisch bedienen sich Kiley wie Kiefer durchaus der Quellen aus der Geschichte der Gartenkultur. Diese werden jedoch nicht einfach als romantische Ruinenmotive oder idyllische Ideale zitiert, sondern eine jeweilige Raumidee wird aufgenommen und zeitgemäß modifiziert zur Stärkung von Strukturen eingesetzt. Ziel der Gestaltung ist die klare und einfache Gliederung von Raum. Kileys Arbeiten sind „simple, both spatially and in its materials" (ebd.). Über die Landschaftsarchitektur des Büro Kiefer lässt sich heute dasselbe sagen.

+ „Kiley builds landscapes that are functional solutions, but he also engages users in the investigation of ordered, geometric space. His most important design contribution has been elegant solutions of abstract, formal compositions which

+ *Kiefer relates in particular to Dan Kiley's urban development skills. His understanding of urban space, a paradigm for the early phase of 'Neues Bauen' in urban development Modernism, can be found in his biography: 'I grew up [in Boston, Massachusetts, editor's note] running around the tight alleyways and labyrinthine fenced yards that surrounded my house; the dense layering of these architectural spaces – all connected, each leading to another and another – formed the foundation of my later understanding of structural interplay and spatial relationship.' (Kiley, Amidon 1999) Kiefer takes up this thesis of the structural interplay of urban spaces aggressively and sees her work as making an elemental, rather than a compensatory contribution to modern urban development.*

+ *Kiley's designs relate in particular to function. The keys to his work are spatial programming and aspects of how he chooses materials. 'By leaving pure aesthetics on one side in favour of function he was able to thrust forward into fields that were originally outside landscape architects' remit. He was thus able to redefine the status of landscape architecture and extend its effectiveness to a growing mass culture.' (Berrizbeitia 1999)*

+ *Both Kiley and his close comrades-in-arms Garret Eckbo and James Rose defined landscape as the consequence and expression of a society's modes of production. Influenced by new trends in architecture, Kiley, Eckbo and Rose questioned their profession's traditions. The sum of their publications provides an incomplete 'manifesto' for the development of a Modern landscape architecture (cf. Treib 1993). In this manifesto, the authors reflected on landscape production conditions and also on the effects of capitalist production methods on landscape, in the form of utilization and reshaping as part of landscape architecture's brief, and so logically the complementary function of recreation is emphasized.*

+ *Under Modernism 'recreation' became a crucial driving force for both landscape design and garden art. Today the terms implies far more than a compensatory function to work. As 'lifestyle' and 'leisure', 'recreation' has become a value in its own right – the counter-world of landscape as a space for recreation and experience is now implicit within the cultural spheres of urban quality.*

*Kiley foresaw this development. His conclusion: if the significance of landscape (architecture) is so fundamentally transformed under Modernism, this must also apply to the products, the landscape and garden images. 'Kiley's work has centred on an investigation of geometric, spatial landscape compositions... Kiley denounces the replication of nature in built landscapes, except in counterpoint to planted geometry.' (Van Valkenbergh 1984)*

+ *In creative terms, both Kiley and Kiefer make use of sources from the history of garden culture. But these are not simply quoted as romantic ruin motifs or idyllic ideals. A particular spatial idea is taken up and modified appropriately to the times and used to strengthen structures. The aim of the design is to articulate space clearly and simply. Kiley work is 'simple, both spatially and in its materials' (ibid.). The same thing can be said about Büro Kiefer's landscape architecture today.*

+ *'Kiley builds landscapes that are functional solutions, but he also engages users in the investigation of ordered, geometric space. His most important design contribution has been elegant solutions of abstract, formal compositions which investigate the joining, merging and unfolding of space to make orders not found in nature. Kiley describes his work as a poetry of space, where space is continuous and reaches to embrace the landscape around it.' (Ibid.) With that Kiley does not see geometrical patterns as a strict model, but as a creative expression, building up tension in landscape architecture. He used plants*

Kontext | Context

investigate the joining, merging and unfolding of space to make orders not found in nature. Kiley describes his work as a poetry of space, where space is continuous and reaches to embrace the landscape around it." (Ebd.) Dabei versteht Kiley die geometrischen Muster nicht als strenge Vorgabe, sondern als gestalterischen Ausdruck, der Spannung in der Landschaftsarchitektur aufbaut. Pflanzen verwendete er – ähnlich wie heute das Büro Kiefer – in massiver und dichter Anordnung oder in langen, richtungsbetonenden Linien. Der Baum war Kiley ein serielles Element. Was nicht ausschließt, dass an wenigen Schlüsselstellen einige informell gepflanzte Gehölze die Geometrie der Gestaltung relativieren.

+ Auch Licht- und Schattenräume gehörten zu den wichtigen Gestaltungsmitteln Kileys, auf die Kiefer heute Bezug nimmt. Sie ergeben eine gezielte Platzierung von hellen Wiesen- und Rasenflächen gegenüber dunklen Gehölzarealen.

Im Mittelpunkt der Gärten Dan Kileys wie Gabriele G. Kiefers steht nicht die Pflanze als solche, sondern die Pflanze oder der Baum in seiner räumlichen Wirkung, in der Verbindung der wahrnehmbaren Phänomene.

## Intensität ≠ Opulenz

+ In der zeitgenössischen Musik nimmt Michael Nyman eine Haltung ein, wie sie Kiefer in der Landschaftsarchitektur für sich beansprucht. Es ist das Kompositionsprinzip des Michael Nyman, das Kiefer interessiert. Kein Klangteppich, kein harmonisches Forterzählen einer Geschichte, sondern spannungsreiche, gleichwohl nicht dissonante Klangbilder entstehen, indem die Komposition als kreative Arbeit ihre Elemente nicht unter sich begräbt, sondern in einem Kontext zur Geltung kommen lässt. Intensität wird – in der Musik wie in der Landschaftsarchitektur – nicht zwingend durch Opulenz und üppige (Klang)Bilder erzeugt, sondern kann ebenso durch (variierte) Wiederholungsmuster minimaler Einzelbestandteile einer Komposition entstehen. „Hart und unorganisch" seien Nymans Struktur- und Motivschichtungen angelegt, wird ihm von Kritikern vorgehalten: „Seine Stücke stehen da wie Häuser einer Trabantensiedlung... ohne jede redende Gebärde." (Schulz 2003)

+ In der Landschaftsarchitektur des Büro Kiefer ist genau dieser Verzicht auf „redende Gebärden" zugunsten der Klarheit von Struktur und Form der Anspruch. Die präzisen und formalistisch strengen Kompositionen Nymans interessieren Kiefer nicht nur wegen der repetitiven Strukturen, die sich auf die eigene Entwurfshaltung übertragen lassen, sondern vor allem wegen des engen Miteinanders von Mathematik und Emotion. Scheinbare Gegensätze vereint Nyman zu eigenständigen Visionen der Musik.

+ Nyman, der als Kritiker den Begriff ‚minimal music' prägte, gereicht das Attribut des Minimalisten teils zum Vorwurf, teils ist es Ausdruck größter Wertschätzung. Minimalismus kann eine Kraft entwickeln, die den Rezipienten direkt erreicht. Erreicht sie ihn nicht, bleibt Unverständnis. Es fehlt die Brücke des beredten Bildes, so wie es in manchem konventionellen Park und Garten regelrecht geschwätzig daherkommt.

+ Kiefer lehnt eine solche beredte Interpretation im Werk selbst ab. Ihre Entwürfe wollen nicht Symbolik, sondern Strukturen vorgeben, um so Anregungen, Intensitäten zu schaffen.

So ist beispielsweise der Hans-Baluschek-Park mit Nymans Kompositionen vergleichbar: eine lineare Anordnung sich wiederholender, aber variierter Plätze, die Spannung entlang der geraden Wegelinie aufbauen, durch die der Park lesbar wird. Die übersteigerten Höhen der Plätze ermöglichen so bisher nicht gesehene Blicke auf den Stadtraum, seine inneren Grenzen.

*– similarly to Büro Kiefer today – in solid, dense arrangements or in long lines suggesting a direction. For Kiley, a tree was a serial element. Which did not rule out using some informally planted clumps of trees at a very few key points to relativize the geometry of the design.*

*+ Areas of light and shade were also among Kiley's most important design resources, to which Kiefer relates today. They make it possible to counter light areas of meadow and lawn deliberately with dark wooded areas.*

*The plant as such is not central to Dan Kiley's or Gabriele G. Kiefer's gardens, but the spatial effect made by the plant or tree, combined with the phenomena that can be perceived.*

## *Intensity ≠ opulence*

*+ Michael Nyman takes a similar approach to contemporary music as Kiefer claims for herself in landscape architecture. Kiefer is interested in Michael Nyman's composition principles. No carpet of sound is created, no harmonic narrating of a continuous story, but tension-filled though not dissonant sound pictures, in that the composition as creative work does not bury its elements underneath itself, but shows them to their best advantage in a context. Intensity – in both music and landscape architecture – is not created conclusively by opulence and lush (sound) images, but can also emerge through (varied) patterns of repeated minimal individual components within a composition. Critics accuse Nyman's layers of structure and motif of being 'hard and inorganic': 'His pieces stand there like houses in a satellite estate… without making any eloquent gestures.' (Schulz 2003)*

*+ Büro Kiefer's landscape architecture also seeks to avoid precisely these 'eloquent gestures' in favour of clear structure and form. Nyman's precise and formalistically austere compositions interest Kiefer not just because of their repetitive structures, which can be transposed into her own design approach, but above all because they bring mathematics and emotion so close to each other. Nyman unites apparent contrasts to make independent musical visions.*

*+ For Nyman, who coined the term 'minimal music' as a critic, the attribute of minimalism redounds partly as a reproach, and partly as an expression of high esteem. Minimalism can generate a force that affects recipients directly. If it does not touch them, the result is incomprehension. The bridge offered by the eloquent image is missing, the kind of image that comes chattering along in many conventional parks and gardens.*

*+ Kiefer herself rejects such eloquent interpretation in her work. Her designs are not looking for symbolism, but intend to prescribe structures, and thus create stimuli and intensity.*

*Thus for example the Hans-Baluschek-Park is comparable with Nyman's compositions: a linear arrangement of repeating, but varied squares that build up tension along the straight line of paths, making the park intelligible. The raised heights of the squares thus open up hitherto unseen views of the city, its inner borders.*

## *Culture = (nature x critique of the city): urban quality*

*+ In just the same way as Dan Kiley, Dieter Kienast's person and writings have influenced Büro Kiefer's landscape architecture. One thing that Kienast particularly emphasizes is the relationship between town and garden, between*

## Kultur = (Natur x Kritik der Stadt): Urbanität

+ Ebenso wie Dan Kiley haben Werk, Person und Schriften von Dieter Kienast die Landschaftsarchitektur des Büro Kiefer beeinflusst. Besonders das von Kienast betonte Verhältnis von Stadt und Garten, von „Kultur" und vermeintlicher „Natur", ist paradigmatisch für die Landschaftsarchitektur der Gegenwart. „Für Natur gehalten, obwohl sie sich vor allem der Kunst verdankten, begleiten Gärten und Parks im ‚natürlichen Stil' die Expansion der Städte und die moderne Häuserherstellung seither als Kontrastprogramm. Erst mit der ‚Revision der Moderne' rückten auch die Verkörperungen ihrer Vorstellung von Natur als historische Formen deutlicher ins Blickfeld. Damit trat zugleich deren Ambivalenz zutage. Einerseits zur Kompensation städtischer Mängel auf zweckrationale Funktionen reduziert, wird ‚der Garten als Kritik der Stadt' andererseits heute als Teil, nicht Gegenteil von Urbanität reklamiert." (Wormbs 1997)

+ Den Garten, den Park als Teil und als Gegenteil der Urbanität zu verstehen, weist diesem Typus des Freiraumes eine doppelte Funktion zu: die poetische, die auf Herkunft verweist, ergänzt die kritische, die sich aus der Auseinandersetzung mit Zukunft speist. Für Kiefer ist Dieter Kienast in diesem Verständnis der Landschaftsarchitektur als Poesie und Kritik prägend.

## Antithese = Poesie

+ Kiefer betont wie Kienast die Notwendigkeit der sorgfältigen Analyse des Ortes zu Beginn eines Entwurfsprozesses sowie die besondere Bedeutung der „architektonischen Formulierungen" eines Gartens. Auch teilt das Büro Kiefer die Leidenschaft Kienasts für Baustoffe der Moderne wie den Beton – die mit dem Grundbaustoff Pflanze zu erzielenden räumlichen Wirkungen scheinen schließlich allesamt schon erprobt. Methoden wie die Kontrastierung zur Erzielung von Vielfalt oder das Entwerfen von Antithetischem finden sich bei beiden Landschaftsarchitekten. „Dabei entpuppt sich die Antithese als poetisches Verfahren, als Möglichkeit, nicht nur Vielfalt zu erzeugen, sondern auch dem Umgang mit der Natur ein geistiges Vergnügen abzugewinnen." (Ruegg 1997)

+ Die große Sorgfalt für das gesamte Aufgabenspektrum vom gestalterischen Detail im Maßstab 1:50 bis zum Städtebau im Maßstab 1:5000 macht das Werk von Dieter Kienast zum Vorbild für die Landschaftsarchitektur des Büro Kiefer. Es ist gerade diese Kompetenz im Städtebau wie im Detail, die Landschaftsarchitektur aufweisen muss. Die Landschaft als Gegenwelt der Stadt, als betont antistädtischen Raum zu inszenieren, schließt Kiefer aus. Stattdessen entsteht Stadt, entsteht Urbanität in ihren Abstufungen erst mit den Mitteln der Landschaftsarchitektur.

## Gegenwelt ≠ Negation des Städtischen

+ Es ist möglich, Landschaft, gar Arkadien, im städtischen Kontext zu zitieren. Kiefer hat dies mit dem Natur- und Erholungspark in Berlin-Adlershof, einer „Stadt für Wissenschaft und Wirtschaft", gezeigt. Aus einem ehemaligen Flugfeld, das lange aus der Nutzung gefallen war, entstand eine Trockenrasen-Landschaft, die an warmen Sommertagen an das Bild Arkadiens erinnert. Die Trockenrasenfläche wird als Kulturlandschaft in der Stadt begriffen. Der Mensch quert diese großen, freien Flächen, die „Gegenwelt zur kompakten Stadt", leicht erhöht auf Holzstegen. Diese Stege erinnern nicht an Knüppelpfade eines Naturschutzgebietes, sondern sie stellen Verbindungen her, die einem High-Tech-Standort,

'culture' and ostensible 'nature', and this is paradigmatic for contemporary landscape architecture. 'Considered to be nature, although they owe themselves almost entirely to art, gardens and parks in the 'natural style' accompany the expansion of cities and modern building production since then as a contrasting programme. It was only with the 'revision of Modernism' that the embodiments of their idea of nature as historical form shifted more clearly into the filed of vision as well. And this at the same time revealed their ambivalence. Reduced on the one hand to performing rationalist functions to compensate for urban flaws, the 'garden as a critique of the city' on the other hand is now claimed as part of urban quality, and not as its counter-part.' (Wormbs 1997)

+ Seeing gardens and parks as part and as counter-part of urban quality lends this type of open space a double function: a poetic function, pointing back to its origins, complements the critical function that feeds on coming to terms with the future. Dieter Kienast influences Kiefer in this perception of landscape architecture as poetry and critique.

### *Antithesis = poetry*

+ Kiefer like Kienast stresses that it is necessary to analyse the place carefully at the beginning of a design process, along with the special significance of the 'architectural formulations' of a garden. Büro Kiefer also shares Kienast's passion for Modernist building materials like concrete – all the spatial effects that can be achieved with the plant as the basic building material seem to have been tried out now. Both landscape architects use methods like using contrast to achieve diversity or designing antitheses. 'Here antithesis turns out to be a poetic procedure, as a way of not just creating diversity, but also of deriving intellectual pleasure from handling nature.' (Ruegg 1997)

+ The great care that Dieter Kienast takes across the whole spectrum of tasks to be performed, from design details on a scale of 1:50 to urban development on a scale of 1:5000, makes him a model for Büro Kiefer's landscape architecture. This competence in terms of both urban development and detail is something that landscape architecture has to show. Kiefer rejects the idea of staging landscape as a counter-world to the city, as emphatically anti-urban space. Instead of this she creates city, creates urban quality in all its degrees using only the resources of landscape architecture.

### *Counter-world ≠ negating urban quality*

+ It is possible to quote landscape, even Arcadia, in the urban context. Kiefer has achieved this with the Adlershof Nature and Recreation park in Berlin, a 'city for science and commerce'. She turned a former airfield that had not been used for a long time, into a dry grassland landscape reminiscent on warm summer days of images of Arcadia. The ruderal dry grassland is seen as a cultural landscape in the city. People cross this large, open spaces, a 'counter-world to the compact city', slightly raised on wooden walkways. These walkways are not reminiscent of the log paths in a nature conservancy area, but create connections appropriate to a high-tech location, precisely because they provide a gentle contrast.

Büro Kiefer does not copy natural landscape in this park, but certainly does make use of natural processes like dryness, solar intensity or grazing sheep to help the park to make its effect.

gerade im sanften Kontrast, angemessen sind. Das Büro Kiefer bildet im Park keine Naturlandschaft nach, macht sich allerdings sehr wohl natürliche Prozesse wie Trockenheit, Sonnenintensität oder Schafbeweidung zu nutze, um dem Park zu seiner Wirkung zu verhelfen.

## (Stadt: Park) = (Landschaft: Urbanität) = (Stadt ≠ Landschaft)

+ Kiefers Leitmotiv ist die Idee der Bedingtheit von Stadt und Park, von Urbanität und Landschaftlichkeit als dieselbe Kulturstufe. Wenn mittels Landschaft Stadt kontrastiert, also in Frage gestellt werden kann, bietet die Landschaftsarchitektur gleichwohl keine Abbildung einer Ablehnung von Stadt. Im Gegenteil: Wer die Landschaftscharaktere der Stadt nicht a priori als deren unvermittelte Gegenstücke begreift, kann mit den Bildern der Landschaft Stadt stärken, vielleicht gar erst herstellen. Hierbei bietet die Landschaft als städtischer Freiraum dem umbauten Raum, dem Baukörper, nicht nur Hinter- oder Vordergrund. Vielmehr ist Landschaft gleichwertiger Teil der Stadtstruktur.
+ So leitet sich der Entwurf für den Opfiker Park in Zürich aus dem stadträumlichen Umfeld ab, statt sich von diesem abzuwenden. Elemente des Städtischen, auch vergangene Elemente, werden im Park auf einer neuen Stufe der Stadtentwicklung kultiviert. Ehemalige technische Infrastruktureinrichtungen bleiben unabhängig vom Verlust ihrer Funktion wirksame Raumkörper. So lässt sich die Zukunft eines Areals an seiner Vergangenheit ablesen.

## Optimierungen

+ Das Büro Kiefer zeigt nur wenig prinzipiellen Respekt vor dem Vorgefundenen – sei es als „Natur" oder sei es als „Stadt" Wahrgenommenes und Überkommenes. Umso mehr ist die Optimierung eines räumlichen Gefüges das Ziel des Entwerfens. Alle Elemente im Raum, ob städtische wie Gebäude oder landschaftliche wie Baumkörper, dienen im Zusammenklang der Optimierung des Raumes.
+ Diese Überzeugung im Entwerfen macht es möglich, den Kontrast Stadt ungleich Landschaft einzusetzen, ohne einen Teil der Ungleichung auf sich gestellt zu denken und zu gestalten. Auch die Ungleichung umfasst beide Elemente. Ohne das eine ist das andere nicht darstellbar.
+ Auch deshalb geht Kiefer, die in ihren Entwürfen stets vom Ort ausgeht, in der Regel von Stadt aus, weicht ihr nicht aus, sondern setzt beides in Beziehung zueinander. Stadt ≠ Landschaft ist eine solche Beziehung, ebenso Stadt = Landschaft, mal Stadt > Landschaft, mal Landschaft > Stadt. Das Verhältnis muss Spannung erzeugen. Diese Spannung setzt eine Nähe beider räumlicher Grundcharaktere voraus, eine räumliche wie eine gestalterische, also geistige Nähe. Die Inszenierung dieser Nähe – teils auch als Kontrast – schließt ihre Betonung, nicht die Vermeidung dieser Nähe ein. Landschaft als Gegenbild zur Stadt hätte nie entstehen können, wenn man vom Städtischen kein Bild, keinen Begriff hätte.

## *(City: park) = (landscape: urban quality) = (city ≠ landscape)*

*+ Kiefer's leitmotif is the idea of the relativity of city and park, of urban and landscape quality as the same cultural step. If landscape can be offered as a contrast with city, in other words if the city can be questioned, landscape architecture is not offering an illustration of the city being rejected. On the contrary: anyone who does not understand the city's landscape characters a priori as its direct counterparts can use landscape images to reinforce urban character, indeed bring it into being in the first place. And here landscape as urban open space is not just offering a foreground or a background to built space, to the actual building. On the contrary, the landscape is part of the urban structure, on an equal footing.*
*+ So the design for the Opfiker Park in Zurich derives from the urban surroundings, rather than turning away from them. Urban elements, even past elements, are cultivated in the park on a new level of urban development. Former technical urban infrastructures remain independent spatial bodies, independently of their loss of function. So the future of a site can be read from its past.*

## *Optimizations*

*+ Büro Kiefer shows very little respect in principle for what it finds in situ – whether this is 'nature' or perceived and traditional 'city'. This makes optimizing a spatial structure all the more the aim of the design. All the elements in the space, whether they are urban ones like buildings or landscape ones like trees, join in harmony to optimize the space.*
*+ This conviction in terms of design makes it possible to use the contrast city does-not-equal landscape without thinking of and designing one part of the non-equation as thrown back on its own resources. The non-equation also includes both elements. One cannot be presented without the other.*
*+ For this reason as well, Kiefer, who always starts with the place in her designs, usually starts with city, does not avoid it, but relates the two to each other. City ≠ landscape is one such relationship, another is city = landscape, times city > landscape, times landscape > city. The relationship has to create tension. This tension requires that the two basic spatial characters should be close to each other, spatially and creatively, and therefore intellectually and spiritually. Staging this closeness – partly as a contrast as well – includes stressing closeness, not avoiding it. Landscape as a counter-image to city could never have come into being if people had not had an image, a concept of urban quality.*

1 - Hans-Baluschek-Park, Berlin

2 - Trumpf Sachsen, Neukirch

3 - Grünzug Schwerin | Schwerin Green Strip

4 - Donaustadtstraße, Wien | Vienna

0   500   1000   1400 m

# Weg
# Path

Wege sind zuallererst Verbindungen – und Grenzen. Wege gliedern und verbinden Räume. Kiefer bezieht sich auf Wassily Kandinsky und seine These, das 20. Jahrhundert sei das Zeitalter des „und", während das 19. Jahrhundert durch das „entweder – oder" geprägt war (vgl. Kandinsky 1927 / 1973), um zu schlussfolgern: Landschaftsarchitektur muss die Welt generell, also nicht als spezialisierte Profession, und eben aus verschiedenen Perspektiven wahrnehmen. Diese Perspektiven stehen gleichberechtigt nebeneinander, schließen sich gerade nicht aus. Eine Kultur des „und".

Entlang eines Weges ist diese serielle Folge und zugleich der Wechsel der Perspektiven besonders gut darstell- und ablesbar. Daher spielt der Weg in vielen Arbeiten des Büro Kiefer eine Schlüsselrolle. Eine Profession wie die Landschaftsarchitektur, die vordringlich mit Wahrnehmung und Vermittlung von Wahrnehmung zu tun hat, zugleich aber reflektiert, dass Wahrnehmung nicht mehr staunenden Stillstand des Betrachters erfordert, muss dem Weg, der Abfolge aus Perspektivwechseln, besondere Aufmerksamkeit widmen. Der Wechsel der Perspektive schließt das Verhältnis von Gegenstand und Betrachter ein. „Identität ist relational", betont die Soziologin Ilse Helbrecht und bezieht dies bewusst auch auf die räumliche Identität. (Vgl. Helbrecht 2004) Der Betrachter des Raumes ist also zugleich Bestandteil. Die Gestaltung eines Weges muss dieses Verhältnis inszenieren.

Weiter in der Argumentation geht Walter Prigge, der eine Inszenierung von Wegebeziehungen zum Leitmotiv der Architektur erklärt, die er als „reflexive Moderne" bezeichnet. „[D]ie niederländischen De-Programmierer (Rem Koolhaas, MVRDV, Ben van Berkel u. a.) reflektieren die postmoderne Trennung von Form und Funktion und können schließlich zurecht ‚reflexive' Moderne genannt werden, da sie das minimalistische Architekturobjekt in Beziehungen setzen zu Raum und Stadt: In diesen Beziehungen transformieren sie die moderne Architektur durch kreative Zerstörung ihrer Formen… Die Konstruktion folgt den Wegebeziehungen zwischen den Nutzungseinheiten, die als ‚Ereignisse' in der nichtgeometrischen Durchdringung des Raumes definiert werden. Gegen ihre moderne Verschaltung in programmierten Räumen setzen die programmatisch freigesetzten Aktivitätsmuster der Nutzung nun den Raum subjektlos in Bewegung (‚automatisches Entwerfen'), kommunizieren miteinander als Medien polymorph geformter Gebäude. An der Niederländischen Botschaft in Berlin von Koolhaas wird man diese drei Schritte ablesen können: Eine Architektur aus der Atmosphäre der Verfremdung." (Prigge 2004)

Prigge führt weiter aus, wie sehr Architektur, Städtebau und Landschaftsarchitektur in der reflexiven Moderne ineinander übergehen: „Mit dieser entprogrammierenden Raum-Formulierung findet das architektorische Entwerfen einen neuen Zugang zum Städtebau. Innen und Außen, das Eigene und das Fremde, private und öffentlich genutzte Räume überlagern sich in diesem Ansatz im Gebäude selbst und werden im städtischen Raum nicht mehr als statisch geformte Objekte verdinglicht." (Ebd.)

Indem der Weg entlang der Abfolge von Ereignissen weitaus mehr Funktionen übernimmt, als die kürzeste Verbindung von A nach B zu sein, zeigt das Büro Kiefer sein eigenes Verständnis von der kommunikationsbezogenen Struktur der Städte und ihrer offenen Räume. Arbeiten wie der Hans-Baluschek-Park oder der Grünzug Schwerin bündeln das neue Verhältnis von Bewegung und Atmosphäre in der Betonung des Weges als zentrales städtebauliches wie landschaftsarchitektonisches Element.

*Paths are links in the first place – and boundaries. Paths structure and link spaces. Kiefer cites Wassily Kandinsky and his thesis that the 20th century was the age of 'and', while the 19th century was characterized by 'either – or' (cf. Kandinsky 1927/1973), and draws the following conclusion: landscape architecture has to see the world generally, in other words not as a specialized profession, and thus from a professional point of view. These views stand together, and are entitled to equal rights, they definitely do not exclude each other. A culture of 'and'.*

*This serial sequence, and the perspective changes, can be demonstrated and read particularly clearly along a path. This is why paths play a key part in many of Büro Kiefer's designs. A profession like landscape architecture, whose overriding concern is perception and conveying perception, while at the same time reflecting that perception no longer requires observers to stand still in astonishment, has to pay particular attention to paths, to the sequence of changing perspectives.*

*Changing perspectives include the relationship between object and viewer. 'Identity is relational' insists the sociologist Ilse Helbrecht, also consciously relating this to spatial identity. (cf. Helbrecht 2004) So the viewers of a landscape are also components of it. Path design has to illustrate this relationship.*

*Walter Prigge takes the argument even further by declaring that the relationship between paths is the leitmotif of architecture, which he defines as 'reflexive Modernism'. 'The Dutch De-Programmers (Rem Koolhaas, MVRDV, Ben van Berkel et al.) reflect the Postmodern separation of form and function and can ultimately rightly be called 'reflexive' Moderns because they relate the minimalist architectural object to space and city: they use these relationships to transform modern architecture by destroying its forms creatively… Construction follows the path links between use units that are defined as 'events' within the non-geometrical penetration of the space. The programmatically released use activity patterns now set space moving without a subject ('automatic design'), communicating with each other as media for polymorphic buildings, unlike their modern interconnection in programmed spaces. It will be possible to discern these three steps in Koolhaas's Dutch Embassy in Berlin: architecture deriving from the atmosphere of alienation.' (Prigge 2004)*

*Prigge goes on to say how much architecture, urban development and landscape architecture merge with each other in reflexive Modernism: 'This de-programming space formulation gives architectural design new access to urban development. Inside and outside, one's own property and someone else's, spaces used privately and publicly overlap in this approach to the building itself and are no longer reified in urban space as statically formed objects.' (Ibid.)*

*By making the path along the sequence of events take on far more functions than that being the shortest way from A to B, Büro Kiefer shows its own understanding of the communication-related structure of cities and their open spaces. Works like the Hans-Baluschek-Park or the Schwerin green strip bring the new relationship between movement and atmosphere together by emphasizing the path as the central element in terms of both urban development and landscape architecture.*

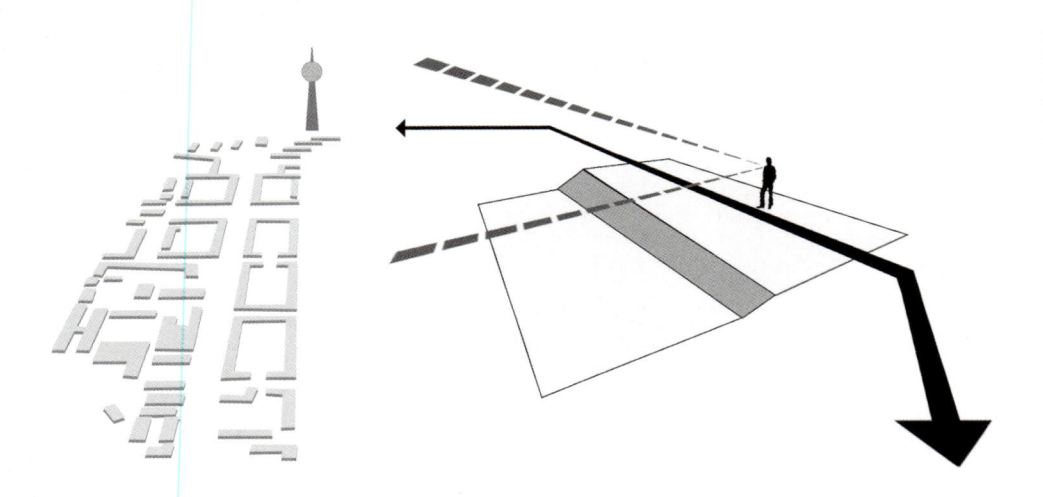

Über ein Plateau verläuft eine erhöhte Wegeverbindung vom Stadtzentrum zum Stadtrand. Der Weg ermöglicht Fußgängern, Radfahrern und Skatern Weitblicke auf die Merkzeichen der Stadt.
*A raised pathway runs from the town centre to the outskirts via a plateau. This path makes it possible for pedestrians, cyclists and skate-boarders to enjoy extensive views of the town's landmarks.*

## Hans-Baluschek-Park, Berlin

Über den Hans-Baluschek-Park in Berlin schreibt der Architekturkritiker Michael Kasiske: Das Büro Kiefer habe „mit nur drei Elementen einer lang gestreckten Restfläche zwischen Bahngelände und einem weitläufigen Kleingartenareal eine eigene Identität verschafft: die Inszenierung eines weiten Blicks auf die Silhouette der Stadt, die unbeirrte Wegeführung parallel zur Gleistrasse und die Reduktion der Gestaltung auf wenige Formen und Materialien." (Kasiske 2003)

Der Hans-Baluschek-Park ist Teil eines Grünzuges entlang einer Bahntrasse, der später vom Potsdamer Platz, der Innenstadt, bis an den Stadtrand führen soll. Auf westlicher Seite fällt das angeschüttete Gelände ab zu einer der innerstädtischen Besonderheiten Berlins – einer weitläufigen Kleingartenanlage. Parzellen der gärtnerischen Vielfalt und des Privatissimums des Feierabends. Auch der östlich der Bahntrasse gelegene Naturpark Schöneberger Südgelände, eine zum Park weiterentwickelte Stadtbrache auf ehemaligen Rangier- und Güterbahnhofsflächen, in dem man sich in einer Stadtnatur „der vierten Art" (Kowarik 1998) verlieren kann, gehört zu den attraktivsten Ruheinseln Berlins.

*Architecture critic Michael Kasiske has this to say about the Hans-Baluschek-Park in Berlin: Büro Kiefer has 'taken only three elements of a long area left over between railway land and an extensive allotment area and given it an identity of its own: they stage a wide-ranging view of the city silhouette, unwavering path-routing parallel with the track and a design reduced to essential forms and materials.' (Kasiske 2003)*

*The Hans-Baluschek-Park is part of a green strip running along a rail track. The park will later connect Potsdamer Platz, in the city centre, with the outskirts. On the western side, the banked-up terrain falls towards one of Berlin's special inner city features – an extensive allotment complex. Parcels of horticultural diversity and the supreme privacy of leisure time. The Schöneberg Südgelände east of the railway line, is also one of Berlin's most attractive and peaceful havens. It is an urban wilderness of former shunting and goods station sites that has been developed as a park where you can get lost in urban nature 'of the fourth kind', (Kowarik 1998).*

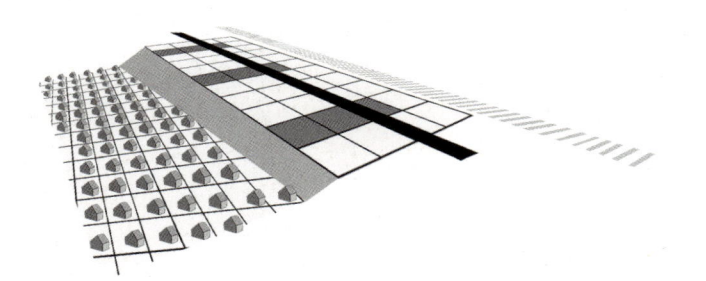

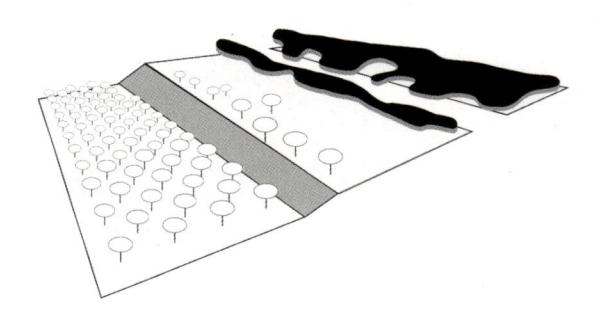

Städtebauliche Bezüge legen die Standorte der Plätze entlang des Weges fest.
*Associations with urban development fix the locations of the stopping-places along the path.*

## Hans-Baluschek-Park, Berlin

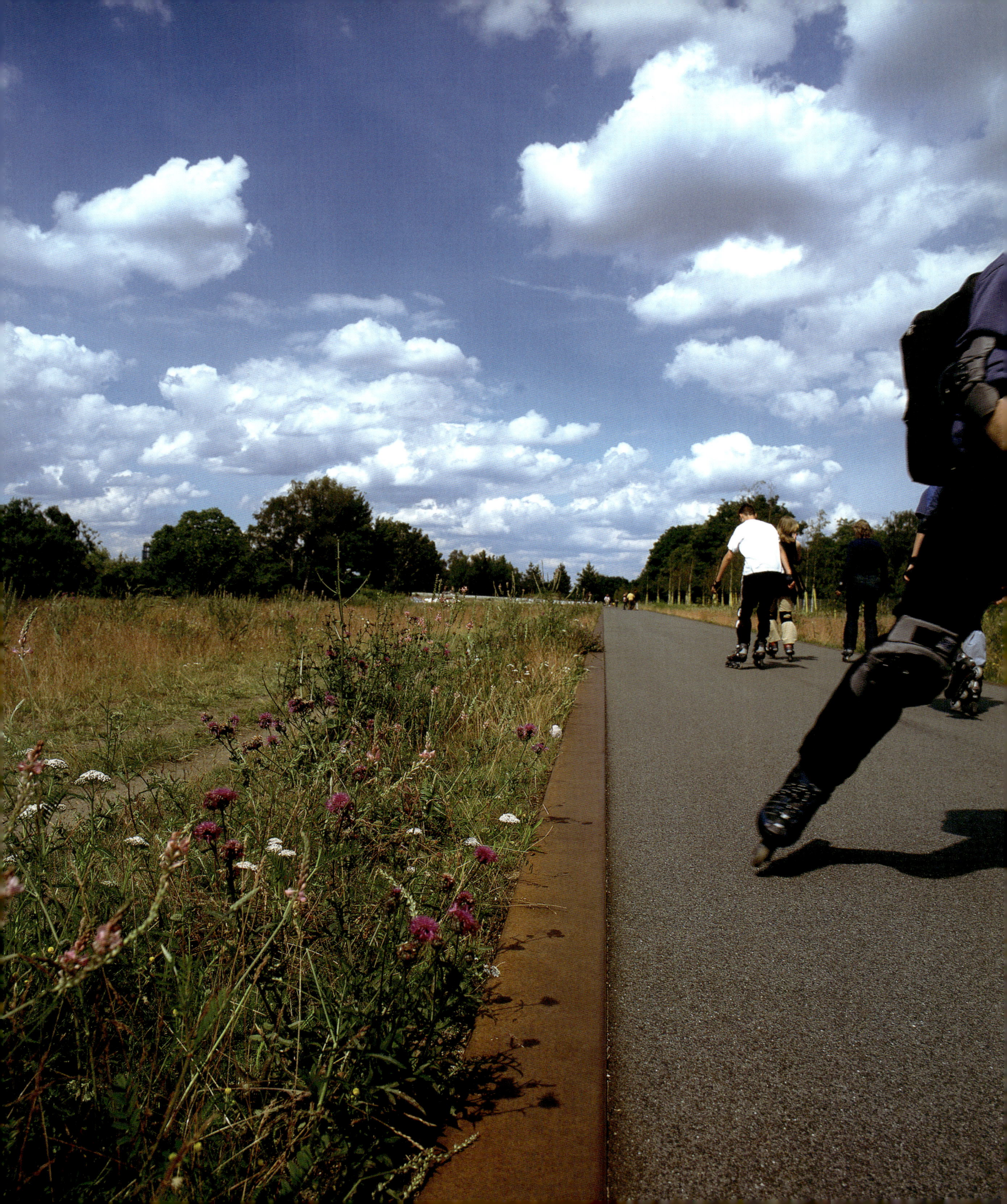

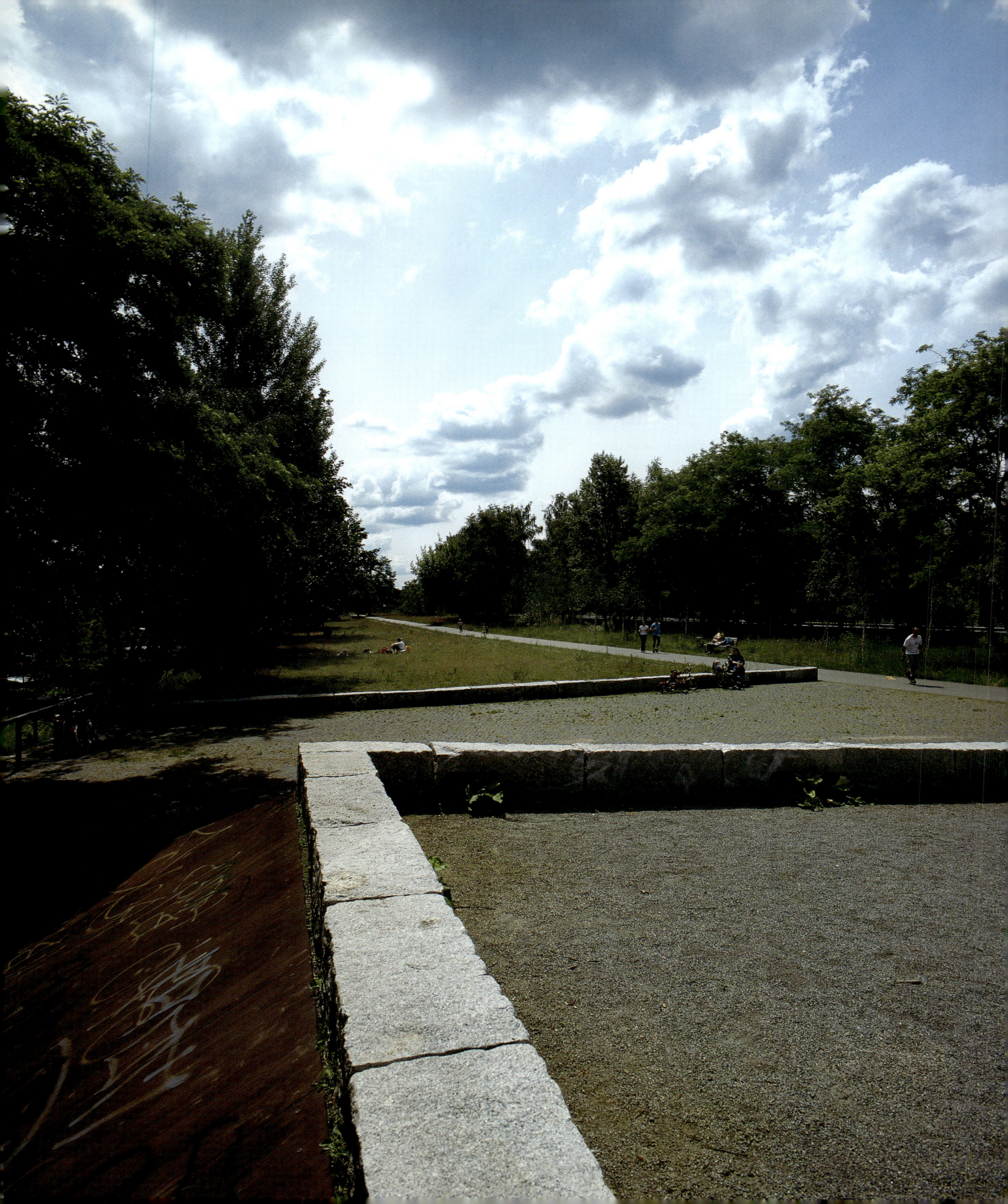

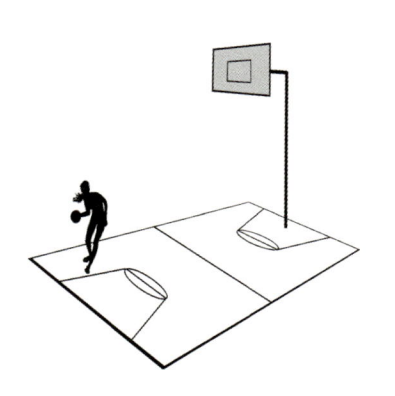

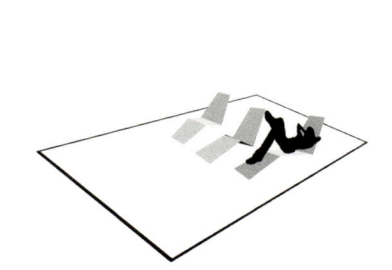

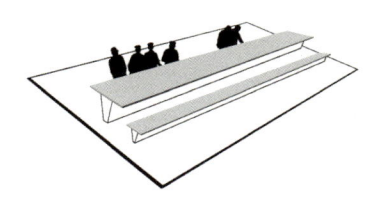

Auf vier Aussichtsplätzen konzentrieren sich typische Freiraumnutzungen: Sport, Sonnen, Spielen, Picknick. Entlastet werden die extensiven Wiesenflächen des Plateaus.
*Typical open-air uses are concentrated in four viewing areas: sport, sunbathing, play, picnic. This takes the pressure off the extensive grassy areas on the plateau.*

Zwischen Gärtnerrhythmus, landschaftsgestalterisch unterstützter Naturwüchsigkeit und hindurchsausender Bahnen entschied sich das Büro Kiefer für einen Park, der Geschwindigkeit im Kontrast zur Ruhe zum Thema macht.

Entlang des Bahndammes zwischen zwei S-Bahnhöfen erstreckt sich ein linear gerichteter Weg auf dem vorgefundenen Plateau. Reizvolle Blicke auf die sich darbietende Stadtkante Berlins qualifizieren die lange Achse zu einer urbanen Promenade von besonderer Beliebtheit. Die asphaltierte Promenade wird strukturiert durch Bastionen an gewählten Orten. Diese erhöht gebauten Rastplätze sind gegen die Böschungsneigung zu den Kleingärten gesetzt. Sie betonen mit ihrer künstlichen Topografie die vorhandene Böschung. Die Aussichtsplätze nehmen Spiel, Picknick, Sonnenbaden und Sport auf. In den Aktionsfeldern inszenierte die Landschaftsarchitektin eine kontrastierende räumliche Leere zu der Fülle des benachbarten Natur-Parks und der Kleingärten. Die Flächen sind mit Granitblöcken gerahmt und mit artifiziell wirkenden Kiefernhainen bepflanzt. Große Platten aus Corten-Stahl dienen an den Bastionen als Abdeckung der Böschung. Sie bilden gemeinsam mit neu gesetzten Birken, die ein vorhandenes Wäldchen ergänzen, eine Referenz an die verwilderten Bahnanlagen.

*Faced with the rhythms of gardening, natural growth supported by landscape design and trains rushing past, Büro Kiefer decided on a park that would take speed contrasted with quietness as its theme.*

*A linear path extends along the existing plateau formed by the railway embankment between two S-Bahn stations. Attractive views of the outskirts of Berlin make the long axis into a particularly popular urban promenade. It is asphalted, and bastions at selected points give it a sense of structure. These raised resting places are set against the incline of the embankment towards the allotments. Their artificial topography emphasizes the existing slope. These lookout points are intended for play, picnics, sunbathing and sport. The landscape architect staged spatial emptiness in the action fields, in contrast with the abundance of the adjacent nature reserve and the allotments. The areas are framed with granite blocks and planted with artificial-looking pine groves. Large sheets of Corten steel cover the embankment at the bastions. Together with the newly planted birches, which complement an existing small wood, they form a reference point for the overgrown rail facilities.*

## Hans-Baluschek-Park, Berlin

Hans-Baluschek-Park, Berlin

87

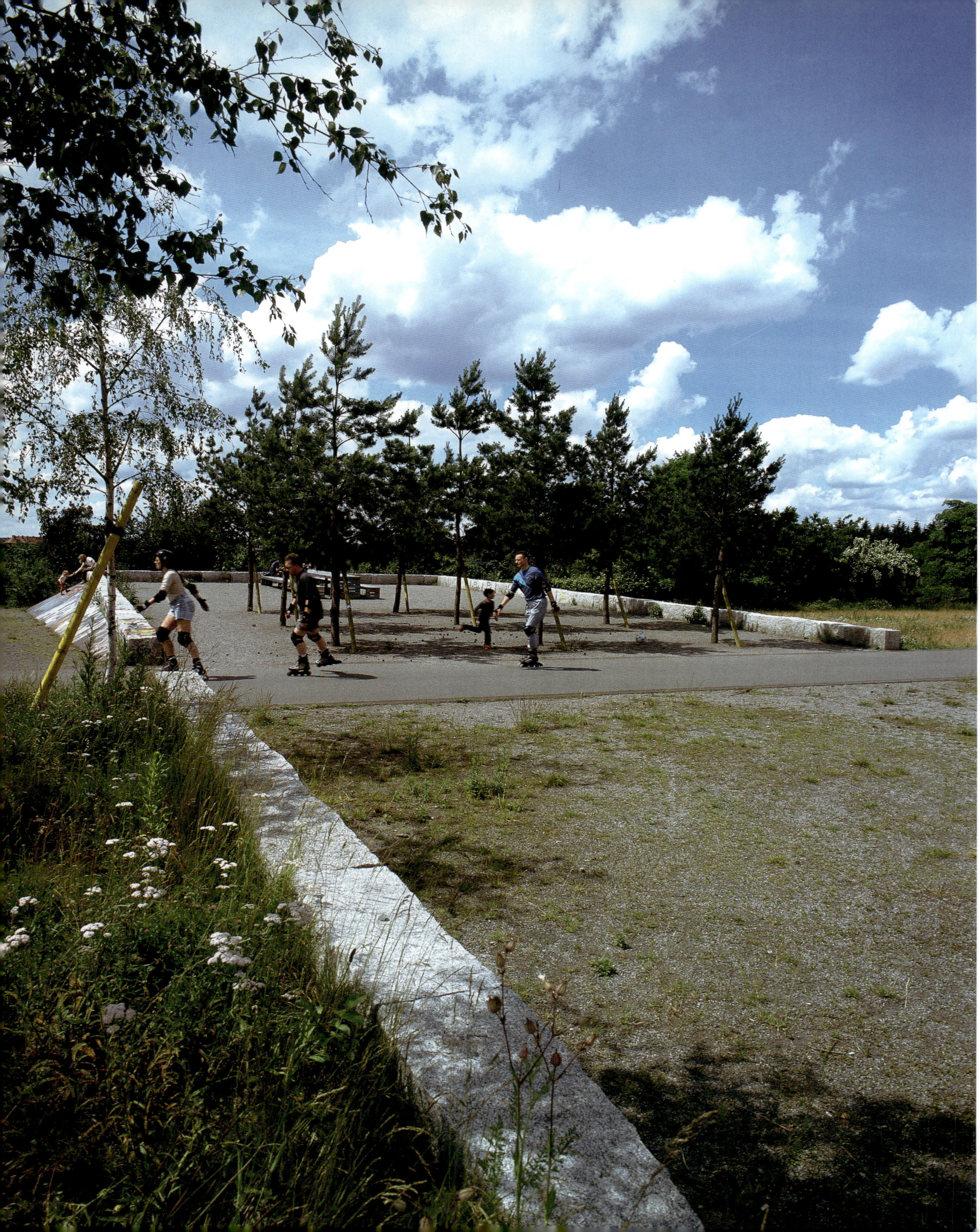

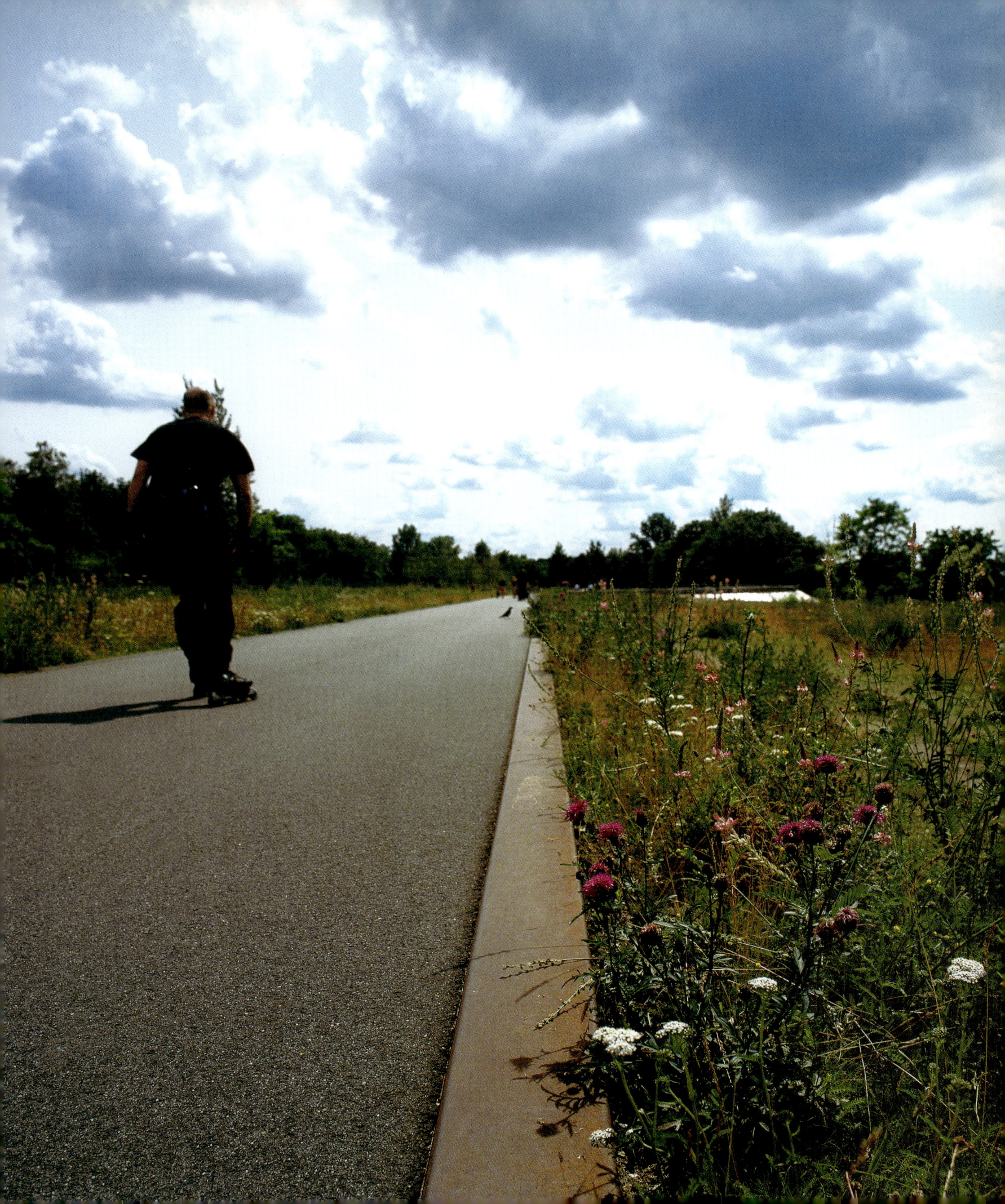

Hans-Baluschek-Park, Berlin

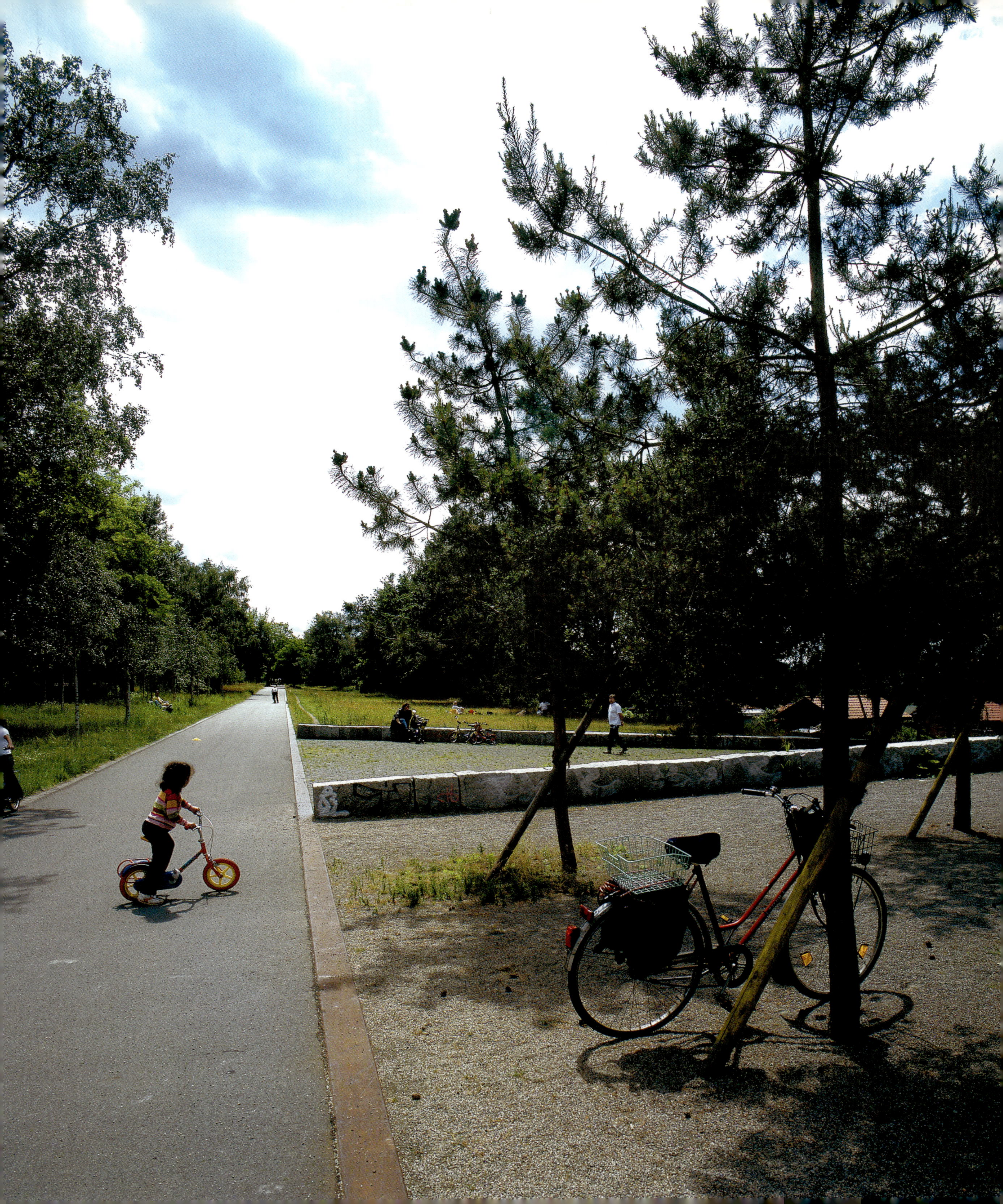

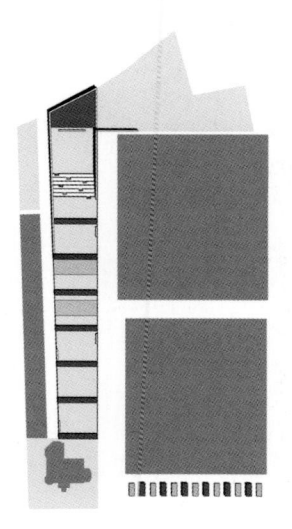

Die Landschaft der Umgebung zieht sich als stilisiertes Freiraum-Band durch das Werksgelände.
*The surrounding landscape runs through the factory site as a stylized band of open space.*

## Trumpf Sachsen, Neukirch

Ein Präzisionswerkzeuge produzierendes Unternehmen in Sachsen: Im Zuge der Erweiterung der Produktionsgebäude wurden die Außenanlagen neu konzipiert. Zentraler Bereich des Entwurfes ist die so genannte Landschaftsschneise, gebaut innerhalb der freien Landschaft der Umgebung. Die Schneise verknüpft die beiden Flanken des Produktionsgeländes, stellt Bewegungsbereiche für Mitarbeiter, aber auch für Transportfahrzeuge her, bindet einen Parkplatz und den Garten der Mitarbeiter an. Betriebliche Abläufe machen die klare Gliederung in Streifen als Gestaltungsprinzip sinnvoll.

Zugleich wurde aufgrund der Höhenverhältnisse eine Treppenanlage vorgesehen. Die Produktpalette des Unternehmens prädestiniert Metall als Thema in der Architektur wie im Außenraum. An der Treppe wird es zum tragenden Material. Wasserpolierter Edelstahl, zu individuell entwickelten Details gefertigt, setzt in der Treppenanlage ein Pendant zur Fassade der Neubauten.

## *Trumpf Sachsen, Neukirch*

*A company producing precision tools in Saxony; the outdoor areas were redesigned as part of the production plant extension programme. The central area in the design is the so-called landscape corridor, built within the open landscape of the surrounding area. The corridor links the two flanks of the production site, creates areas in which employees, but also transport vehicles, can move around, links the car park and the employees' garden. Production procedures make it sensible to use clear articulation into strips as a design principle.*

*At the same time, steps were envisaged because of the height differences. The company's product range meant that metal was predestined to be a theme in the architecture and in the outdoor space. It becomes the key material in the steps area. Water-polished stainless steel in the flight of steps, manufactured with individually developed detail, forms a counterpart to the façade of the new buildings.*

Optimale Erschließung für die Anlieferung + repräsentatives Grün = überzeugender Gewerbestandort.
*Optimum delivery access + prestigious greenery = convincing industrial site.*

## Trumpf Sachsen, Neukirch

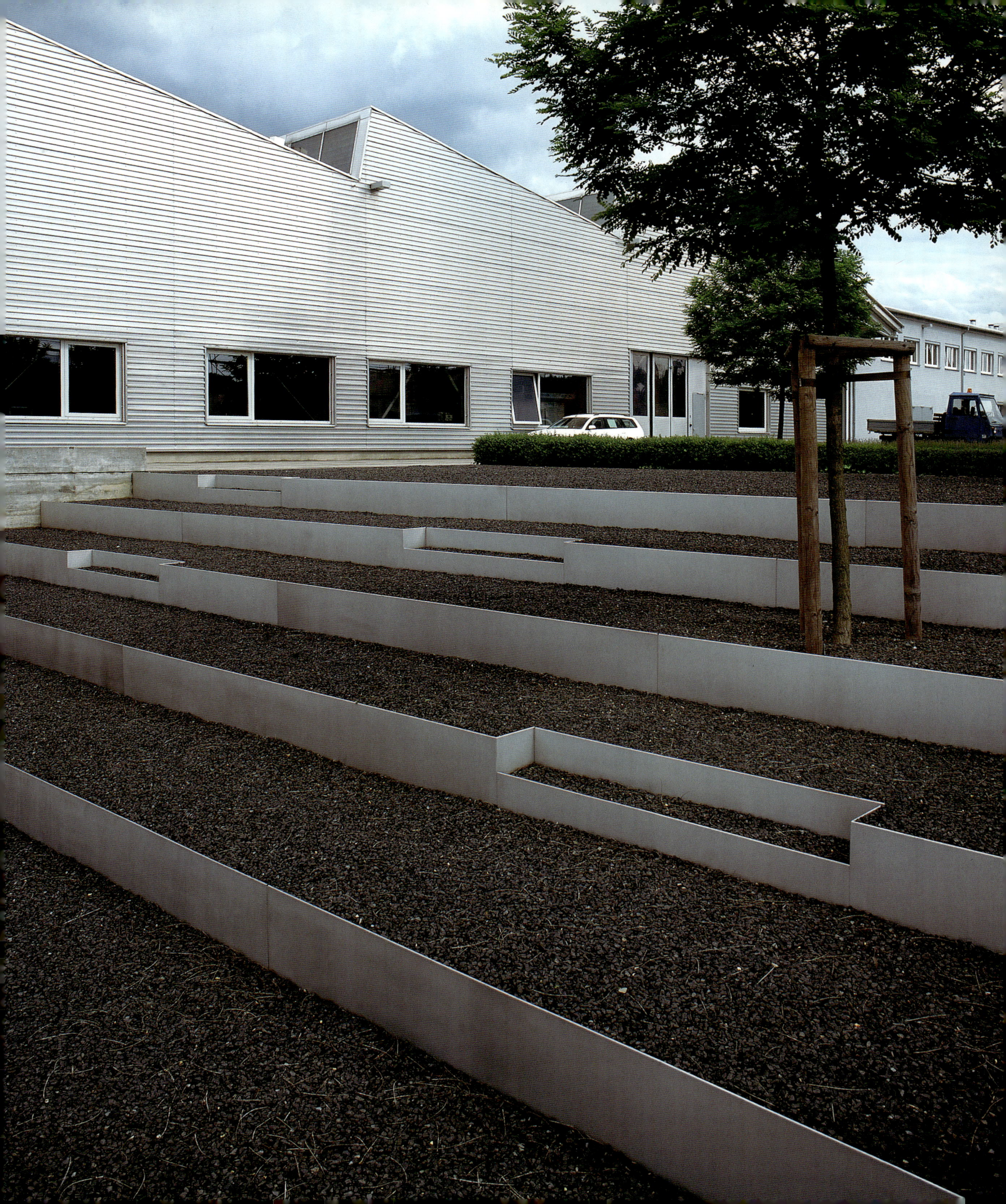

Das stilisierte Freiraumband fokussiert den Blick auf die „geborgte Landschaft" in der Ferne.
*The stylized leisure band focuses the eye on the 'borrowed landscape' in the distance.*

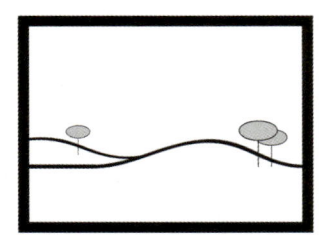

Die klare Form und kühle Ausstrahlung des Materials kontrastiert mit den Wegebelägen aus Basaltschotter und -pflaster wie auch der Bepflanzung aus Buchs, blauem Lavendel und weißen Strauchrosen.

Die klare Definition des Areals als Wirtschaftsstandort legt das Gewicht des Entwurfs weniger auf Atmosphäre und mehr auf Handhabbarkeit – und schafft so eben jene. Stahl in Gestalt der Kantenbänder, Treppenwangen und Handläufe übernimmt in diesem Konzept die Funktion von Fäden eines Netzes aus feinen Linien, in welches Beläge und Ausstattungselemente eingehängt werden. Der Reiz liegt hier im Spiel mit Serialität und Anordnung. Die konsequente Umsetzung eines Materialkanons, der für das Werkzeug-Unternehmen selbst steht, perfektioniert im Detail und aus Alltagsmaterialien zu einem Gesamtbild komponiert: reduziert, ergonomisch und anschaulich.

*The material's clear form and cool aura set off the coarse basalt gravel path coverings and paving and also the planting with box, blue lavender and white shrub roses.*

*The clear definition of the site as a commercial location weights the design less towards atmosphere and more towards manageability – and thus creates that very quality. In this concept, steel in the form of the edge bands, staircase strings and handrails, takes on the function of threads in a network of fine lines into which fittings and design elements can be hung. Here the charm lies in playing with serial qualities and arrangement. Consistent use of a material canon representing the tool firm itself, perfected in detail and composed to create an overall picture from everyday materials: reduced, ergonomic and striking.*

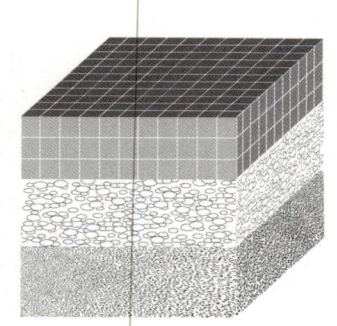

BASALT

Basalt in verschiedenen Korngrößen verweist auf die jeweilige Nutzung: Pflasterstreifen für die Fußgänger, wassergebundene Wegedecken für den LKW-Verkehr, Schotterflächen als Vorgärten der Gebäude.
*Basalt in various particle sizes indicates the particular use: pavement strips for pedestrians, water-bound surfaces for lorries, gravel areas as front gardens for the buildings.*

Trumpf Sachsen, Neukirch

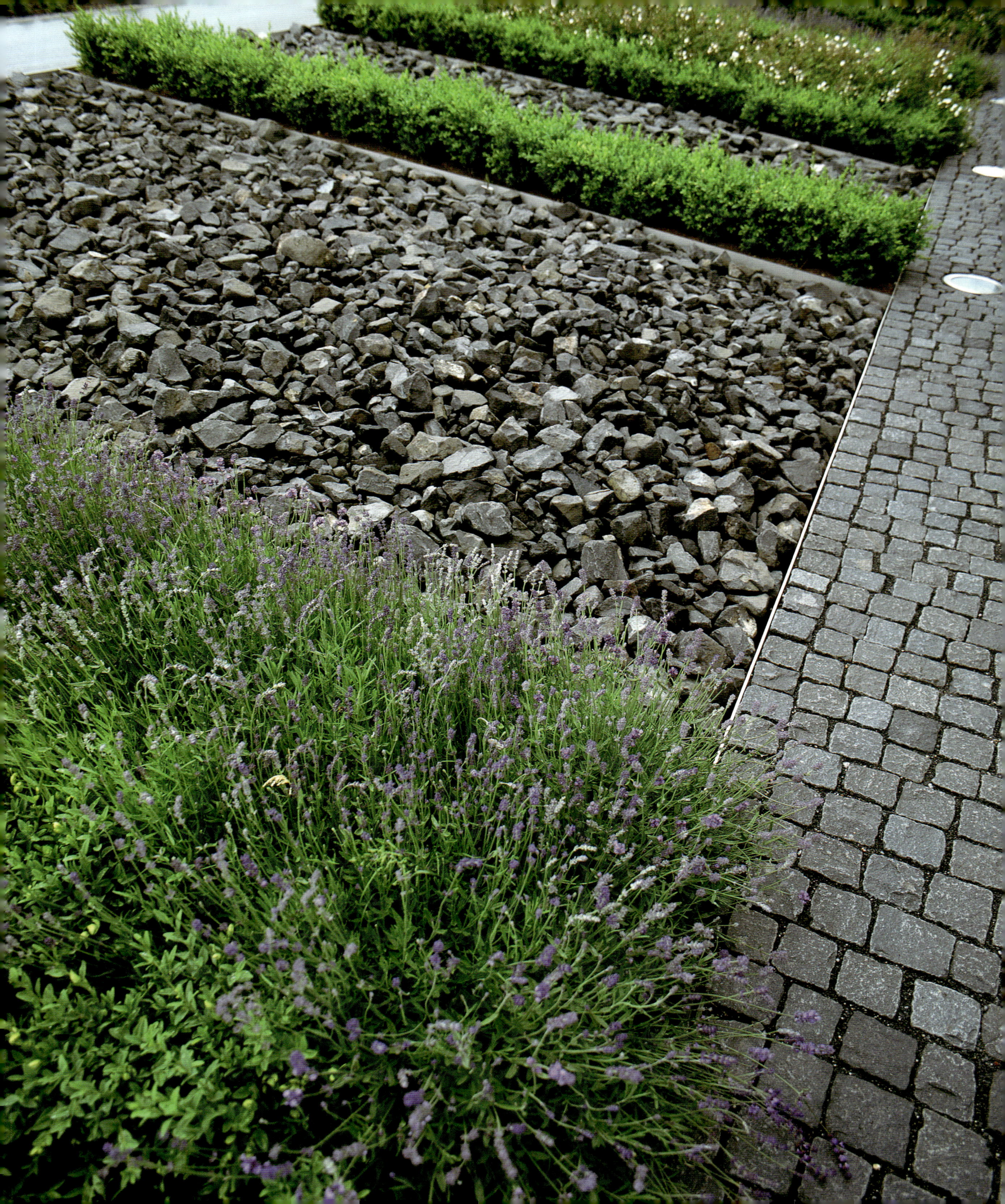

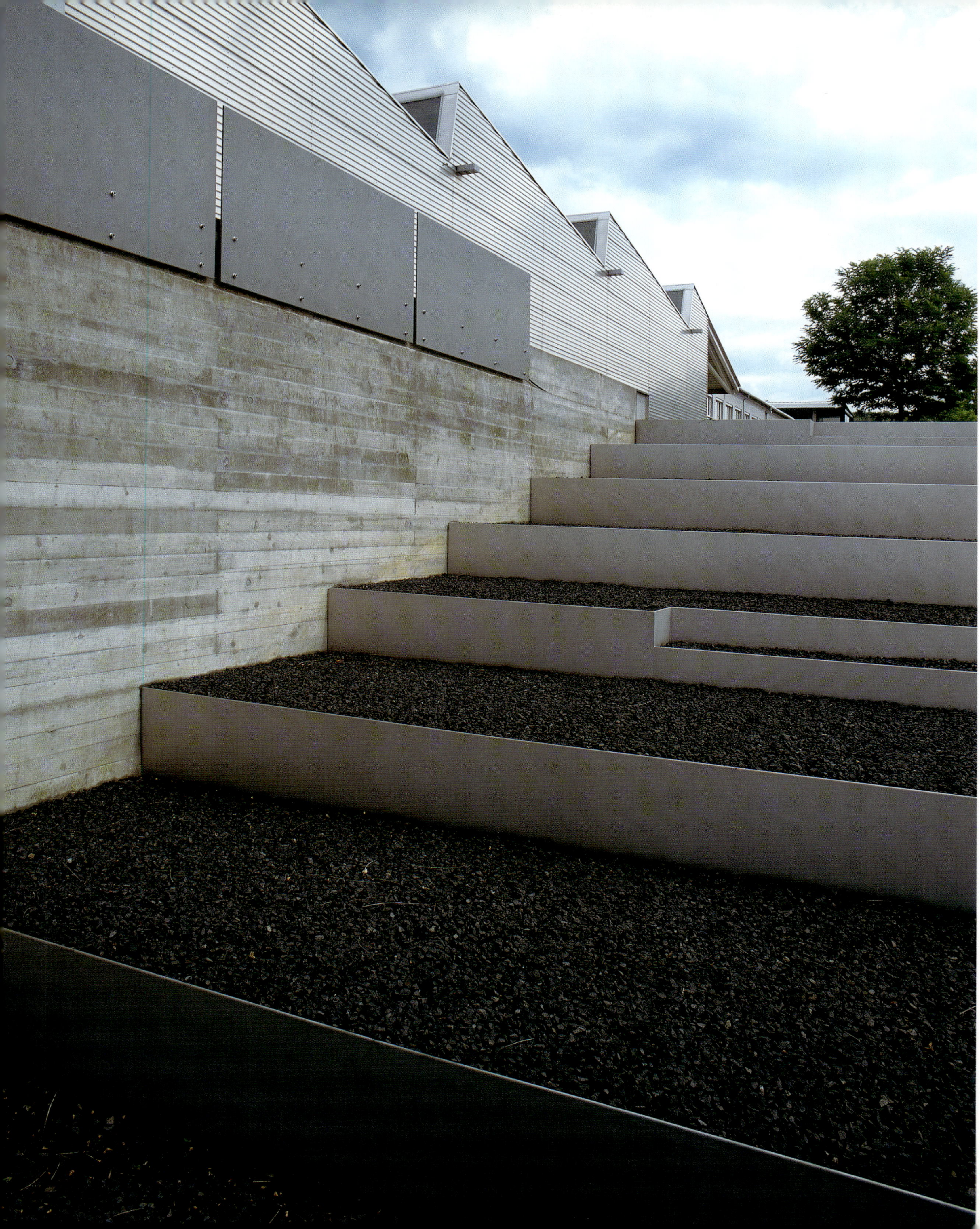

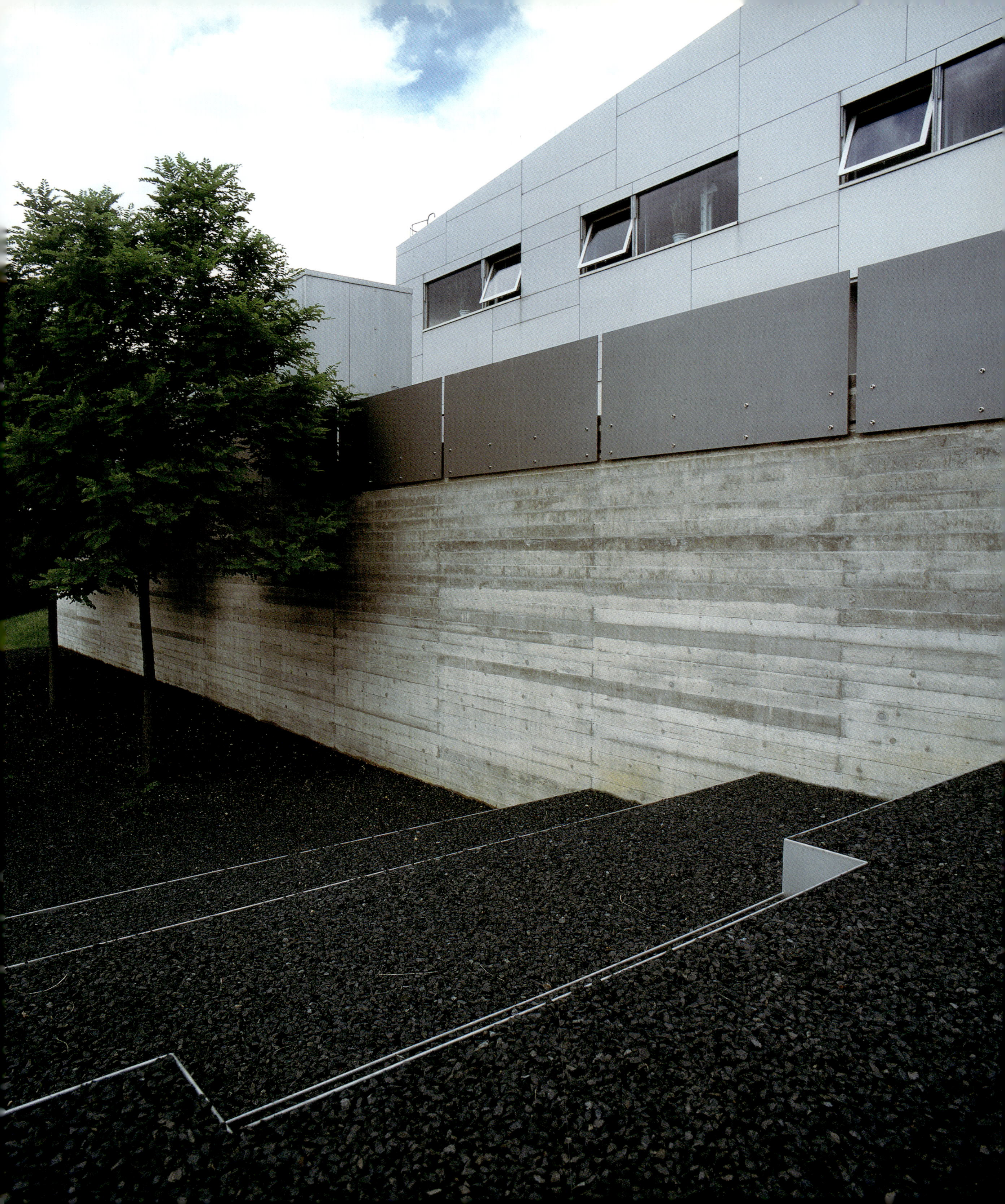

Trumpf Sachsen, Neukirch

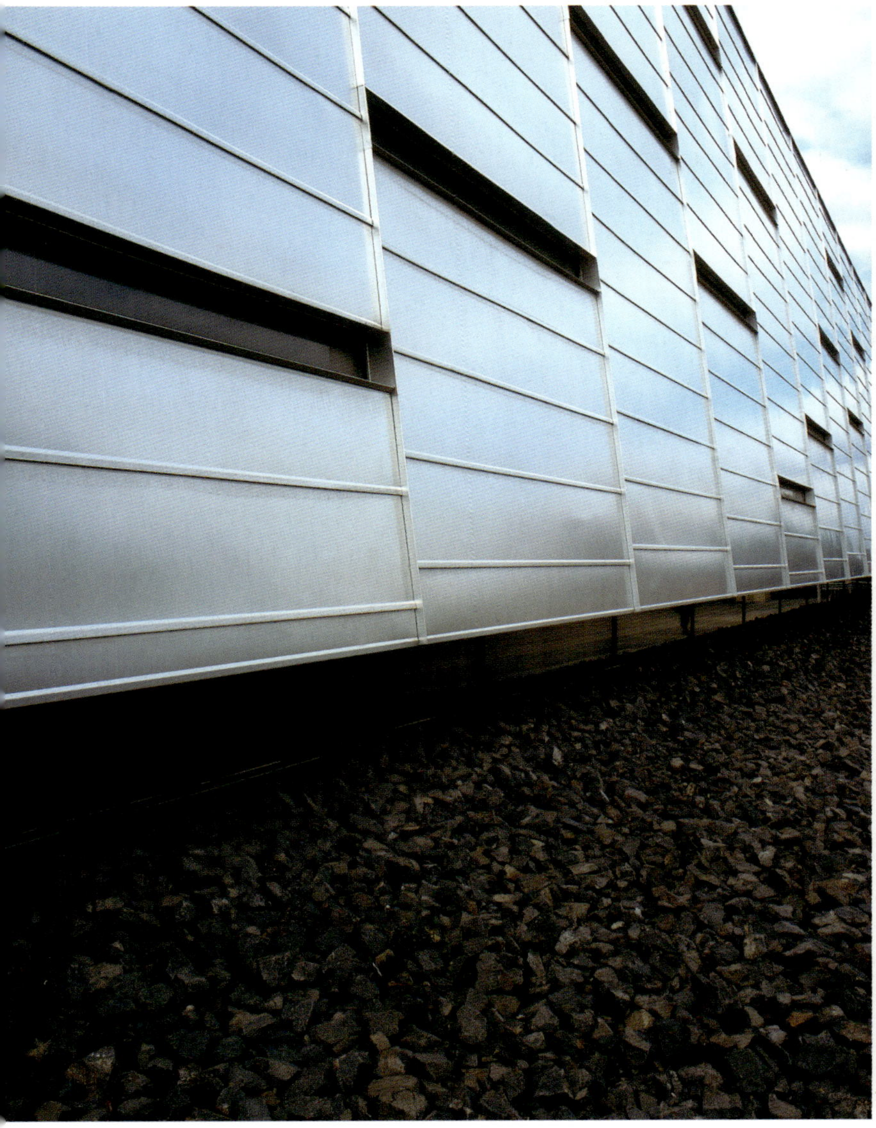

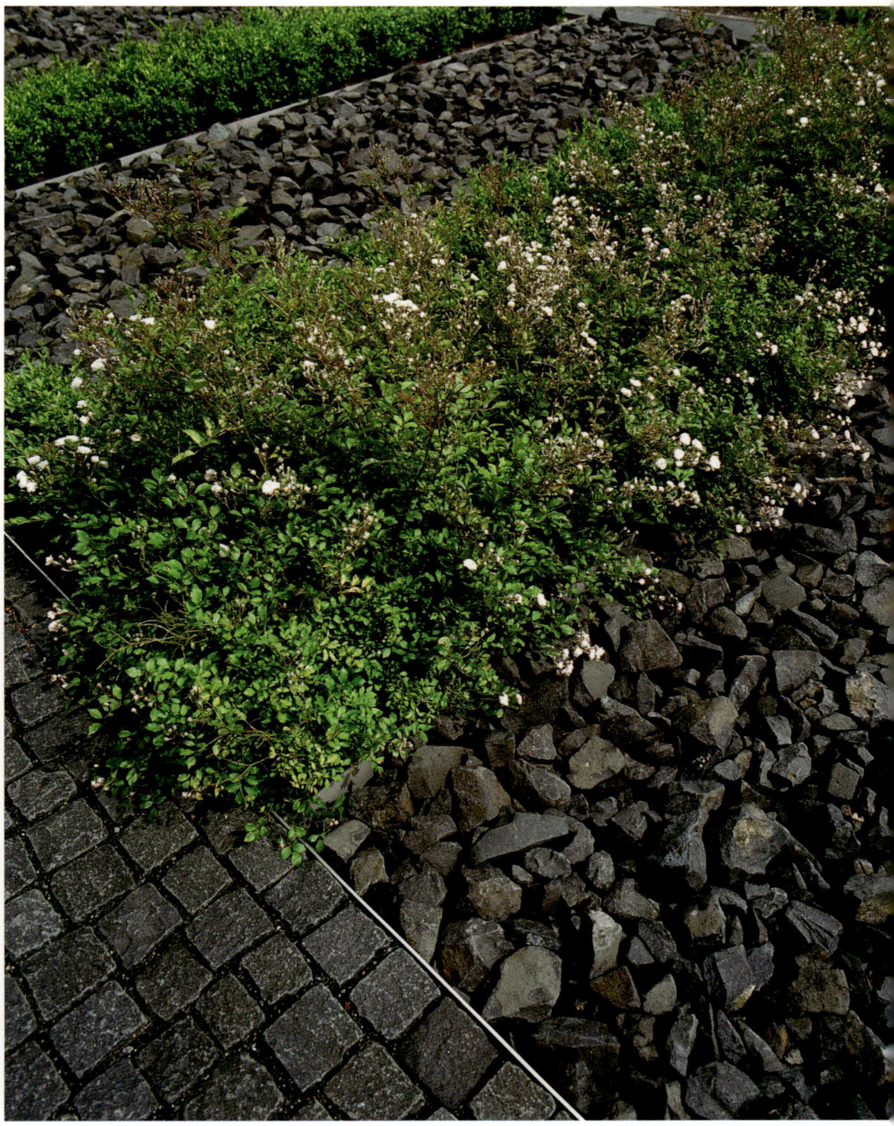

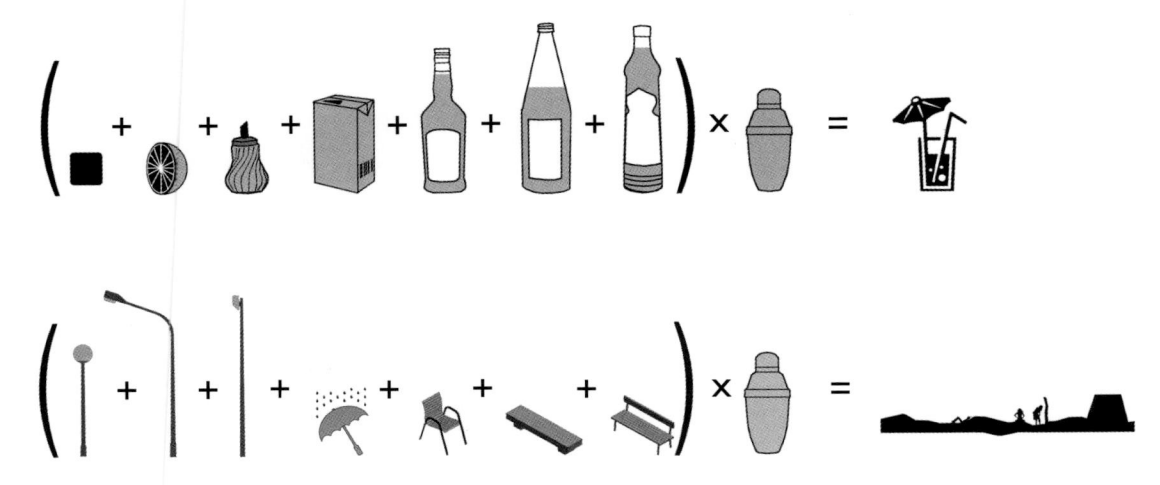

Der Nutzungsmix ergibt ein gebrauchsfähiges Ganzes: Anforderungen aus der Großsiedlung an den Freiraum werden in einer linearen, dreidimensionalen Skulptur zusammengefasst.
*The mixed use creates a usable whole: the large housing estate's demands for open space are summed up in a linear, three-dimensional sculpture.*

## Grünzug Schwerin

Wie kann die Wohnumfeldverbesserung einer von Gleichförmigkeit geprägten Siedlung des Industriellen Wohnungsbaus gelingen?

Die Landschaftsarchitekten des Büro Kiefer entwickelten das Konzept eines Grünzugs durch ein Plattenbaugebiet in Schwerin. Die intensive Feldforschung des Areals ergab: Nichts ist so gleichförmig, wie es dem anästhetisierten Blick des Alltags erscheinen mag!

Es gilt, die verdeckten Potenziale des Ortes zu entdecken. Topografie hat Höhen und Tiefen, informelle Nutzungen der Anwohner programmieren lokale Situationen und jede Wegstrecke ist durch abwechselnde Raumsituationen gekennzeichnet. Doch wie kann die gefundene Vielfalt in ein wegweisendes Gesamtkonzept überführt werden?

Das Büro Kiefer machte es sich zur Aufgabe, die zwei beliebtesten Aufenthaltsorte des angrenzenden Naturraums, einen See und einen Wald, mittels der Gestaltung eines attraktiven Grünzugs durch die industriell gebaute Siedlung hindurch miteinander zu verbinden.

## *Schwerin Green Strip*

*How can the environment of a monotonous estate constructed on industrial housing principles be successfully improved?*

*The Büro Kiefer landscape architects developed the concept of a green strip running through a slab construction area in Schwerin. Intensive field research in the area revealed that nothing is so monotonous as it may seem to the anaesthetized everyday eye!*

*The hidden potential of the place had to be discovered. Topography has heights and depths, the residents' informal uses impose a programme on local situations and each stretch of path has characteristically changing spatial patterns. But how can all the variety that comes to light be made part of an overall concept illustrating an approach? Büro Kiefer made it their business to link the two most popular natural spots in the adjacent area, a lake and a wood, by designing an attractive green strip running through the industrially constructed housing estate.*

Grünzug Schwerin | Schwerin Green Strip

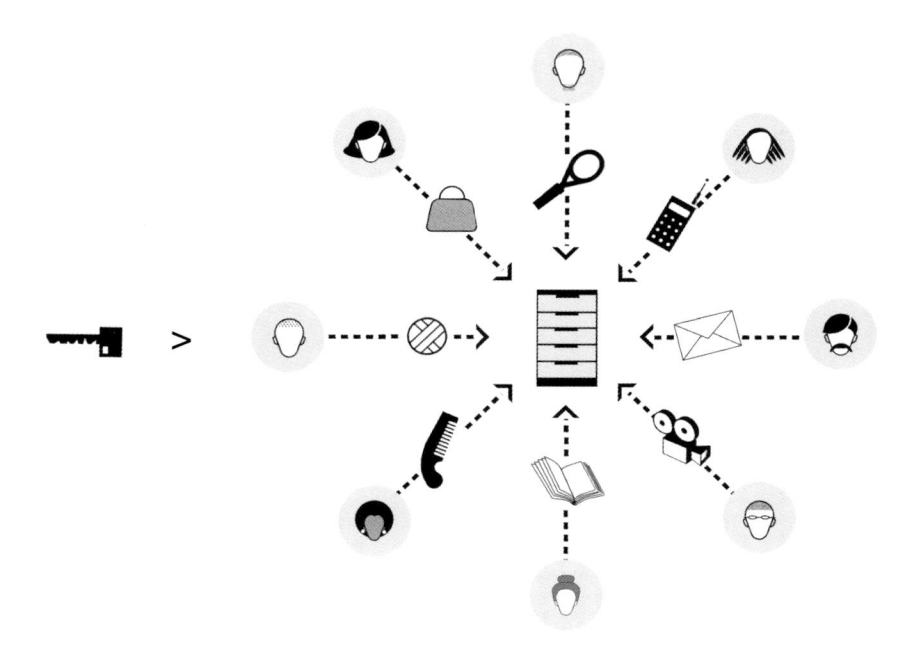

Das neuartige Freiraum-Möbel integriert private Schließfächer und ermöglicht so eine Aneignung von Raum innerhalb der Großsiedlung.
*The innovative open-air furniture includes private lockers and thus makes it possible to appropriate space within the estate.*

Alle entdeckten Nutzungsansprüche – Sitzen, Liegen, Schutz vor Regen oder Sonne, Müllentsorgung, Beleuchtung – sollen als „Bestandteil eines Cocktails" begriffen werden. Doch welche Qualität kann als strukturierendes Element alle anderen verbinden? Die topografischen Höhensprünge der vorgefundenen Landschaft wurden als sinnlich wahrnehmbarste Eigenschaft empfunden.

Die Landschaftsarchitekten entwickelten ein skulpturales Band, das sich durch den gesamten Siedlungsbereich zieht und entsprechend der Lage und angestrebter Nutzungen transformiert wird. Diese künstlich gestaltete implantierte Funktionslandschaft säumt den vorhandenen Weg und ersetzt alle vorgefundenen Ausstattungselemente. Zudem erweitert sich das Band zu äußeren, mit Kiefern bestandenen Gärten, die von allen nutzbar sind. Denen stehen die inneren, geschlossenen Gärten gegenüber, die nur für die anliegenden Bewohner zugänglich sind.

Um den neuen Freiraum mit personeller Identität zu verbinden, werden in der Mauer unzählige Schubladen für die Utensilien der Anwohnerschaft angebracht. „Jedem seine Schublade!" Es wird ein einzigartiger Freiraumlayer entstehen: eine Freiraumkommode?

*All the desired uses that were discovered – sitting, lying, protection from rain or sun, rubbish disposal, lighting – were to be seen as 'ingredients in a cocktail'. But what quality can connect all the others as a structuring element? The topographical height differences in the existing landscape were seen as the sensually most perceptible quality.*

*The landscape architects developed a sculptural band that runs through the whole estate and is transformed according to the situation and desired uses. This artificially designed, implanted functional landscape fringes the existing path and replaces all the existing design elements. At the same time, the band widens out into outer gardens with pines that can be used by everyone. These face the inner, closed gardens that are accessible only to the adjacent residents.*

*To give the new open space a sense of personal identity, the wall was fitted out with countless drawers for the residents to keep their implements in. 'A drawer for everyone!' A unique open air space will emerge: an open air chest of drawers?*

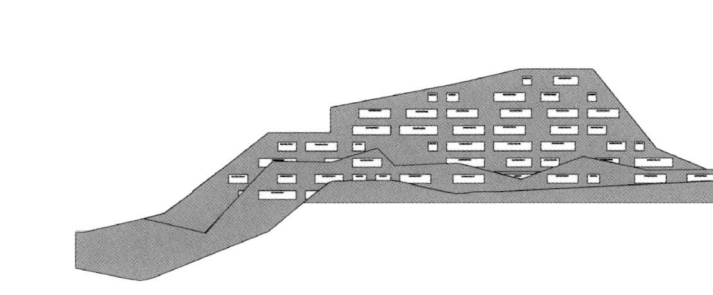

Die lineare Struktur bildet ein topografisches Element entlang des Verbindungsweges.
*The linear structure forms a topographical element along the connecting path.*

Grünzug Schwerin | Schwerin Green Strip

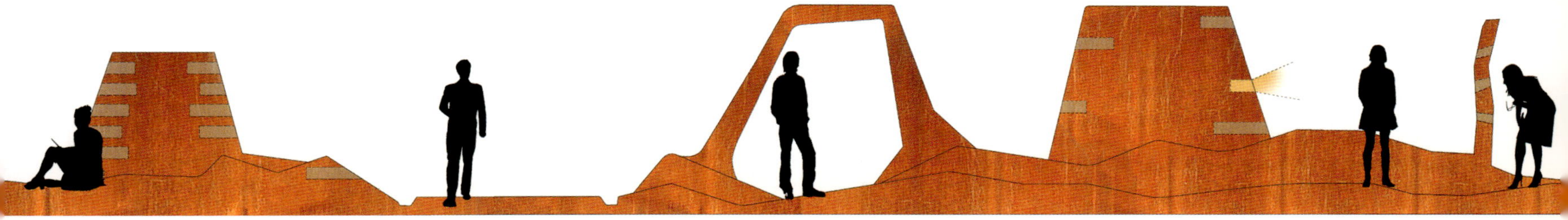

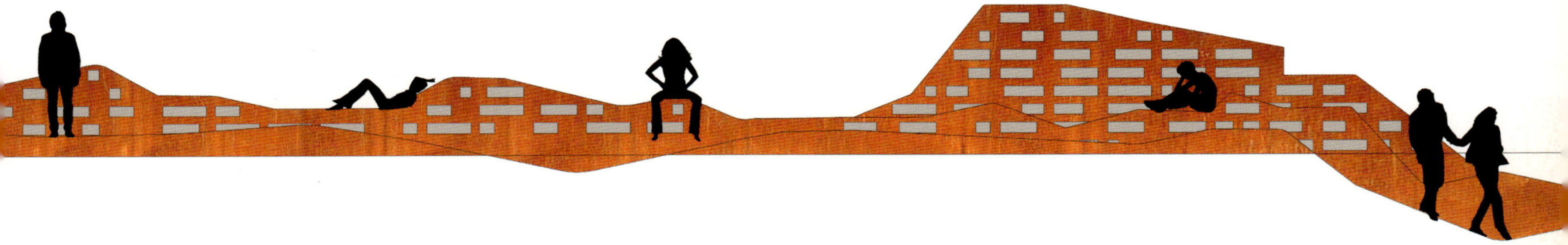

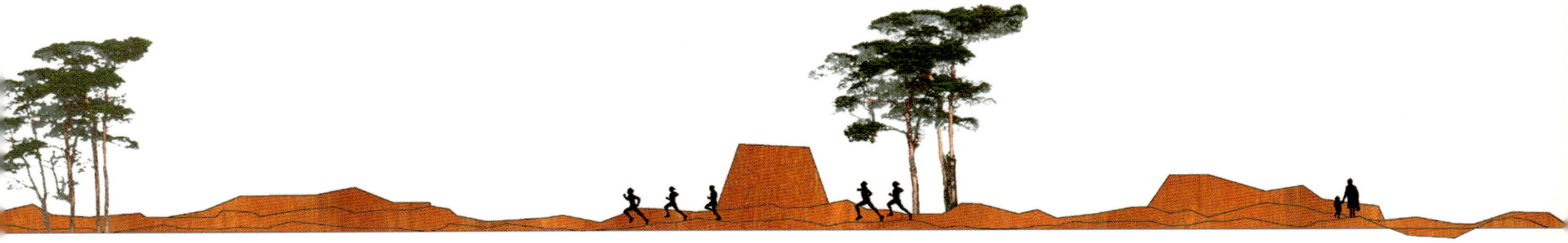

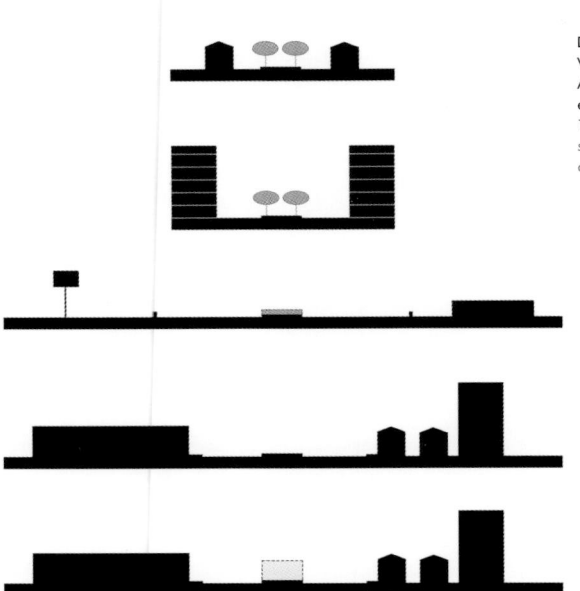

Die Maßstabslosigkeit des Straßenraums resultiert aus einer Vermischung der Typologien Vorortstraße, Stadtstraße und Ausfallstraße. Die Installation auf dem Mittelstreifen reagiert mit einem eigenständigen Volumen.
*The lack of scale in the street results from mixing three typologies, suburban street, urban street and main road. The installation on the central reservation responds with an independent volume.*

## Donaustadtstraße, Wien

## *Donaustadtstrasse, Vienna*

Mimetische Atmosphären im transitorischen Raum unter dem Titel „Schattenkino" entwarf das Büro Kiefer in einem Wettbewerb des Wiener Magistrats eine temporäre Installation, die einen Nicht-Ort in ein bildstarkes Zeichen des öffentlichen Raums der Großstadt verwandelte.

Auf dem Mittelstreifen der viel befahrenen Donaustadtstraße errichteten die Landschaftsarchitekten eine 250 Meter lange Segeltuchinstallation. Zehn Beleuchtungsräume wurden mit in der Donau gefundenen Exponaten möbliert. In den Abendstunden wurden diese mit weiß-gelbem Licht angestrahlt. Besucher und Möbel der Innenräume projizierten so ein pittoreskes, vom Straßenraum wahrnehmbares Schattenspiel an die Wände, das die Passanten der Hauptverkehrsstraße zur Beobachtung oder auch aktiven Teilnahme einlud. Die lebendige, aktive Atmosphäre setzte den abseitigen Mittelstreifen in einen neuen Kontext – Geschwindigkeit und Projektion, Wahrnehmung des Inneren und seiner äußeren Abbildung – ein kontemplatives Kino urbaner Art.

Die Installation „Schattenkino" war Teil einer durch öffentliche Verkehrsmittel quer über die Stadt vernetzten Ausstellung und verstand sich als Diskussionsbeitrag zum internationalen Diskurs über zeitgenössische Landschaftsarchitektur. Insgesamt wurden sieben Projekte an sieben verschiedenen öffentlichen Räumen Wiens realisiert. Die Projekte waren eine Herausforderung an die Attribute der Großstadt, indem mittels der Freiraumplanung neue städtische Zusammenhänge aufgezeigt wurden.

*A sense of mimicry in a transitory space – Büro Kiefer designed a temporary installation entitled 'Shadow Cinema' – as an entry to a competition organized by the Viennese municipal authorities, transforming a non-place into powerful image of urban public space.*

*The landscape architects erected a 250 m long sailcloth installation on the central reservation of the busy Donaustadtstrasse. Ten illuminated spaces were furnished with exhibits found in the Danube. These are floodlit in whitish-yellow in the evenings. In this way, the visitors and furniture in the interiors project a picturesque shadow-play that can be seen from the street on to the walls, inviting passers-by on the main road to look, or even to participate actively. The lively, active atmosphere placed the remote central reservation in a new context – speed and projection, perceiving the interior and illustrating it on the outside – contemplative cinema of an urban kind. The 'Shadow Cinema' installation was part of an exhibition linked all over the city by public transport. It saw itself as contributing to an international discussion about contemporary landscape architecture. All in all, seven projects were realized in seven different public spaces in Vienna. The projects were a challenge to the city's attributes in that new urban connections were indicated by open space planning.*

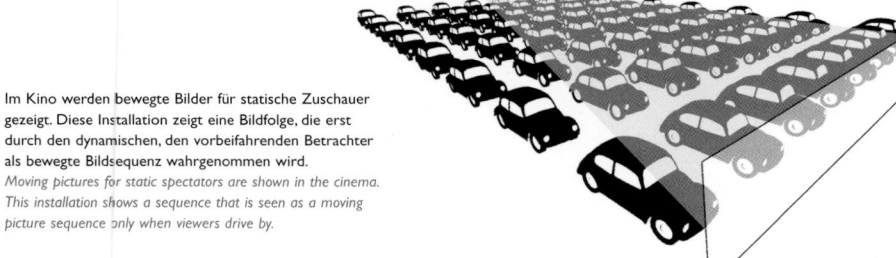

Im Kino werden bewegte Bilder für statische Zuschauer gezeigt. Diese Installation zeigt eine Bildfolge, die erst durch den dynamischen, den vorbeifahrenden Betrachter als bewegte Bildsequenz wahrgenommen wird.
*Moving pictures for static spectators are shown in the cinema. This installation shows a sequence that is seen as a moving picture sequence only when viewers drive by.*

## Donaustadtstraße, Wien | Vienna

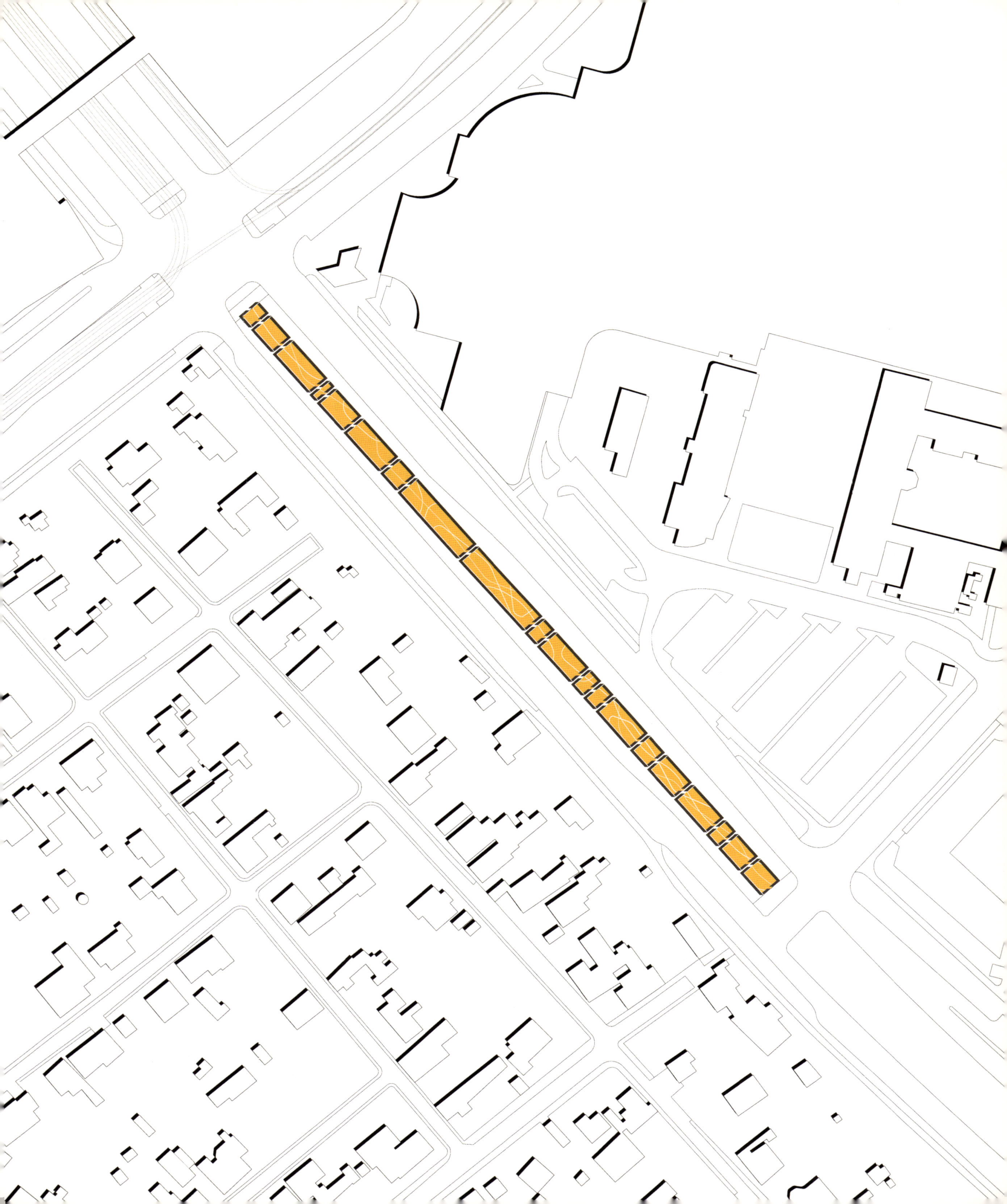

Weggeworfene zivilisatorische Fundstücke auf dem Mittelstreifen.
Im Rahmen der Installation werden die Fundsachen aufgewertet und erscheinen in neuem Licht.
*Items from civilization abandoned on the central reservation. These found objects are revalued as part of the installation and appear in a new light.*

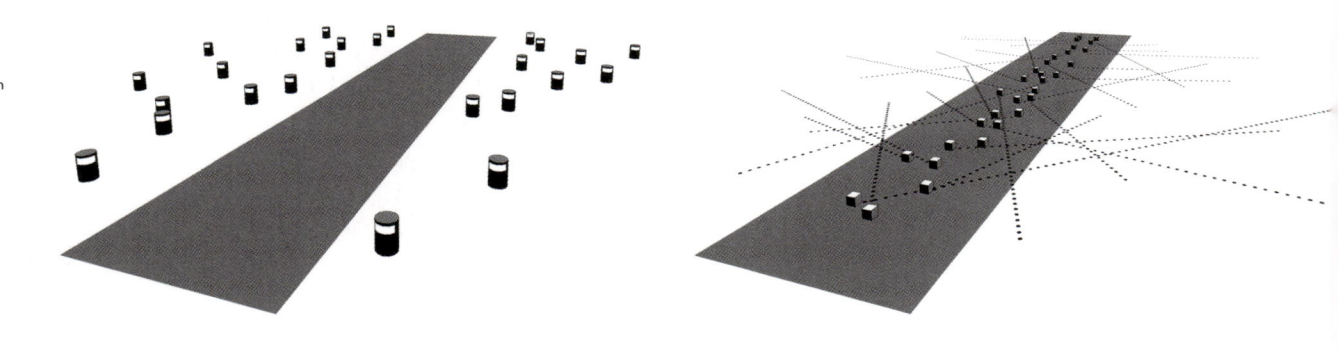

Donaustadtstraße, Wien | Vienna

107

108

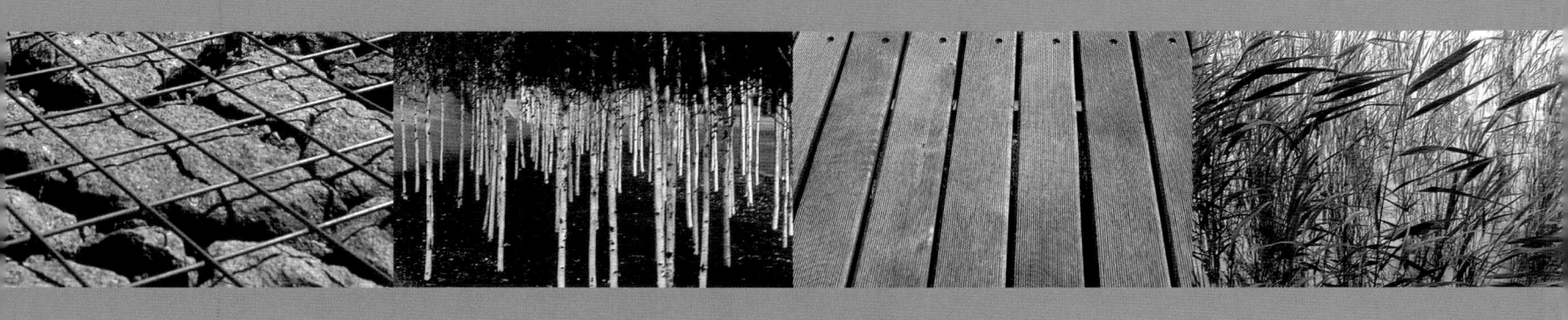

# Rekombination
# Recombination

+ Die Arbeiten des Büro Kiefer bezeichnen einen Übergang in der Landschaftsarchitektur. Der kompensatorischen Begleitung von Stadtentwicklung, Architektur und Regionalentwicklung folgt die kompositorische Entwicklung neuer Raumtypologien. Stadt und Landschaft ebenso wie Haus und Garten werden als integrierte Bestandteile eines übergeordneten Raumbegriffs, nicht mehr als sich ergänzende Gegenstücke verstanden.

+ Kiefer nennt diese Produkte „Hybride". In diesen ist die strukturell romantisch induzierte „Gegenwelt" der Landschaft zwar als Zitat aufgehoben, damit aber zugleich auf neuer Stufe kultiviert worden. Das Raumhybrid ist Rückbindung in die Geschichte der Gartenkunst und der Landschaftsarchitektur wie zugleich ihre Überwindung. Statt einer „Verlandschaftlichung der Städte" verfolgt Kiefer eine „Entlandschaftlichung" durch die Hybridisierung von Architektur, Städtebau und Landschaftsarchitektur.

+ Der Begriff „Hybrid" wird im Architekturdiskurs meist auf eine neuartige, beispielsweise eine virtuelle und zugleich realräumliche Dimension bezogen. So verschränkt sich das Gegensatzpaar des realen und des virtuellen Raums im Hybrid zu einem Dritten, zur digitalen Welt oder zur virtuellen Realität. Landschaftshybride haben demgegenüber selbst als Ausdruck der Kreation zugleich eine antithetische Bedeutung, eine Verbindung zur Idee der Natur, zum Ursprünglichen. Landschaftshybride überwinden zwar das Entweder-Oder von Natur oder Kultur, von Landschaft oder Stadt, ohne dabei die Gegensätzlichkeit der Atmosphären zu negieren.

Bisher sind diese Landschaftshybride in ihrer Funktion meist auf Freizeit und Erholung, auf die Reproduktion festgelegt. Das Büro Kiefer arbeitet nun an der Schnittstelle zwischen produktiven und reproduktiven Räumen. Die Zukunft wird Entwürfe zeigen, die auch Stoff- und Produktionskreisläufe in diese an der Freizeitgesellschaft trainierten Hybridisierung von Raum und Atmosphäre einbezieht. Erste Ansätze zeigen die Arbeiten des Büro Kiefer, wo sie – wie im Fall der Biosphäre Potsdam – Innen- und Außenraumhybride schaffen.

+ Dass sich Architektur und Landschaftsarchitektur, Bauwerk und Atmosphäre als Rauminterpretationen auf diesem Wege annähern, folgt aus der wachsenden Bedeutung körperlicher, sinnlicher Wahrnehmung. Aufgrund der fortschreitenden Verlagerung sozialer Kontakte ins Virtuelle wird die eigene körperliche Wahr-

*+ Büro Kiefer's work marks a transition in landscape architecture. Compensatory accompaniment of urban development, architecture and regional development is followed by compositorial development of new spatial typologies. City and landscape like house and garden are seen as integrated components within a higher spatial concept, and no longer as complementary counterparts.*

*+ Kiefer calls these products 'hybrids'. Here the structurally romantically induced 'counter-world' of landscape has been cancelled out as a quotation, but at the same time cultivated at a new level. The spatial hybrid ties back into the history of garden art and landscape architecture, and at the same time overcomes that history. Rather than 'landscaping cities', Kiefer 'de-landscapes' by hybridizing architecture, urban development and landscape architecture.*

*+ In architectural discourse, the term 'hybrid' usually refers to a new dimension, for example a dimension that is virtual and at the same time real in spatial terms. Thus the contrasting pair, the real and the virtual space, intertwine in the hybrid to form a third entity, the digital world or virtual reality. In contrast with this, landscape hybrids also have an antithetical meaning as an expression of total creation, linked to the idea of nature, of the original. Landscape hybrids overcome the either-or of nature or culture, of landscape or city, but without negating atmospheric contrasts.*

*So far the function of these landscape hybrids has been directed mainly at leisure and recreation, at reproduction. Büro Kiefer is now working on the interface between productive and reproductive spaces. The future will bring designs that also include material and production cycles in this hybridization of space and atmosphere trained by the leisure society. The first attempts show Büro Kiefer's works creating hybrids of indoor and outdoor space – as in the case of the Potsdam Biosphere.*

*+ The fact that architecture and landscape architecture, building and atmosphere are coming closer to each other on this path as spatial interpretations derives from the growing importance of physical, sensual perception. Given the progressive shift of social contacts into the virtual, one's own physical perceptions become something special. Built space as space that can be experienced concretely becomes valuable when it is able to emphasize sensual experience. Here the potentials of landscape architecture can also be used for architecture and urban development.*

nehmung zum Besonderen. Gebauter Raum als konkret erfahrbarer Raum wird wertvoll, wo er die sinnliche Erfahrung zu betonen weiß. Hier sind die Potenziale der Landschaftsarchitektur auch für Architektur und Städtebau nutzbar.

+ Es ist eine besondere städtebauliche Kompetenz, die konzeptionelle wie realisierte Arbeiten des Büro Kiefer auszeichnet. Dabei ist diese Kompetenz nicht als eine respektvolle Sensibilität für überkommene Stadtbilder zu verstehen. Vielmehr ist das Büro Kiefer aktiver Teil der Entwicklung einer neuen Lesbarkeit von Städten, neuer stadträumlicher Ordnungen, neuer stadtlandschaftsräumlicher Hybride.

+ Diese Landschaftsarchitektur Kiefers ist nur als postindustrielle Produktion von Raum, nicht mehr als Entwurf von Elementen eines Gleichgewichtes aus Produktion und sozialer wie ökologischer Reproduktion möglich. Schon gar nicht repräsentiert der gestaltete Raum heute eine gesellschaftlich-hierarchische Botschaft von Macht, Machtausgleich oder Gegenwelt. Vielmehr ist der Raum – mit sich selbst identisch und damit potenziell Identität stiftend – nicht mehr als Abbild einer Identität zu verstehen.

## Einheit + Unterschiedlichkeit

+ Die Kontinuität der Geschichte und die Kontinuität der Ideen sind bestimmend für die Arbeiten des Büro Kiefer. Die Betonung der Kontinuität schließt die Ablehnung einer an Stilen orientierten Arbeitsweise ein. Stil bedeutet Kiefer wenig, ist „nur" Ornament und als solches austauschbar, zeitbedingt und vergänglich. Die Idee dagegen gilt es zu betonen, im Entwurf herauszuarbeiten. Die (geistige) Einheit der Dinge in ihrer formalen Unterschiedlichkeit beschäftigt Kiefer. Das schließt das Wissen um die Entwicklung der Gartenkultur wie der Landschaftsarchitektur notwendig ein.

+ Ideen findet das Büro Kiefer im Raum als einem mehrdimensionalen räumlichen wie geistig-kulturellen Zusammenhang. Notwendig ist der im Kapitel I dargestellte analytische Prozess der Identifizierung der räumlichen, atmosphärischen und geistigen Einflüsse, die einen Raum als Ort identifizierbar und damit wieder erkennbar machen. Hier zeigen die Arbeiten Kiefers strukturalistische Einflüsse.

In den Entwürfen und in jedem der einzelnen Arbeitsschritte
- Identifizieren
- Separieren
- Potenzieren
- Schließen und Kombinieren

fragt Kiefer: „Was kann ich aus meinem Leben entfernen, damit es noch schöner wird? Eine Gegenwelt zur heutigen, alltäglichen Reizüberflutung zu schaffen, kann nur auf dem Grundprinzip der Reduktion basieren. Ziel ist die Schaffung klarer unverwechselbarer Orte, die den Kontext würdigen und aus diesem die übergeordnete Idee ziehen."

+ Was in der Analyse als Trennung, Separation und als Subtraktion oder als Aufspaltung der Einflüsse wie ein chirurgisch exakt geführter Schnitt erscheint, muss in weiteren Entwurfsphasen wieder zusammengeführt werden. Separierte Vielfalt wird rekombiniert.

+ Prinzipien des Entwurfs wie „Serialität" oder „Rahmen" und „Füllung" lassen hierbei die Möglichkeiten, jeden Raum individuell zu „entwerfen". Als Landschaftsarchitekt wie als Betrachter.

So entstehen Strukturen, die anfangs statisch erscheinen mögen, sich jedoch sukzessive verwandeln – im Tages- und Jahreszeitenlauf und durch die Besetzung

+ *The works Büro Kiefer has both conceived and realized show particular urban development competence. But this competence is not to be understood as a respectful sensitivity to traditional urban images. On the contrary, Büro Kiefer is playing an active part in developing a new intelligibility for cities, new urban development orders, urban-landscape hybrids.*

+ *This Kiefer landscape architecture is possible only as post-industrial production of space, no longer as a design containing elements of a balance of production and social and ecological reproduction. Designed space today definitely does not represent a social-hierarchical power message. In fact space – identical with itself, and thus potentially creating identity – is no longer to be understood as a copy of an identity.*

## *Unity + difference*

+ *The continuity of history and the continuity of ideas are defining factors for Büro Kiefer's work. Emphasizing continuity includes rejecting a style-based working method. Style means little to Kiefer, it is 'mere' ornament, and as such exchangeable, time-dependent and transitory. What has to be emphasized, made conspicuous in the design, is the idea. Kiefer is concerned with the (intellectual) unity of things in their formal difference. This necessarily includes knowledge about the development of garden culture and of landscape architecture.*

+ *Büro Kiefer finds ideas in space as a multi-dimensional spatial and intellectual-cultural context. Here the analytical process described in Chapter I comes into play, identifying the spatial, atmospheric and intellectual influences that make a space identifiable and this recognizable again. Here Kiefer's works show structuralist influence.*

*In the designs, and in each of the working steps*
- *identifying*
- *separating*
- *intensifying*
- *concluding and combining*

*Kiefer asks: 'What can I remove from my life to make it even better? A counter-world to today's everyday overstimulation can be based only on the basic principle of reduction. The aim is to create clear, unmistakable places that respect the context and draw the higher idea from this.'*

+ *In the later design phases, things that seemed like a precise surgical incision on the analysis in the form of division, separation and as subtraction or splitting off have to be brought back together again. Separated diversity is recombined.*

+ *Design principles like 'seriality' or 'frame' and 'filling' create the possibility of 'designing' each space separately. For the landscape architect and for the viewer.*

*This creates structures that may seem static at first, but consistently transform themselves – with the passage of the days and seasons and through being occupied by people. Restriction to a few elements offers users the freedom of interpretative possibilities.*

*The term 'serial landscape architecture' also implies an open space composition that tries to reduce the design principle for its part to a formula and thus create the greatest possible coherence. Traditional images are transformed into sequences that lead to spatial and formal harmony. Here landscape architecture is no longer the production of images, but above all responsible for configuring systems that reflect dynamic complexity.*

Rekombination | Recombination

durch Menschen. Die Beschränkung auf wenige Elemente bietet dem Nutzer die Freiheit interpretatorischer Möglichkeiten.

Der Begriff „serielle Landschaftsarchitektur" bedeutet zudem eine Freiraumkomposition, die das Gestaltungsprinzip ihrer Teile auf eine Formel zu bringen versucht und somit größtmöglichen Zusammenhang schafft. Traditionelle Bilder wandeln sich in Abläufe, die zu einem räumlichen und formalen Einklang führen. Dabei ist die Landschaftsarchitektur nicht mehr der Bildproduktion, sondern der dynamischen Komplexität reflektierender Systeme verantwortlich.

## Neue Orte

+ Das Büro Kiefer definiert die Aufgabenfelder der Landschaftsarchitektur, die Arbeitsorte, anhand aktueller Kategorien der Planung: Der öffentliche Raum als Gerüst der Städte wird gebildet aus Straßenräumen und formalen wie informalisierten infrastrukturellen Verbindungen. Die Gestaltung dieses Raumes erfordert größtmögliche gestalterische Zurückhaltung, um eine weitgehend neutrale Benutzeroberfläche für eine pluralistische und individualisierte Gesellschaft zu schaffen.

+ Irritationen, Variationen des Seriellen, Hervorhebungen und gestalterische Betonungen stehen den besonderen öffentlichen Orten zu, den Knoten im Netz der Städte und Räume: dem Platz, dem Park, den Orten der Repräsentation.

+ Die privaten und halbprivaten Orte hingegen, die Höfe und Gärten, sind weniger dem Repräsentieren als vielmehr der Reflexion gewidmet. Die Abgrenzung zum gesellschaftlichen Raum bringt hier weniger Einflüsse und Zwänge mit sich, gegen die Landschaftsarchitektur Orientierung setzen muss, und erlaubt so mehr individuelle Gestaltungsfreiheit.

+ Hinzu fügt Kiefer die „neuen Orte", die Peripherien, Verkehrsareale, Konversionsflächen. Diese Folgen modernen Städtebaus, denen Funktionen auf Kosten der Identität gegeben wurden, sind eine Herausforderung, der die Landschaftsarchitektur mit neuen Bildern antwortet. Die städtischen Hybride werden durch das Büro Kiefer nicht negiert, sondern qualifiziert und gestärkt, gegebenenfalls auch kontrastiert.

## Vielfalt <> Reduktion

+ Systematisch entwerfen. Analytisch entwerfen. Das Entwerfen eines Gartens entspricht im Prinzip dem Entwerfen eines Platzes, eines Parks, jedes Freiraums. Im Mittelpunkt des analytischen Entwurfsprozesses stehen zwei gegenläufige, aber unabdingbar verbundene Prinzipien: Vielfalt und Reduktion.

+ Diese „treten solange gegeneinander an", bis im Optimum eine Identität für jeden Raum, eine Identität des Ortes gefunden ist. Schlüssel zu den Arbeiten bieten Begriffe wie Kontext, Raum- und Strukturgerüst, Begrenzungen, Überlagerungen, Separationen. Die gestalterische Anwendung: Eindeutigkeit, Angemessenheit, Potenzierung, Rekombination.

+ Dagegen steht eine profane Ornamentik, die den Alltag im Übermaß bestimmt. Kiefer stellt sich einer solchen Verschönerung auf Kosten der Eindeutigkeit entgegen. Deshalb verziert ihre Landschaftsarchitektur nicht, sondern gibt Orientierung.

## *New places*

*+ Büro Kiefer defines landscape architecture's range of tasks, the places where it works, in terms of current planning categories: public space, as the framework of cities, is built up of street spaces and form and informalized structural links. Designing this space requires the greatest possible creative reticence in order to make a largely neutral user interface for a pluralistic and invidualized society.*

*+ Particular public places, the nodes in the network of cities and spaces: squares, parks, prestigious, representative places, are entitled to disturbances, variations on the serial, emphases and creative stresses.*

*+ Private and semi-private places on the other hand, courtyards and gardens, are devoted less to representation than to reflection. Demarcation from social space means fewer influences and constraints here that landscape architecture has to counter with orientation devices, and so more individual creative freedom is allowed.*

*+ To these, Kiefer adds the 'new places', the peripheries, transport sites, conversion areas. These consequences of modern urban development, which have acquired their function at the expense of identity, present a challenge to which landscape architecture responds with new images. Büro Kieger does not negate urban hybrids, but empowers and reinforces them, providing contrasts where necessary.*

## *Diversity <> reduction*

*+ Designing systematically. Designing analytically. In principle, designing a garden is the same as designing a square, a park, any open space. Two principles that run counter to each other but are inevitably linked with each other are at the centre of the analytical design process: diversity and reduction.*

*+ Diversity and reduction 'work against each other for as long as' it takes to find at best an identity for every space, an identity for the place. Terms like context, spatial and structural framework, limitations, superimposition, separation are the key to the works. Creative application is in terms of lucidity, appropriateness, intensification, recombination.*

*+ Against this is set a mundane approach to ornament that defines normality to an excessive degree. Kiefer is opposed to such prettification at the expense of lucidity. This is why her landscape architecture does not decorate, but provides orientation.*

## *Beautiful = perfect?*

*+ Design as a development process is never aimless, never just an end in itself. 'Today processes happen to keep others on the move, but not to achieve beauty, because that requires a special effort.' The composer Karl Stockhausen sets the aim of perfection against the perpetuum mobile of processual work. Beauty is produced in the eye of the beholder only if something is perfected, completed.*

*Büro Kiefer's landscape architecture is creative in this sense, in other words it does not just separate analytically, but perfects. Even if it does not produce a complete, above all not a rigid image, landscape architecture, which does not see itself as an art in its own right, is ultimately oriented towards the*

## Schön = Perfekt?

+ Der Entwurf als Entwicklungsprozess ist nie ziellos, nie nur Selbstzweck. „Heute finden viele Prozesse nur statt, um andere in Gang zu halten, aber nicht, um Schönheit zu erreichen, weil das eine besondere Anstrengung verlangt." Der Komponist Karl Stockhausen stellt das Ziel der Perfektion gegen das perpetuum mobile des prozessualen Arbeitens. Nur etwas zu vollenden, etwas fertig zu stellen, bringe im Auge des Betrachters Schönheit hervor.

In diesem Sinne kreativ, also nicht nur analytisch trennend, sondern vollendend ist die Landschaftsarchitektur des Büro Kiefer. Selbst wenn sie kein fertiges, vor allem kein starres Bild anstrebt, ist auch die Landschaftsarchitektur, die sich nicht als autonome Kunst versteht, letztlich auf ein Gesamtkunstwerk orientiert. Kiefer gibt diesem Gesamtkunstwerk einen Einflussraum und zugleich einen Rahmen vor, statt es selbst zu schaffen. Das Bild, auch seine Schönheit, liegt dann im Betrachter selbst. Der Prozess des Entwerfens wird gespiegelt im Prozess des ästhetischen Urteilens.

+ Stockhausen begründet seinen Schönheitsbegriff: „Vom Mittelhochdeutschen her ist ‚schön' gleichbedeutend mit ‚fertig'. Und nicht-schön heißt: noch-nicht-fertig. In unserer Sprache ist ‚schön' also ein Zeitbegriff, eine Vollendungsbeschreibung." (Stockhausen 2002) Vollendung (als Anspruch) und Veränderung (als offene Möglichkeit) sind Schlüssel zum Verstehen der Kiefer'schen Entwurfslogik, die den Anspruch des „Fertigens" integriert. Nicht einer harmonia mundi wird nachgeeifert, stattdessen an den Optimierungen der weltlichen Vielfalt in ihren Veränderungen gearbeitet.

+ Kiefer spricht von der möglichen optimalen Lösung einer Aufgabe im Entwurf. Perfektion wird angestrebt. Das macht Schönheit aus und schließt andere Bedürfnisse wie Orientierung, Schutz vor Regen und Sonne oder den Wunsch nach Ruhe wie nach Abwechslung ein. Zugleich betont Kiefer die Komplexität der Urteilsfindung und die notwendige Offenheit des Arbeitsansatzes. Kiefer bezieht sich hier auf Rem Koolhaas, der die Schwierigkeit beschreibt, „sich nicht durch seine eigenen Urteile zu behindern. Es geht darum, die Phase vor der eigentlichen Beurteilung kreativ zu nutzen, die für mich eine Mischung aus unbewusster und bewusster Entscheidung ist. Mit anderen Worten: Die Erzeugung eines a-moralischen, experimentellen Raumes, in dem sich eine ganz eigene Art von Logik frei entfalten kann, ohne Rücksicht darauf, wohin sie führt." (Koolhaas 1993)

+ Der Garten, die Landschaft, der städtische Raum sind in besonderer Weise geeignete Experimentierfelder. Insbesondere Baukultur ist begründet im Anspruch der Vollendung, der Schönheit. Gartenkultur, Landschaftsarchitektur fügt hier die beständige Veränderung des Schönen hinzu.

Daher darf die Entwurfslogik des Büro Kiefer keineswegs als eine vom Ort gelöste, allein aus geistiger Disputation genährte Haltung verstanden werden. Auch nicht als Ablehnung von Emotionalität. Farben, Pflanzen, Materialien werden reduziert, aber immer so eingesetzt, dass Gefühle ermöglicht, nicht ausgeschlossen werden.

Als „Landschaft" überzeugen nicht die Eindrücke in ihrer Vielfalt, sondern in ihrer größtmöglichen Klarheit. Diese Reduktion auf Wesentliches bestimmt die landschaftsarchitektonischen Entwürfe aus dem Büro Kiefer.

## Vielfalt -> Klarheit

+ Die Vielzahl und die Vielfalt möglicher Bezugsebenen bestimmen die Komplexität des Entwerfens. Relevant ist das Detail. Relevant der Raum, der Gesamtkunstwerk. Kiefer provides this Gesamtkunstwerk with an area of influence and a frame at the same time, instead of creating it. The image, and also its beauty, then lies in the viewer. The design process is reflected in the process of aesthetic judgement.

+ Stockhausen justifies his concept of beauty like this: 'In Middle High German 'schön' (beautiful) means the same as 'fertig' (finished, complete). And not 'schön' means not yet 'finished'. So 'schön' in our language is a temporal concept, a description of perfection.' (Stockhausen 2002) Perfection, completion (as a demand) and change (as an open possibility) are keys to understanding Kiefer's design logic, which integrates the demand for 'finishing'. Kiefer is not emulating a harmonia mundi, but working on optimizing worldly diversity in its changes.

+ Kiefer speaks of the possible optimum solution for a task in the design process. Perfection is being striven for. That constitutes beauty and includes other needs like orientation, protection against the rain and sun or the desire for quiet after change. At the same time, Kiefer stresses the complexity of making judgements, and the necessary openness of the working approach. Here Kiefer refers to Rem Koolhaas, who describes the difficulty of 'not hampering oneself with one's own judgements. It is about using the phase before the actual judgement creatively, which for me is a mixture of conscious and unconscious decision. In other words: creating an a-moral, experimental space in which a quite different kind of logic can develop freely, without considering where it might lead.' (Koolhaas 1993)

+ The garden, the landscape, urban space are suitable fields for experiment for a special reason. Building culture in particular is founded on the demands of perfection, of beauty. But garden culture and landscape architecture add constantly changing beauty to this. This is why Büro Kiefer's design logic should not be seen as an approach that is detached from the place, and nourished by intellectual dispute alone. And also not as rejecting emotion. Colours, plants, materials are reduced, but always used in a way that encourages rather than excludes emotion.

As 'landscape', impressions do not convince by their diversity, but by the greatest possible clarity. This reduction to essentials determines Kiefer's landscape architecture designs.

## Diversity -> clarity

+ The complexity of the design process is determined by the multiplicity and variety of possible planes of reference. Detail is relevant. Space is relevant, context, which allows other impressions to come in alongside the ones suggested by the designer. Anyone who designs also has to see (in advance) the aspects of this context that cannot be directly affected by the design. At this point at the latest phenomenological thinking has to be extended to include combining, and drawing conclusions.

+ Anticipating uses as well as position in a space (and also possible changes to this) forms the basis of successful design. For this reason every design needs imagination as well as empirical knowledge, needs the ability to assess the probable development processes of social reality, needs inspiration as well as cool, objective analysis.

+ It is possible to experience this context of complex influences, to describe and analyse it. Kiefer analyses. But the aim is not scientific cognition, not just functional analysis and classification, but a logical design that is creative and at the same time logical. Recombination follows separation.

Rekombination | Recombination

Kontext, der weitere Eindrücke neben die treten lässt, die der Entwerfende selbst suggeriert. Wer entwirft, muss diesen Kontext auch in den Aspekten (voraus)sehen, in denen er durch den Entwurf nicht direkt zu beeinflussen ist. Spätestens an diesem Punkt muss das phänomenologische Denken um das Kombinieren und Schlussfolgern erweitert werden.

+ Nutzungen ebenso wie die Lage in einem Raum (auch in möglichen Veränderungen) zu antizipieren, ist die Basis erfolgreichen Entwerfens. Daher benötigt jeder Entwurf Phantasie ebenso wie Erfahrungswissen, benötigt Einschätzungsvermögen gegenüber den wahrscheinlichen Entwicklungsprozessen gesellschaftlicher Realität, benötigt Inspiration wie nüchtern-sachliche Analyse.

+ Man kann diesen Kontext komplexer Einflüsse erfahren, kann ihn beschreiben und analysieren. Kiefer analysiert. Doch nicht wissenschaftliche Erkenntnis ist das Ziel, nicht allein funktionelles Verstehen und Zuordnen, sondern der kreative und gleichzeitig logische Entwurf. Der Separation folgt die Rekombination.

+ Solche Rekombination kann Vorgefundenes aus einem Kontext lösen, um neue Potenziale, neue Bezüge zu entdecken und im Entwurf darzustellen. Rekombinationen können nicht sichtbare, quasi „verschüttete" Inhalte eines Ortes an die Oberfläche holen. Und mittels der Rekombinationen lassen sich Objekte – aus ihrer gewohnten Umgebung gelöst – als ready mades in einem Freiraumzusammenhang so einsetzen, dass dieser Zusammenhang gleichsam neu entsteht.

+ Die Arbeiten des Büro Kiefer überzeugen, weil sie weitaus mehr leisten, als Frei-Räume gestalterisch zu füllen. Vielmehr bringt Kiefer diese Räume als Orte, als Strukturgerüst von Stadtlandschaft, als lesbare Städte erst zum Entstehen, bereitet sie für ihre Wahrnehmung vor.

+ Das Büro Kiefer weist der Landschaftsarchitektur eine konstitutive Rolle des Ordnens, Orientierens und Öffnens zu, welche an die besten Traditionen der Profession anknüpft, ohne in Respekt vor diesen zu erstarren. Die Landschaftsarchitektur des Büro Kiefer ist in besonderer Weise zeitgemäß: nicht nachbildend, sondern in Frage stellend, um Landschaft und Stadt zu neuen Raumbildern zu entwickeln. Eindrückliche Rekombinationen bestätigen die Gestaltbarkeit von Entwicklungen und die logische Entwicklungsmöglichkeit von Gestaltungen. Die Landschaftsarchitektur des Büro Kiefer ist Anregung und Ausdruck von Zukunft in der Gegenwart.

*+ Recombination of this kind can detach what has been found in situ from a context in order to discover new potentials and relations and present them in the design. Recombinations can bring significant aspects of a place that are not visible, but almost 'buried', to the surface. And recombination can be used to place objects – detached from their usual surroundings – in an open-air context as ready mades in such a way that this context is effectively recreated.*

*+ Büro Kiefer's work is convincing because it achieves far more than filling up open spaces creatively. In fact Kiefer brings these places into being as places, as a structural framework for urban landscape, as intelligible cities. She prepares them to be perceived.*

*+ Büro Kiefer accords landscape architecture a constitutive role of ordering, orientating and opening that takes up the profession's best traditions without being paralysed by respect for them. Büro Kiefer's landscape architecture is particularly appropriate to its times because it does not copy, it questions, in order to develop landscape and city into new spatial images. Impressive recombinations confirm that developments can be designed and that designs can be developed logically. Büro Kiefer's landscape architecture proposes and expresses the future in the present.*

1 - Natur- und Erholungspark Adlershof, Berlin | Adlershof Nature Reserve and Recreation Park, Berlin

2 - Reudnitz-Park, Leipzig

3 - Allerpark, Wolfsburg

4 - Opfiker Park, Zürich Opfikon

0    500    1000    1500    2000    2400 m

# Park

Der Park ist die Kulturlandschaft höchster gestalterischer Konzentration und Qualität. Die reproduktive Funktion eines Parks läßt ästhetische und sinnliche Qualitäten in den Vordergrund vor produktionsökonomischen Verwertungs- und Nutzungskriterien treten.

Dennoch ist der Park nicht Selbstzweck, sondern zugleich Höhepunkt und Pause im stadträumlichen Kontext. Die Null in einer digitalen Welt. Und gerade deshalb keine Leerstelle, sondern der Kontrast zur funktionellen Verwertungslogik städtischer Alltagsökonomie. Bis heute wird der Park als Rückzugsraum empfunden und der Erholung zugeordnet. Zugleich werden seine Nutzungen immer vielfältiger. Räumlich flexible geistige Produktivität und körperliche Fitness finden ihren Ort zunehmend im städtischen und vorstädtischen Park. Ort der Begegnung und Erholungsraum, Rückzug und Kommunikation überlagern sich aufgrund wachsender technischer und sozialer Kommunikationskompetenz. „Park" wird so immer mehr vom Kunstwerk zum Qualitätssiegel, vom Repräsentations- zum Kommunikationsraum und heute zur „Werbebotschaft", zum Ausweis von sozialer und räumlicher Qualität.

Umso wichtiger, im Park nicht die Erlebniskonkurrenz zu Warenwelten zu sehen. Ein angemessen gestalteter Park kann helfen, Gedanken zu fassen und zu ordnen. Beschränkt wird daher der konstitutive Charakter der Erholung und Freizeit zugunsten einer komplexen und eben deshalb in der Konzentration der Reduktion hervorgehobenen stadträumlichen Ordnung und Qualität.

Zudem ist der Park über alle Kulturunterschiede und -kategorien hinweg seit jeher als dasjenige Kunstwerk anerkannt, das einer permanenten Veränderung und Bearbeitung unterliegt. Selbst die künstlerischen Genres jüngeren Datums wie die Filmkunst, denen die Veränderungen der Bilder immanent sind, verweisen immer auf den Zeitraum ihrer Entstehung, während das Gartenkunstwerk, darin wohl den Bearbeitungen der Komposition eines Musikstückes am ähnlichsten, einer ständigen Veränderung unterliegt. Im Park ist demnach aufgehoben, was den generellen Unterschied der Landschaftsarchitektur zur Baukunst und Architektur ausmacht. Während der Architekt in Konstruktion und Gestalt eines Gebäudes die zukünftige Wirkung und Funktion im Entwurf vorwegnimmt, muss der Landschaftsarchitekt auch im Entwurf immer den Faktor der Veränderungen durch Jahreszeiten, Pflanzenwachstum, klimatische Einflüsse und Pflegetätigkeiten sowie das ästhetische Empfinden späterer Nutzer und Besucher einbeziehen. Der landschaftsarchitektonische Entwurf gibt ein mehr oder weniger dynamisches System vor. Dieses kann zwar an einer Ideallandschaft orientiert sein, kann diese aber nicht auf einen bestimmten Zeitpunkt hin festlegen. Landschaftsarchitektur umfasst auch den Prozess nach dem Entwurf eines Parks.

Dass Parks und Gärten „kontinuierliche Infusionen an menschlicher Energie" benötigen, wie John R. Stilgoe in „Built Landscapes" schreibt, lässt die Leidenschaft erahnen, die Personen (und damit die Klienten wie die Landschaftsarchitekten) für „ihren Garten" aufbringen können. „Indeed it is impossible for any man to have any considerable collection of Noble Plants to prosper, unless he love them, warned John Rea in his 1665 garden design guidebook, A Complete Florilege, for neither the goodness of the soil, nor the advantage of the situation will do it, without the master's affection." (Stilgoe 1984)

*The park is the cultural landscape with the greatest concentration and design quality. The reproductive function of a park gives aesthetic and sensual qualities precedence over production-economic evaluation and use criteria.*

*And yet a park is not an end in itself, but both a climax and a break within the urban context. The nought in a digital world. And precisely for that reason not an empty space, but a contrast with the functional evaluation logic of the everyday urban economy. Parks are still seen as places of retreat and recreation. At the same time their uses become constantly more varied. Spatially flexible intellectual productivity and physical fitness increasingly find their place in urban and suburban parks. Meeting place and recreational space, retreat and communication overlap because of increasing technical and social communication competence. Thus a 'park' is constantly changing from being a work of art to being a seal of quality, from a prestigious space to a communication space and today to being an 'advertising message', a proof of social and spatial quality.*

*And so it is all the more important not to see parks as competing with the world of goods in terms of the experience they offer. An appropriately designed park can help people to collect and order their thoughts. Thus the constitutive recreation and leisure element is restricted to accommodate urban order and quality in a way that is complex, and thus emphasized in the concentration of its reduction.*

*As well as this, the park has always been acknowledged, beyond all cultural differences and categories, as the work of art that is subject to permanent change and revision. Even more recent artistic genres like film, in which image changes are inherent, always refer to the period in which they were created, while horticultural works of art, here probably most similar to work on the composition of a piece of music, are subject to constant change.*

*Thus parks contain the key to the general distinction between landscape architecture and building and architecture. While the architect anticipates the future effect and function of the construction and form of a building in the design, the landscape architect always has to include the factor of change brought about by the seasons, plant growth, climatic influences and maintenance activities in the design itself, as well as the aesthetic sensibilities of later users and visitors. A landscape architecture design sets up a more or less dynamic system. This can be aiming at an ideal landscape, but cannot pin it down to a particular point in time. Landscape architecture also includes the process after the park has been designed.*

*The fact that parks and gardens need 'continuous infusions of human energy', as John R. Stilgoe writes in his 'Built Landscapes', gives a sense of the passion that people (and thus clients as well as landscape architects) can feel for 'their garden'. 'Indeed it is impossible for any man to have any considerable collection of Noble Plants to prosper, unless he love them', warned John Rea in his 1665 garden design guidebook, A Complete Florilege, 'for neither the goodness of the soil, nor the advantage of the situation will do it, without the master's affection.' (Stilgoe 1984)*

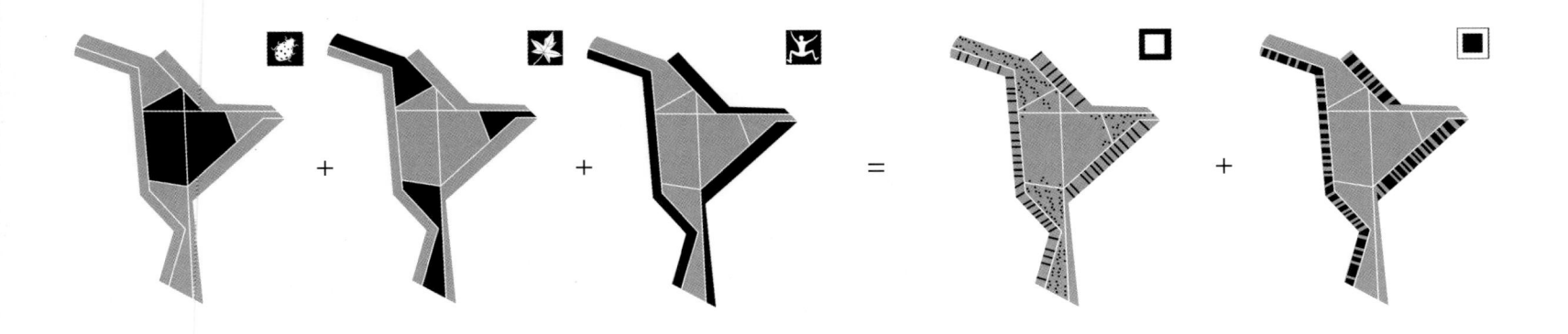

Drei Parks im Park: Das zentrale Naturschutzgebiet + der Landschaftspark in den städtebaulichen Fugen + der Aktivpark als Übergang zu den bebauten Bereichen ermöglichen unterschiedliche Atmosphären.
*Three parks in the park: the central nature conservation area + the landscaped park in the urban joints + the active park as a transition to the built-up areas make different atmospheres possible.*

Wege + Gabionen + Gehölze = Raumgerüst.
Sport-, Spiel- und Stadtgärten füllen sukzessive den Aktivpark.
*Paths + gabions + copses = spatial framework.*
*Gardens for sport and play, and town gardens, fill the active park successively.*

## Natur- und Erholungspark Adlershof, Berlin

*Adlershof Nature Reserve and Recreation Park, Berlin*

Für den Natur- und Erholungspark auf einem ehemaligen Flugfeld in Berlin-Adlershof, der „Stadt für Wissenschaft und Wirtschaft", entstand das Konzept eines klar gegliederten Parks mit aktiven und landschaftlichen Zonen. Auf dem Flugfeld starteten zu Beginn des 20. Jahrhunderts die ersten zivilen Motorflugzeuge in Deutschland. Doch nach zwei Weltkriegen und der Teilung der Stadt konnte das Flugfeld nicht mehr genutzt werden. Den Pionieren der Lüfte folgten Pioniere der Vegetation. Das Areal wurde zu einem vielfältigen Lebensraum städtischer Flora und Fauna.

Im Kern des Parks bleibt dieser Charakter eines Trockenrasenbiotops erhalten. Das Sichtbar-Machen der Geschichte stärkt die Identität des Ortes. „Gestaltung, die auf historische Bezüge verzichtet, bleibt abstrakt und theoretisch und verpasst die Chance, die Poesie des Ortes zu entdecken", betont Kiefer. Daher bleibt mit dem blütenreichen Trockenrasenbiotop ohne größeren Baumaufwuchs zugleich eine Weite des Raumes erhalten, die für das ehemalige Flugfeld wie für eine Phase der militärpolizeilichen Nutzung und für die Brache des letzten Jahrzehnts steht. Rechtlich ist diese Fläche als Naturschutzgebiet ausgewiesen, am Rande zugänglich ist sie nur über erhöht verlaufende Holzstege.

Der Aktionsraum des Parks dagegen, die Übergänge zur umgebenden Stadt, entstehen in Form der Parkkammern. Diese nehmen den Stadtgrundriss der Wissenschaftsstadt auf und geben – mit Baumstreifen abgegrenzt – verschiedenen Nutzungen ihre Orte. Die Nutzungen sind nicht festgelegt. Interessiert ist die Landschaftsarchitektin vor allem am „Raumgerüst", das in Form von Blickachsen aus der Wissenschaftsstadt in die Weite des Parks auch den Städtebau beeinflusst. „Ich biete den Rahmen, die Nutzer die Füllung, so schlicht entstehen gute Parkanlagen."

*The concept for the nature reserve and recreation park on a former airfield in Adlershof, Berlin, the 'Science and Commerce City', suggests a clearly articulated park with active and landscape zones. Germany's first civilian engine-powered aircraft took off from the airfield in the early 20th century. But after two world wars and the division of the city it was no longer possible to use the airfield. The air pioneers were followed by pioneers of vegetation. The site became a diverse biotope for urban flora and fauna.*

*The core of the park retains the character of a dry grassland biotope. Making history visible reinforces the identity of the place. 'Design that ignores historical connections remains abstract and theoretical, and misses the opportunity to discover the poetry of the place,' insists Kiefer. Thus the blossom-rich dry grass biotope without any large trees retains a spatial breadth representing the former airfield and also a phase of use by the military police, and then again the waste land the site became in the last decade. This area is legally designated a nature conservation area, and is accessible at the periphery only via raised wooden walkways.*

*But the active area of the park, which forms a transition to the surrounding town, is created in the form of park chambers. These pick up the ground plan of the Science and Commerce City and accommodate various uses – bordered by lines of trees. The uses are not fixed. Gabriele Kiefer is interested above all in a 'spatial framework' that also influences urban development in the form of views from the Science City into the broad sweep of the park. 'I offer the frame, and the users provide the filling, that is how good parks come into being.'*

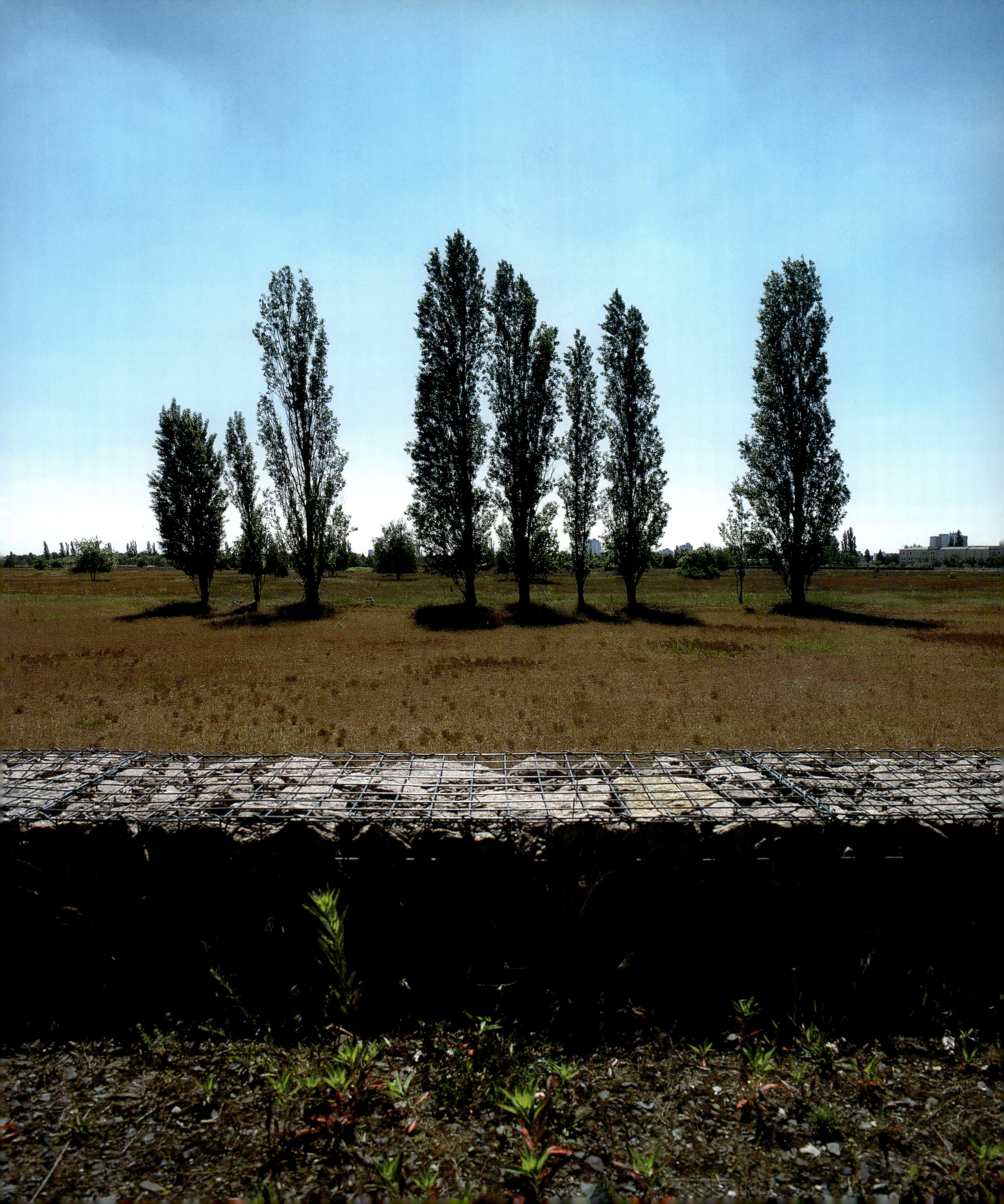

Schafe übernehmen die Biotop-Pflege im Park. Ohne zusätzlichen Stoffeintrag stellt sich ein Gleichgewicht aus Werden und Vergehen ein.
*Sheep take over biotope care in the park. A balance between coming into being and passing away is struck without additional substance input.*

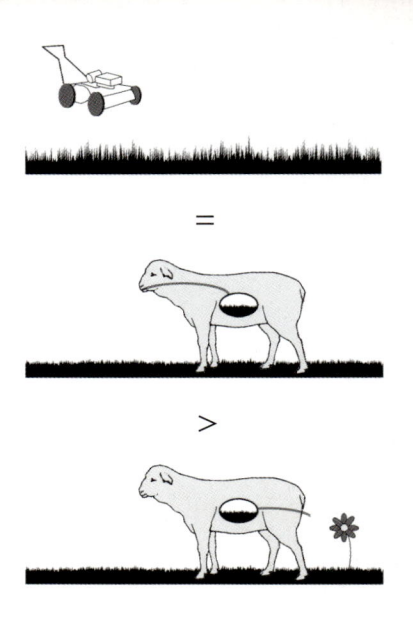

Das „Gerüst" eines Parks muss den Zusammenhalt der Räume wie auch ihre Abgrenzung ermöglichen. Es muss als tragende Struktur, nicht als Ornamentik sichtbar werden – eine Herausforderung an Konzept und Material. Und das Raumgerüst muss auf flexible, variable Nutzungsanforderungen je nach Zeitgeist und Nutzer ausgelegt sein.

Das Büro Kiefer machte den Landschaftscharakter zum Kern des Entwurfs. Trockenrasen und High-Tech-Forschung nicht als Gegensätze, sondern als dialektisch aufeinander bezogene (Zivilisations-)Phänomene zu zeigen, ist Thema des Parks.

Heute ist die inszenierte Weite ein starker Kontrast zu der baulich zunehmend verdichteten Stadt, die rund um den Park mit Standorten für die Humboldt-Universität, für Wissenschaftseinrichtungen und Medienproduzenten entsteht. Dennoch ist die Weite des Parks keine Negation des Städtischen. Arkadien ist in diesem Park zum Element des Städtischen geworden.

*The 'framework' of a park has to make the various spaces cohere as well as providing them with borders. It must make an impact as a support structure, not as ornament – a challenge to both concept and material. And the spatial framework must be able to accommodate flexible, variable challenges in terms of use, depending on the zeitgeist and the particular user.*

*Büro Kiefer made the landscape architecture the core of the design. The idea of the park is not to present dry grass biotope and high-tech research as opposites, but as phenomena (of civilization) that relate to each other dialectically. Today the wide expanses of this park form a marked contrast with the town that is growing up increasingly densely around it, with sites for the Humboldt University, for scientific facilities and for media producers. And yet the broad sweep of the park does not negate the urban quality. Arcadia has become an urban element in this park.*

Baumgruppen entfalten durch ihre „Entmischung" des standortgerechten Eichen-Kiefern-Waldes eine besondere atmosphärische Wirkung: In Längsrichtung bilden Nadelbäume (Kiefern) neue Raumkorridore, die mit nur von Laubbäumen (Eichen) flankierten Flächen abwechseln.
*Tree groups, because of their 'segregation' of the site-appropriate oak and pine wood, create a special atmospheric effect: longitudinally, conifers (pines) form new spatial corridors alternating with areas flanked only by deciduous trees (oaks).*

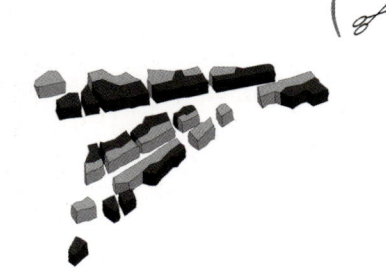

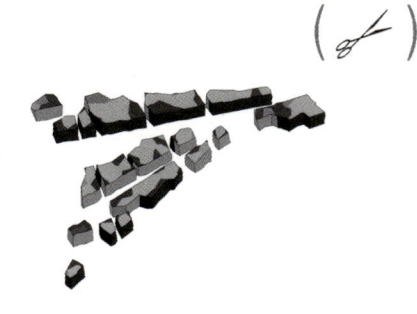

# Natur- und Erholungspark Adlershof, Berlin | Adlershof Nature Reserve and Recreation Park, Berlin

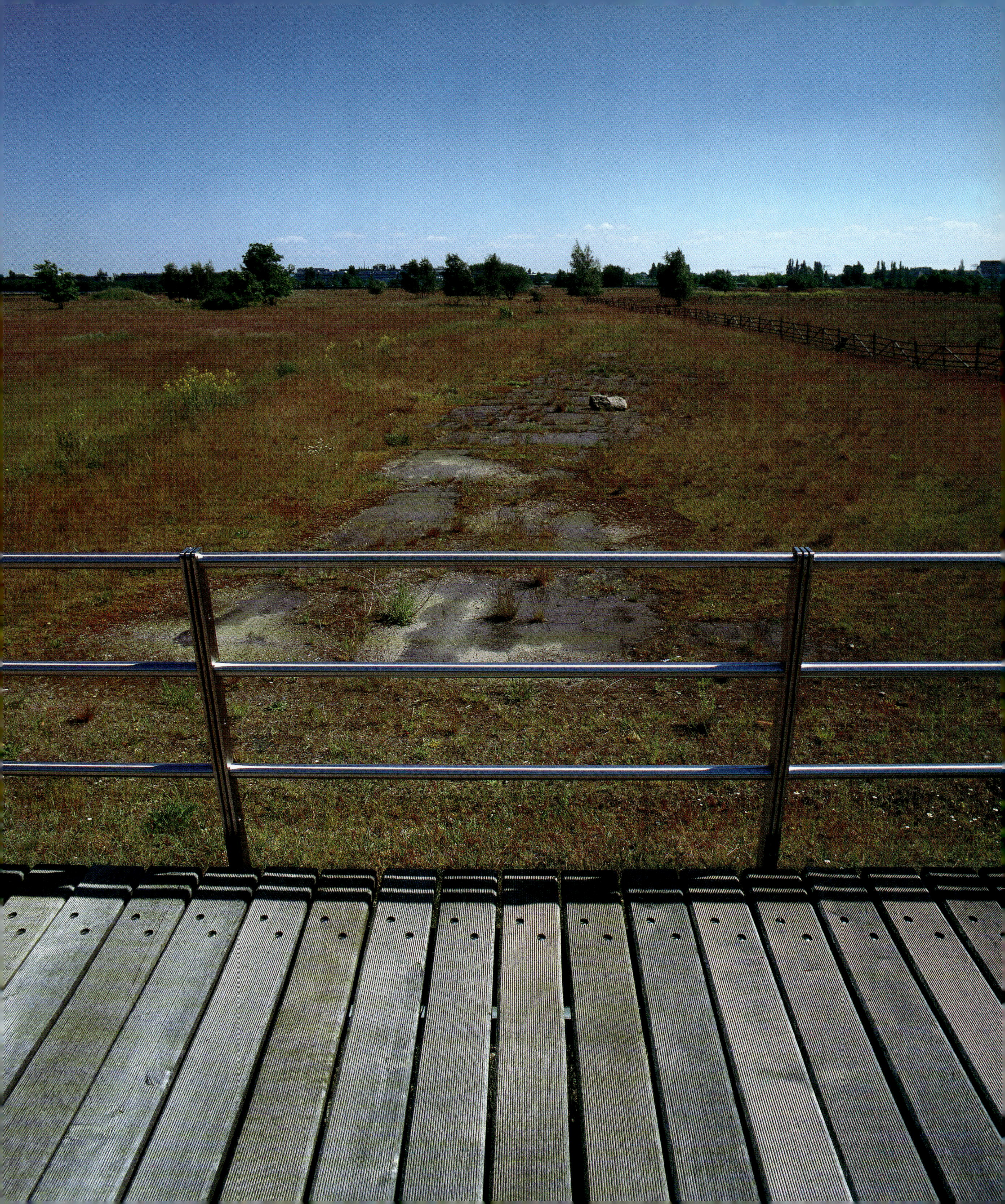

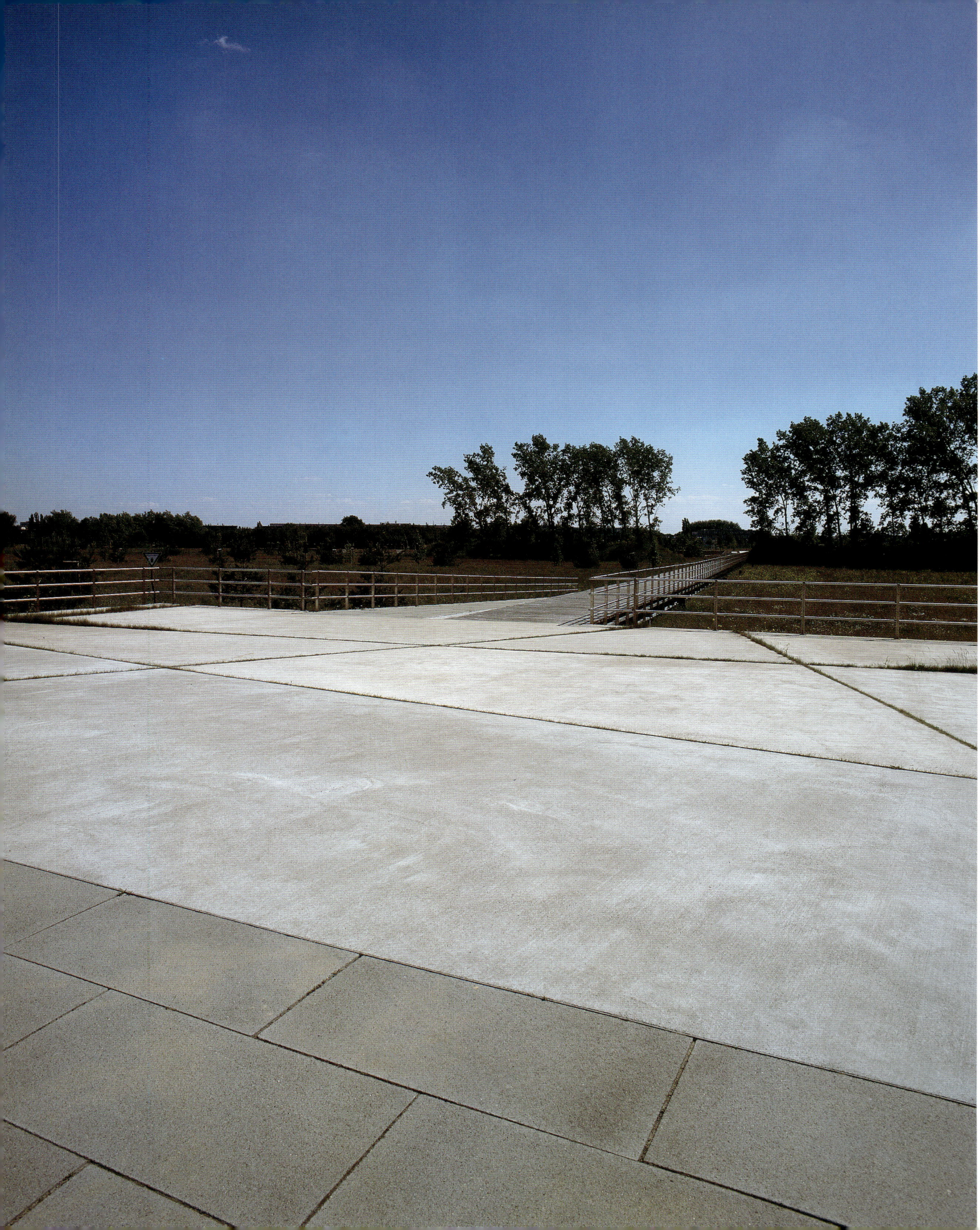

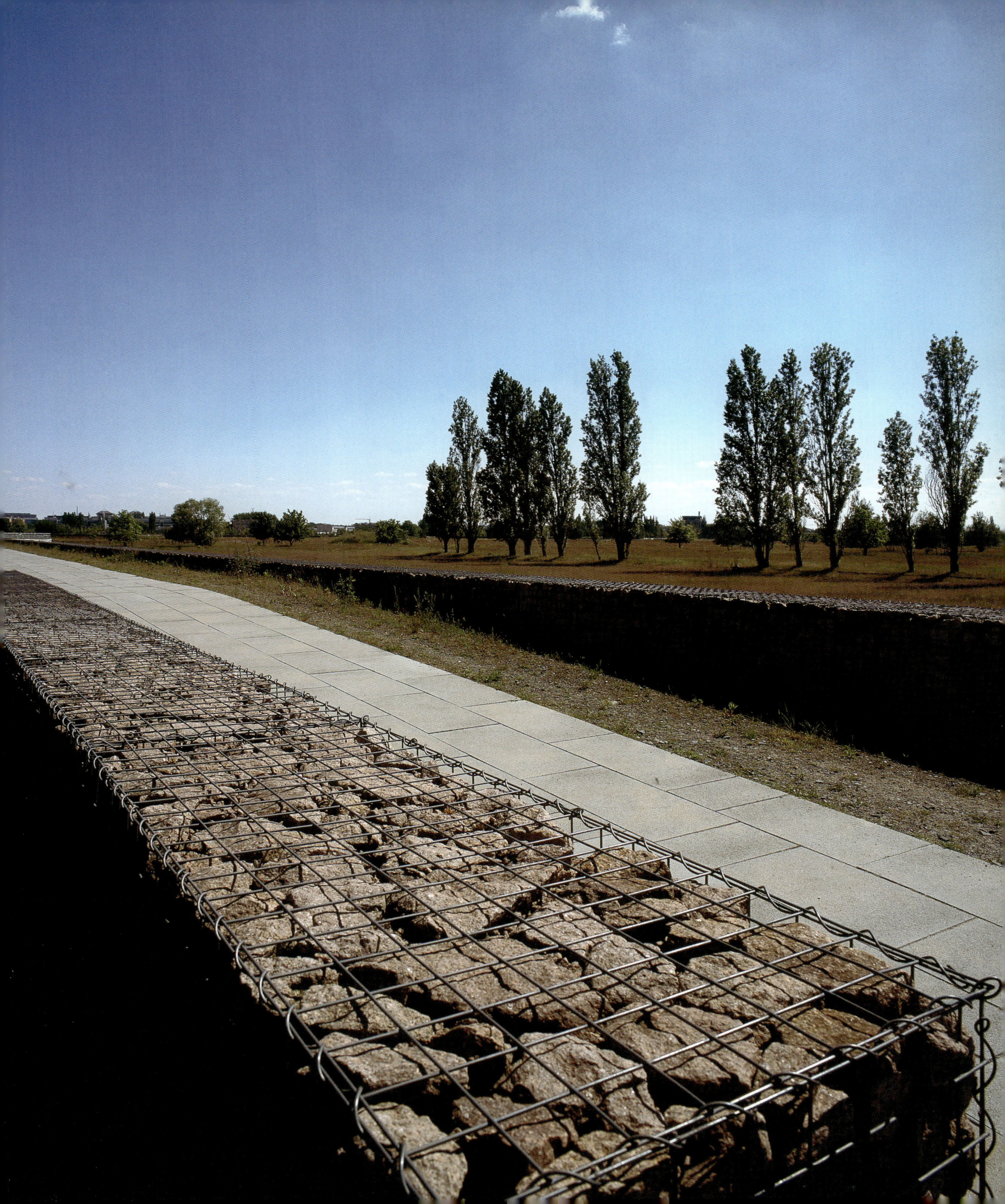

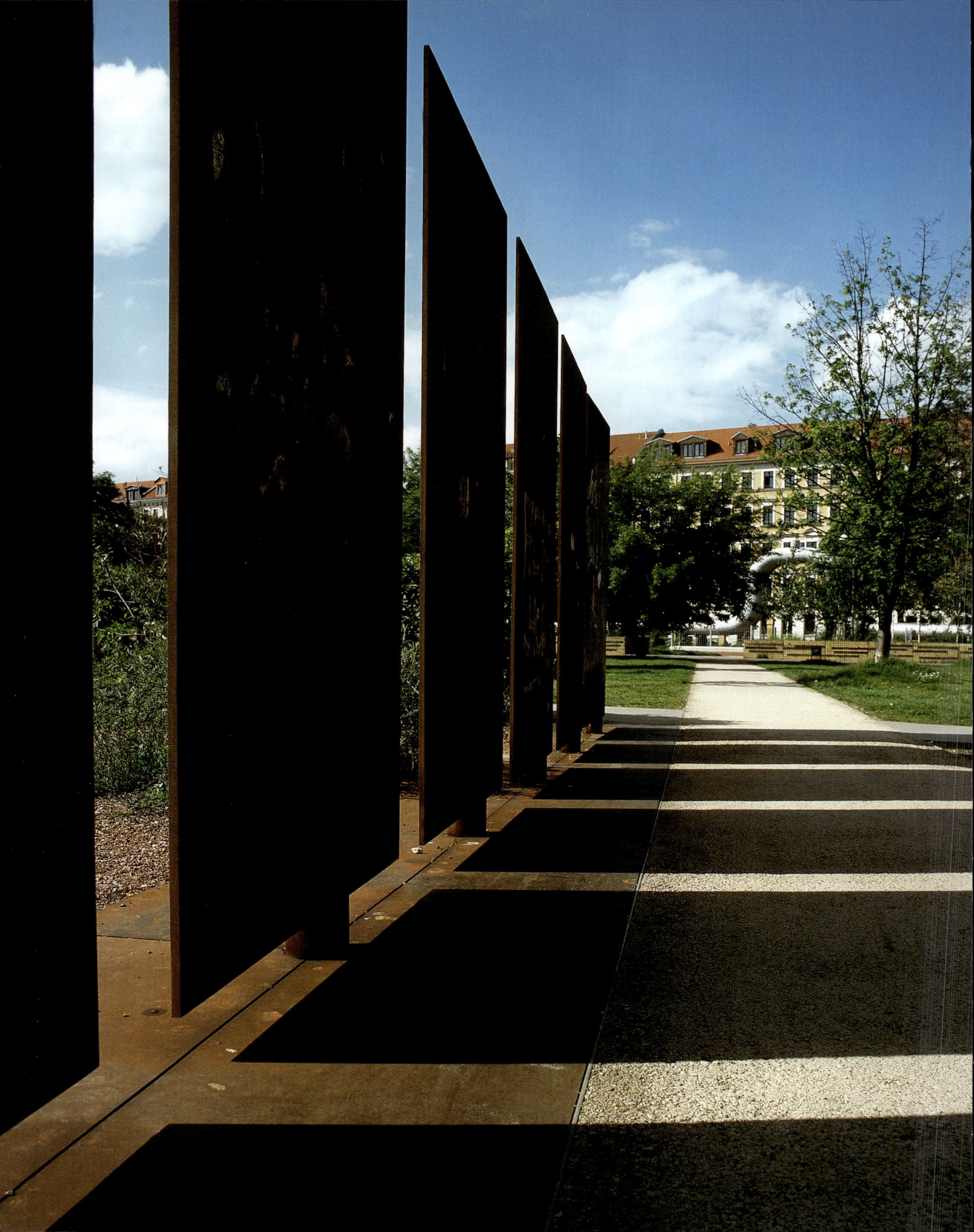

Die räumlichen Auswirkungen einer Bahntrasse: Der Ort wurde mit dem Rest der Welt verbunden, in sich aber zerschnitten.
*The spatial effects of a railway line: the place was linked with the rest of the world, but cut to pieces itself.*

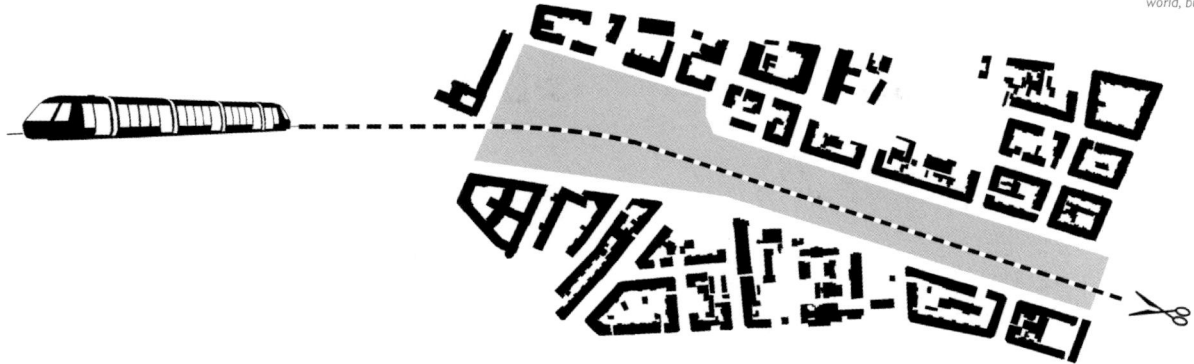

## Reudnitz-Park, Leipzig

*Reudnitz Park, Leipzig*

Die Neugestaltung eines stillgelegten Sackbahnhofs inmitten der gründerzeitlichen Leipziger Stadtstruktur, dem Graphischen Viertel. Dies war die Aufgabe in einem kooperativen Planungsverfahren. Büro Kiefer entwarf für das Areal des ehemaligen Eilenburger Bahnhofs ein stringentes Raumgerüst als Rahmen einer Parkanlage für flexibel gestaltbare Inhalte. Mit dieser Entwurfsstrategie konnte es gelingen, bereits vorhandene Nutzungen und Bausubstanzen ordnend zu integrieren und zugleich neue Räume für die Bedürfnisse der Anwohnerschaft zu öffnen. Die Landschaftsarchitekten entwickelten eine Grundstruktur des Stadtteilparks aus drei Hauptelementen: ein mit Birken bepflanztes Gabionenband in Ost-West-Richtung; in Querrichtung dazu Linien aus Cortenstahl-Scheiben.

*A new design for a disused terminus station in the middle of Leipzig's late nineteenth century urban structure, the Graphic Quarter. This was the brief for a co-operative planning process. Büro Kiefer came up with a compelling spatial framework for the site of the former Eilenburg station, a framework for a park that could address various themes flexibly. This design strategy made it possible to integrate and structure existing uses and building stock, while at the same time opening up new spaces for the residents' needs.*
*The landscape architects developed a basic structure for the district park made up of three main elements: a band of gabions planted with birches running east-west, with lines of Corten steel sheets running across them.*

Nach Aufgabe des Schienenverkehrs: Der neue Park vereinigt die getrennten Stadtteile durch direkte Wegeverbindungen.
*After rail traffic is discontinued: the new park links the separated districts with new paths.*

Reudnitz-Park, Leipzig

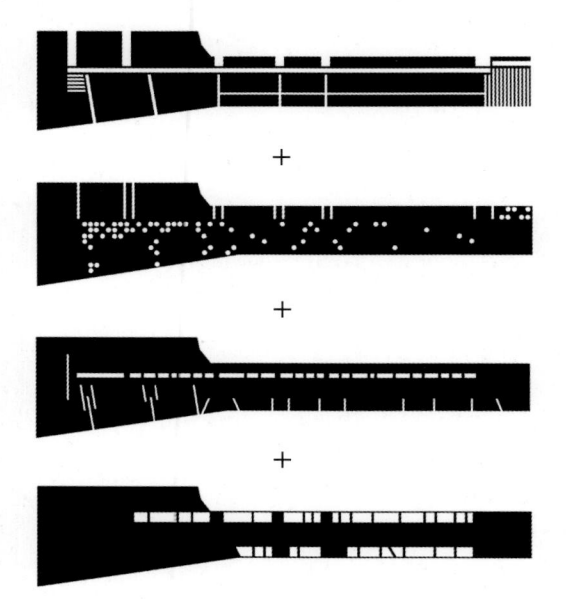

Erschließungsstruktur + Bäume + Gabionen und Stahlwände + von den Bürgern zu gestaltende Flächen = raumbildende Elemente des Parks.
*Access structure + trees + gabions and steel walls + areas to be designed by citizens = space-creating elements in a park.*

An dieser orthogonalen Struktur orientieren sich Wege und Plätze. Auf einer höher liegenden Ebene zeichnet die abnehmende Dichte von Baumkronen die Auflockerung des städtebaulichen Umfelds in östlicher Richtung, in Richtung Umland, nach.

In diesen Parklayer wurden in Längsrichtung die drei wesentlichen Parkräume integriert. In der Mitte, auf den früheren Bahnanlagen, durchzieht ein langer offener Wiesenbereich den Park. Er öffnet die städtische Dichte, vermittelt Weite und Offenheit. Flankiert wird er von zwei kleinteiligen Bändern, die sich zu den harten Stadtkanten orientieren. In diesen liegen flexible Parzellen, die für vielfältige Bedürfnisse der Nachbarschaft offen gestaltet wurden. In den südlichen Parzellen finden sich, eingebettet zwischen Robinienhainen, die Sport- und Spielbereiche. Die nördlichen Parzellen können als individuelle Gartenbereiche von den Bürgern in Patenschaft übernommen werden.

Der Reudnitz-Park setzt deutlich mehr auf Aneignung als etwa der Natur- und Erholungspark Adlershof. Die Begründung dafür liegt in der stadträumlichen Lage und dem hohen Nutzungsdruck. Dennoch verfolgt der Leipziger Stadtteilpark dasselbe Grundprinzip: Rahmen und Füllung. Die vielseitigen Nutzungsmöglichkeiten und das lebendige Treiben machen den Park zu einem urbanen Pol.

*Paths and squares relate to this right-angled structure. At a higher level, the decreasing density of tree canopies traces the opening up of the urban environment to the east, towards the surrounding countryside.*

*Three main park spaces were built into this park layer longitudinally. In the middle, on the former railway land, a long open area of meadowland runs through the park. It breaks down the urban density, conveying breadth and openness. It is flanked by two intricate bands oriented towards the hard urban periphery. These contain flexible parcels, designed openly to meet the neighbourhood's various needs. The sport and play areas are in the southern parcels, embedded between robinia groves and sport and play areas. The northern parcels can be leased by citizens as individual garden areas.*

*The Reudnitz Park is clearly more slanted towards acquisition than the Adlershof Nature Reserve and Recreation Park. This is because of the urban situation and the high pressure on use. But the Leipzig district park still follows the same basic principle: framework and filling. The many possible uses and the lively activity level make the park into an urban pole.*

Reudnitz-Park, Leipzig

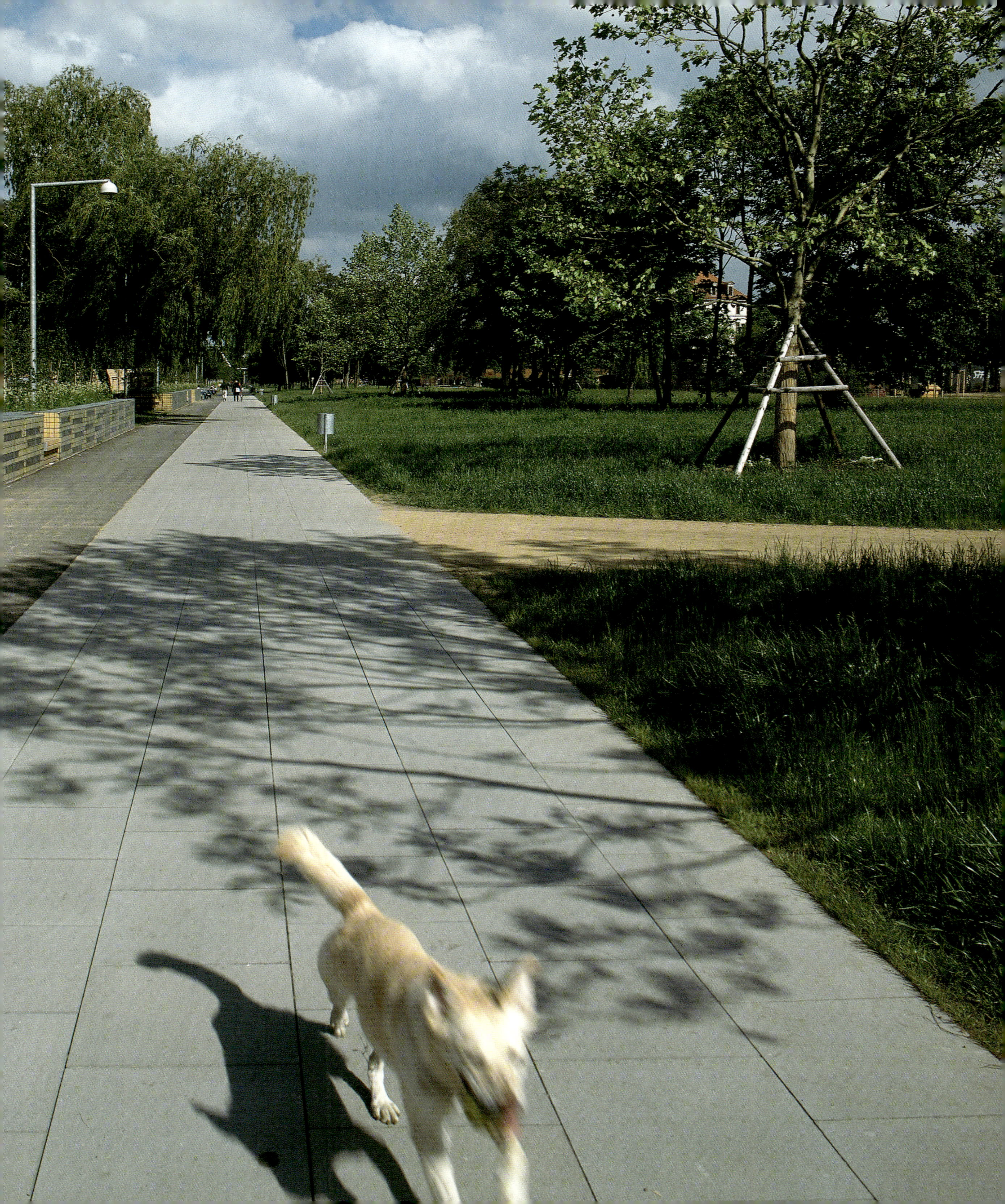

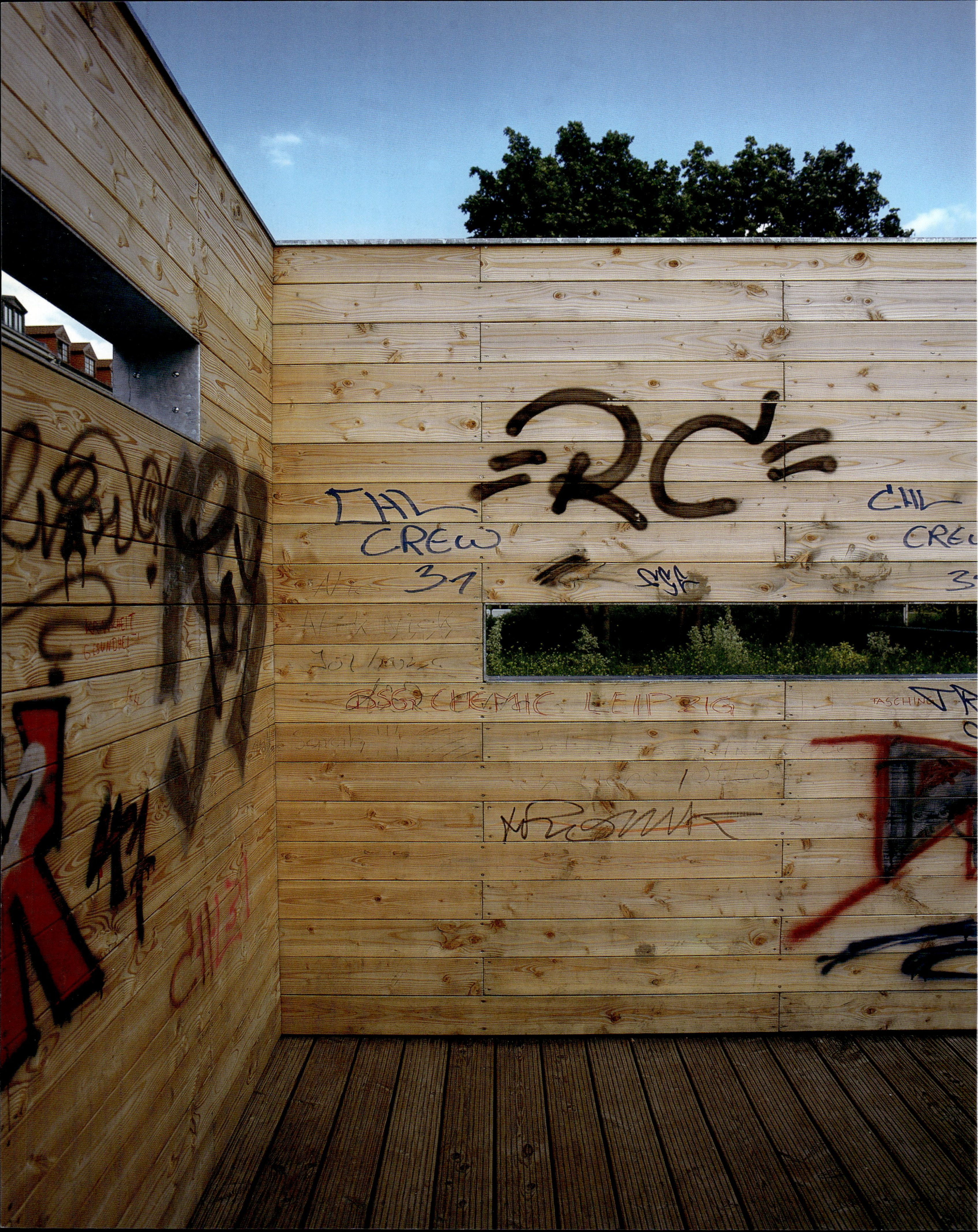
CHL
CREW
31

Der Fenstergarten lenkt die Blicke über Sehschlitze auf Pflanzen außerhalb der Umfriedung.
*The window garden uses viewing slits to guide the eye to plants outside the enclosed area.*

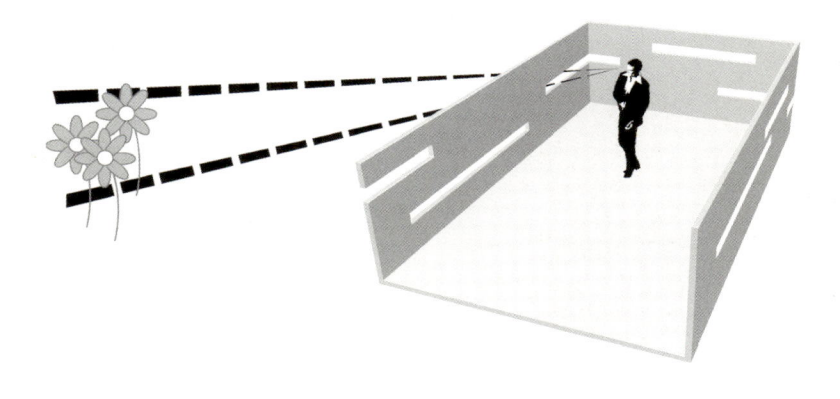

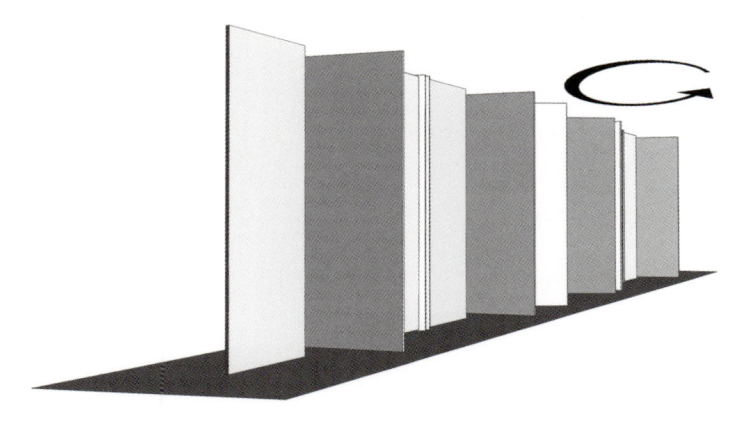

Interaktive, semipermeable Abgrenzung durch drehbare Elemente aus Corten-Stahl.
*Interactive, semi-permeable demarcation through Corten steel elements that can be rotated.*

Reudnitz-Park, Leipzig

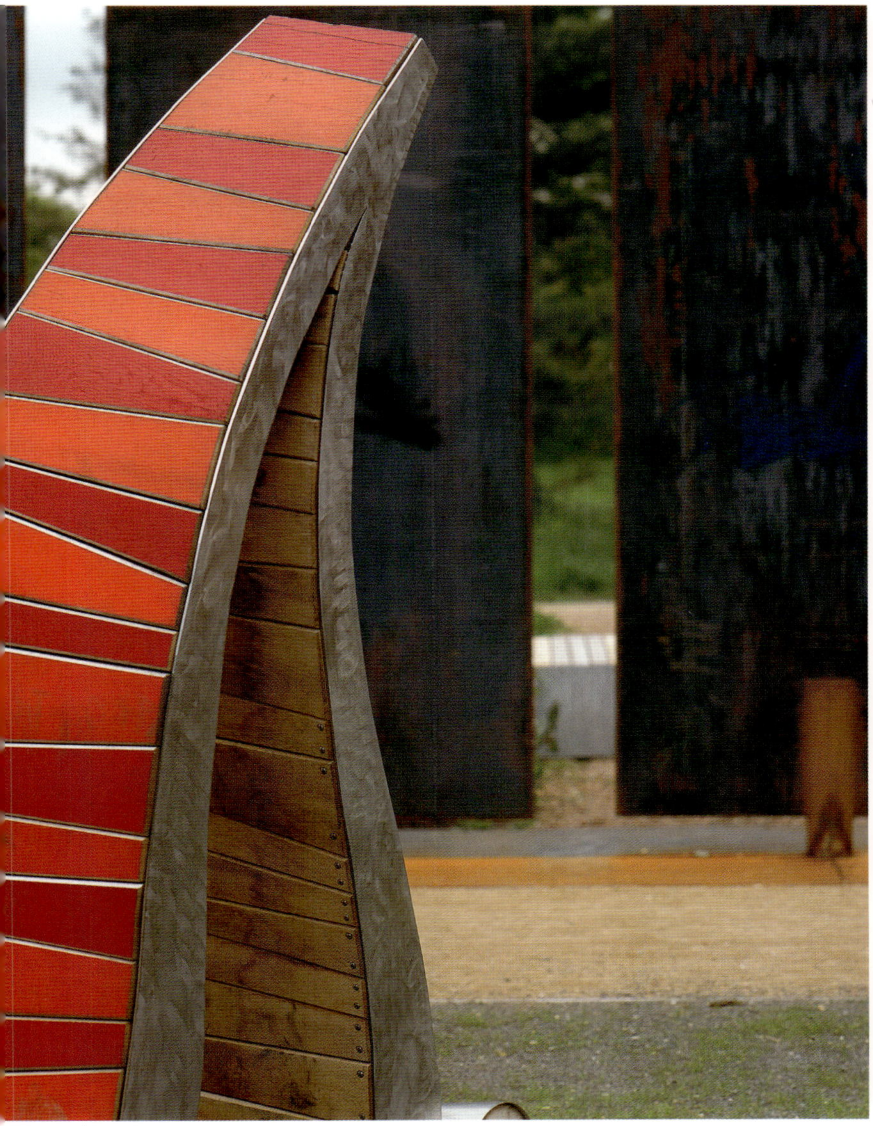

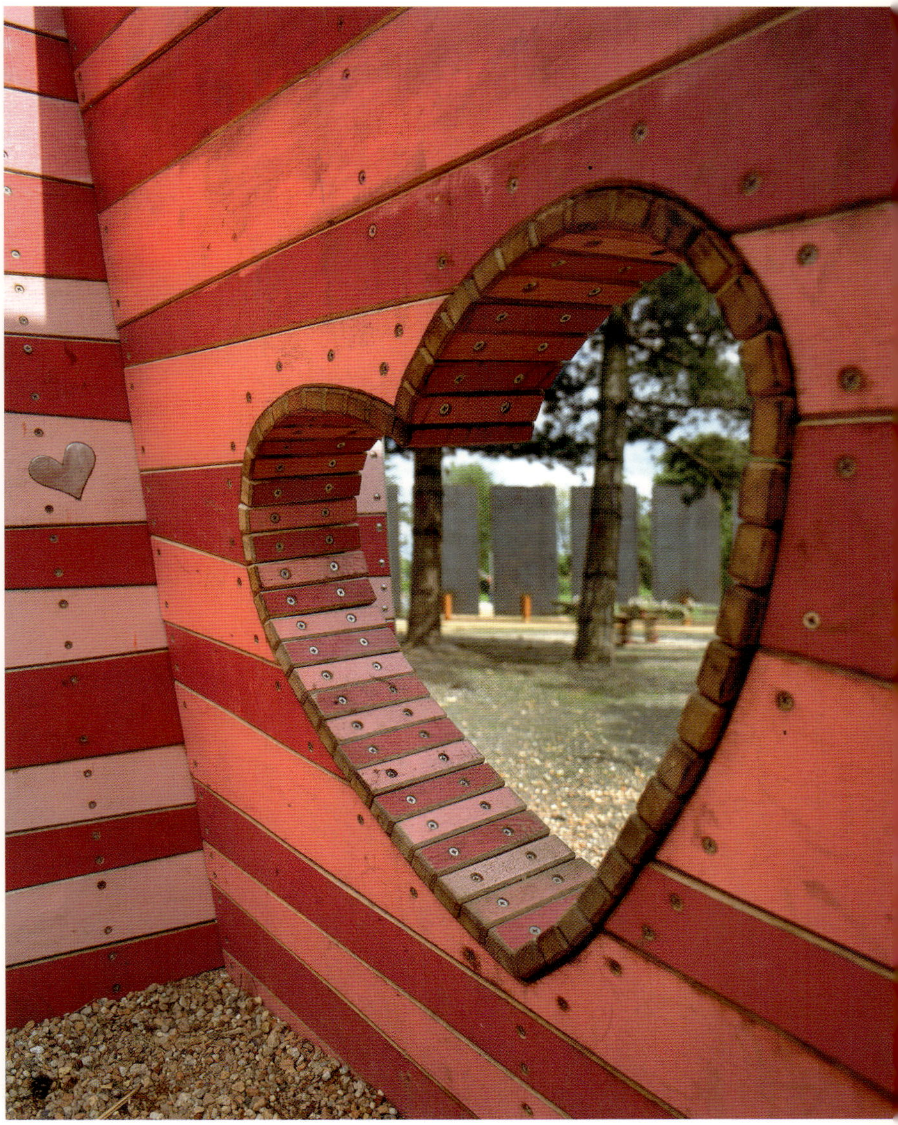

Der Allerpark fasst die angrenzenden Teilbereiche der Event-City zusammen.
*The Aller Park draws the adjacent sub-areas of the Event City together.*

## Allerpark, Wolfsburg

Mit dem zur Landesgartenschau 2004 entstandenen Park der „Erlebniswelt Wolfsburg" hat das Büro Kiefer den Prototyp des Parks der „Zwischenstadt" geschaffen. Der Besucher erlebt einen Park, der durch seine ungewöhnliche Höhenstaffelung schon von weitem neugierig macht.

Bisher lagen nordöstlich des Mittellandkanals wichtige Bausteine Wolfsburgs weitgehend unvermittelt nebeneinander. Dominierend sind die Klinkerbauten des VW-Werks. Daneben finden sich Ergänzungen der jüngeren Zeit. Ausgedehnte Parkplätze, Sportflächen, das neu gebaute Fußballstadion des VfL Wolfsburg sowie der zum intensiv genutzten Naherholungsgebiet aufgewertete Allersee, ein ehemaliger Kiessee.

Der erste Baustein zur Neuordnung dieses Areals entstand mit der „Autostadt". In Erweiterung des VW-Geländes liegt heute diese „brandscape" mit künstlichen Gewässern, Erholungsbereichen, Hotels und Restaurants sowie Präsentationsgebäuden für die VW-Markenwelt. Die von Henn Architekten mit WES & Partner geplante Autostadt setzt international Maßstäbe. Diesen Weg führt das Projekt „Erlebniswelt Allerpark" fort.

## *Allerpark, Wolfsburg*

*Büro Kiefer created the prototype of the 'intermediate city' park with the 'Wolfsburg World of Adventure', created for the Land Horticultural Show in 2004. Visitors experience a park that makes them curious even from a distance because of its unusually staggered height.*

*Hitherto, major elements of Wolfsburg were largely packed very close together north-east of the Mittellandkanal. The brick buildings of the VW factory are the dominant feature. More recent additions are next to them. Extensive car parks, sports fields, the new VfL Wolfsburg football stadium and the Allersee, a former gravel pit, which has been upgraded as an intensively used local recreation area. The first element in the rearrangement of this area was the 'Autostadt' (Car City). This 'brandscape' with its artificial waterways, recreation areas, hotel and restaurants and presentation facilities for the VW world of brands now forms an extension of the VW site. The 'Autostadt' was planned by Henn Architekten with WES & Partner, and set international standards. The 'Allerpark World of Adventure' picks up where this left off.*

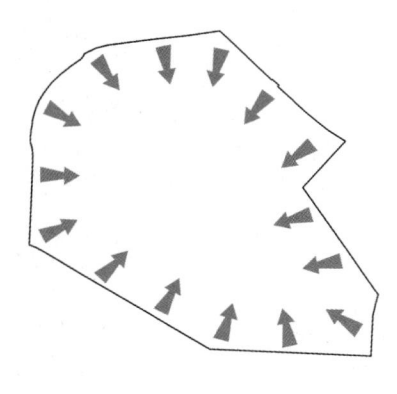

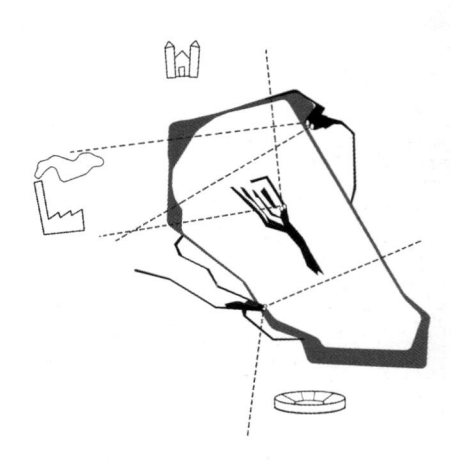

Aussichtspunkte verbinden die eigenständige, in sich geschlossene Erlebniswelt Allerpark mit der Umgebung.
*Viewing points link the independent, closed experience world of the Aller Park with the surroundings.*

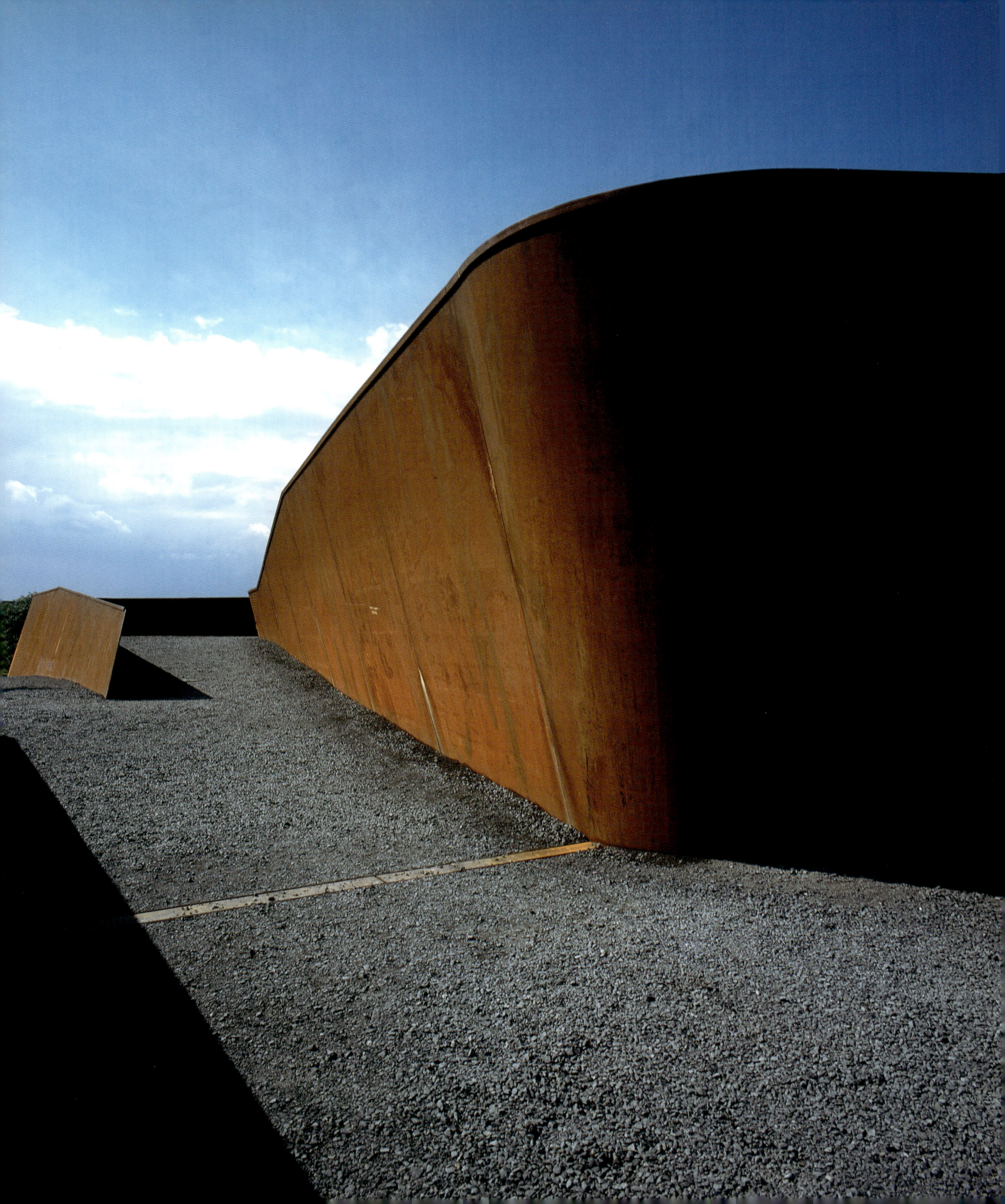

Typische Gestaltungselemente des Landschaftsparks werden auf relativ kleiner Fläche zu einer neuartigen, genau austarierten Gesamtform kombiniert.
*Typical design elements in the landscaped park are combined in a relatively small area to form an innovative, precisely counterbalanced overall form.*

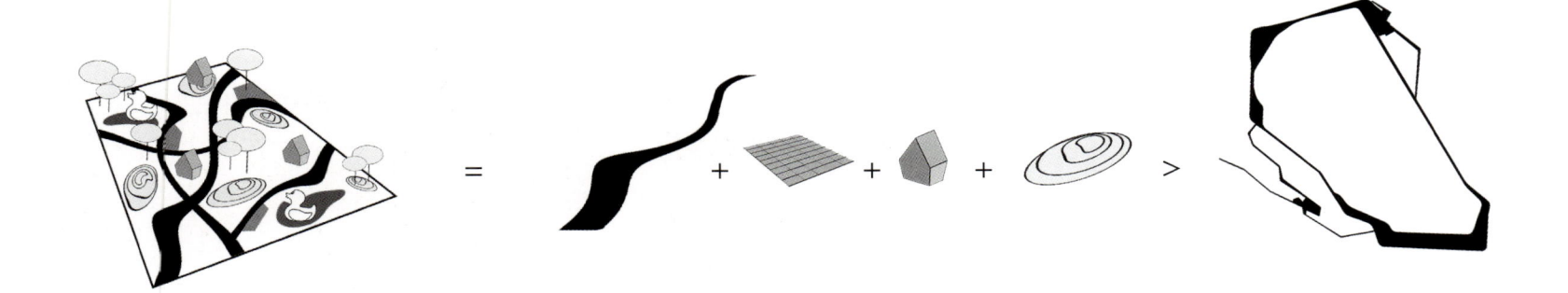

Die landschaftsarchitektonische Inszenierung unterschiedlichster Blicke und Atmosphären auf kleinem Raum war das vorgegebene Ziel für den Allerpark. Gleichzeitig sollte das Freizeitpotenzial der Stadt eine Entsprechung in dem neuen Park finden.

Schon auf den ersten Metern öffnet sich die Kulisse über eine streng gefasste Stahlkante hinweg mit jedem Schritt mehr. Die durch Cortenstahl gefasste und auf eine so bisher nicht gesehene Weise in die Höhe gestaffelte und gefaltete Landschaft setzt einen besonderen Akzent in der Zwischenstadtlandschaft. Es ist diese räumliche Qualität, mit der die Materialverwendung (Cortenstahl, Wasser, Holz) korrespondiert, die den neuen Allerpark zu einem selbstbewussten Stück Stadtlandschaft werden lässt.

Der Allerpark ist auf Bewegung und Dynamik, nicht auf bewunderndes Staunen ausgerichtet. Hier sollen nach der Landesgartenschau nicht nur Wasserskifreunde, sondern auch Skater und Downhill-Biker ihren Ort finden.

So fällt der Blick von den neuen Hügeln, den „Bastionen", auf den Prototyp einer Zwischenstadtlandschaft. Das Büro Kiefer hat den zu diesem Ort passenden Park gestaltet. Mobilität ist aktive Freizeit, während die PKW Pause haben. Zwischen viel Ruhendem der fließende Verkehr. Und über allem die Schlote des VW-Kraftwerks.

*The brief for the Allerpark was to present a whole variety of views and atmospheres in a confined space in terms of landscape architecture. At the same time, the new park was to address the city's leisure potential.*

*Even in the first few metres the setting opens up more with every step after passing an austerely conceived steel edge. The landscape is framed in Corten steel, and staggered and folded upwards in a way that has never been seen hitherto, thus making a particular impact in this intermediate urban situation. It is this spatial quality, matched by the use of material (Corten steel, water, wood) that makes the new Allerpark into a self-confident piece of urban landscape.*

*The Allerpark is intended for movement and dynamics, not for astonished staring. After the Horticultural Show it is to be used by skaters and downhill bikers, not just fans of water-skiing.*

*And so when looking down from the new hills, the 'bastions', the eye is confronted with the prototype of an intermediate urban landscape. Büro Kiefer designed a park appropriate to this place. Mobility is active leisure, while the cars take a break. The traffic flows between much that is at rest. And above it all are the chimneys of the VW factory.*

Allerpark, Wolfsburg

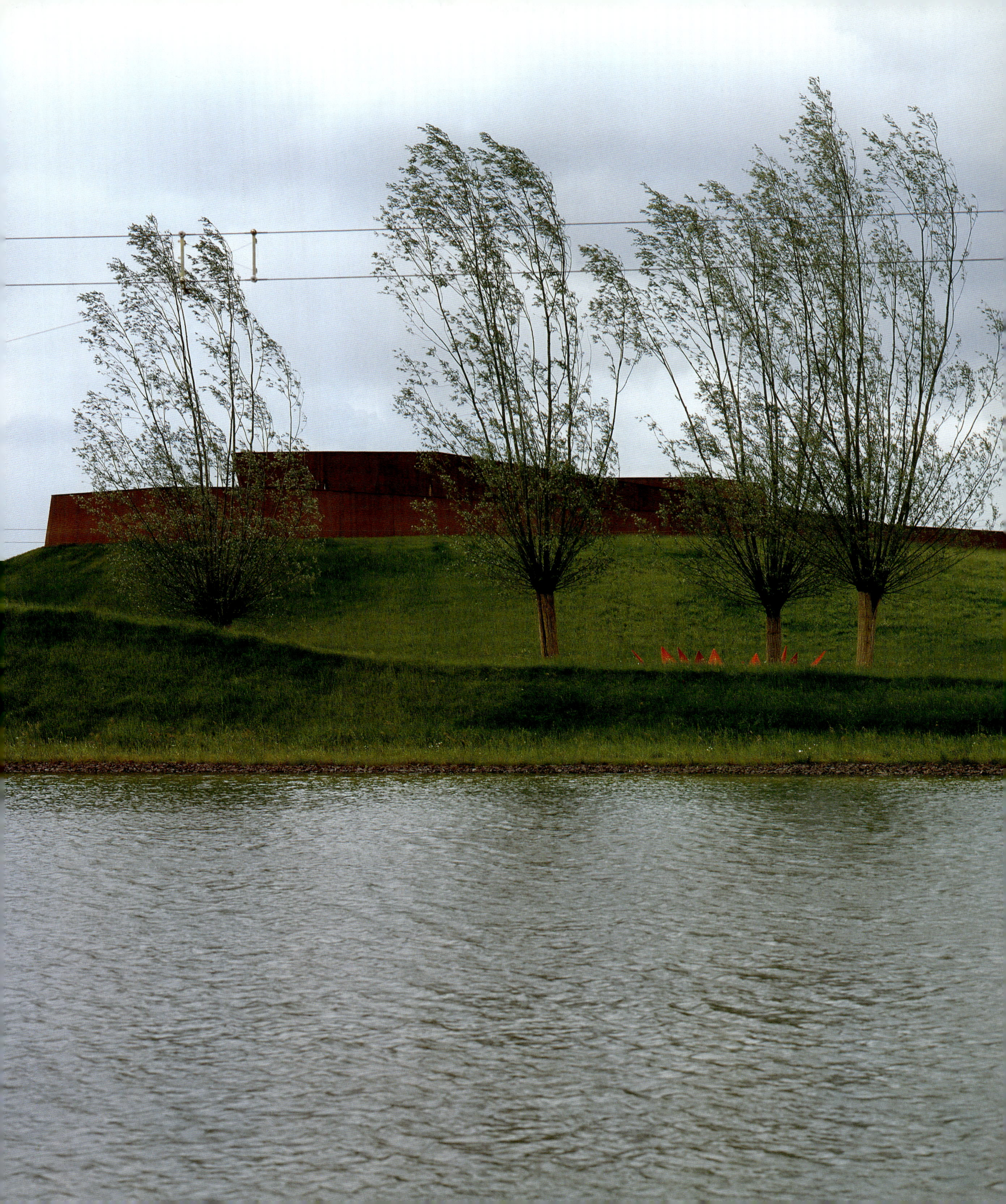

Allerpark, Wolfsburg

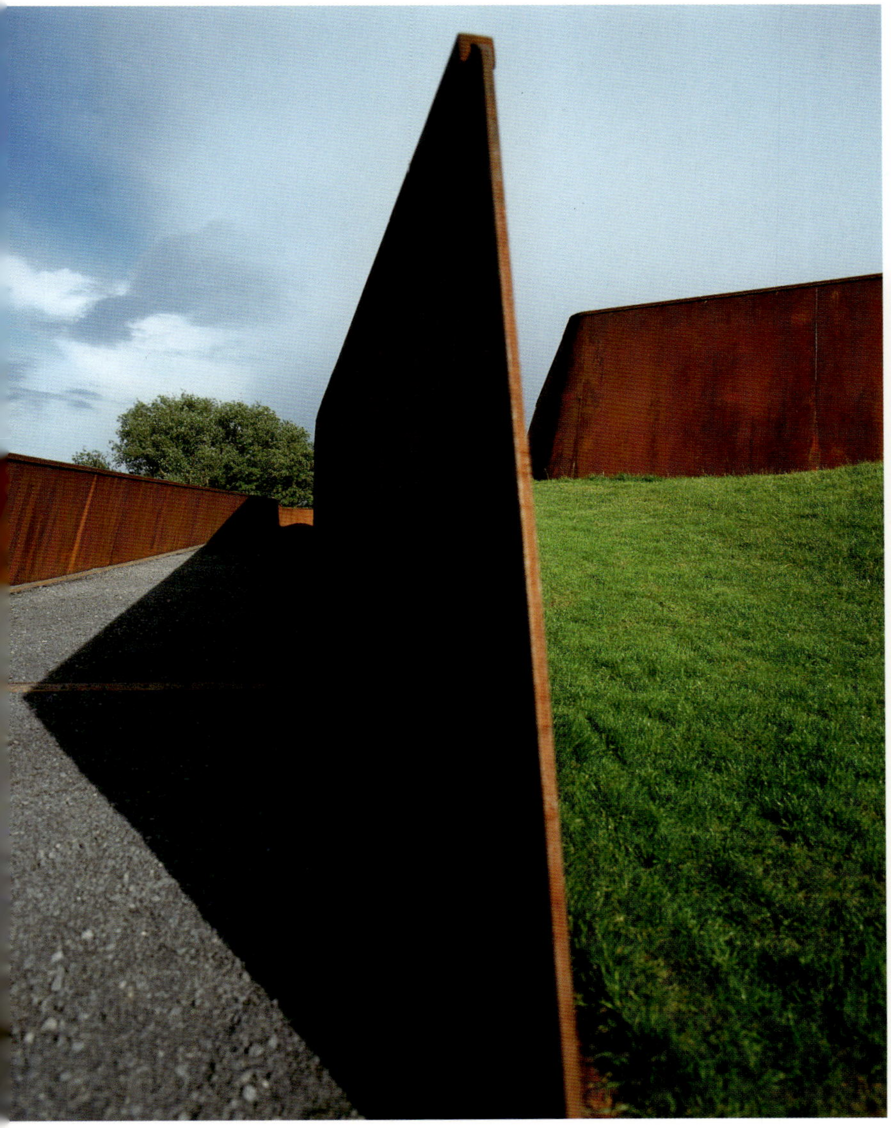

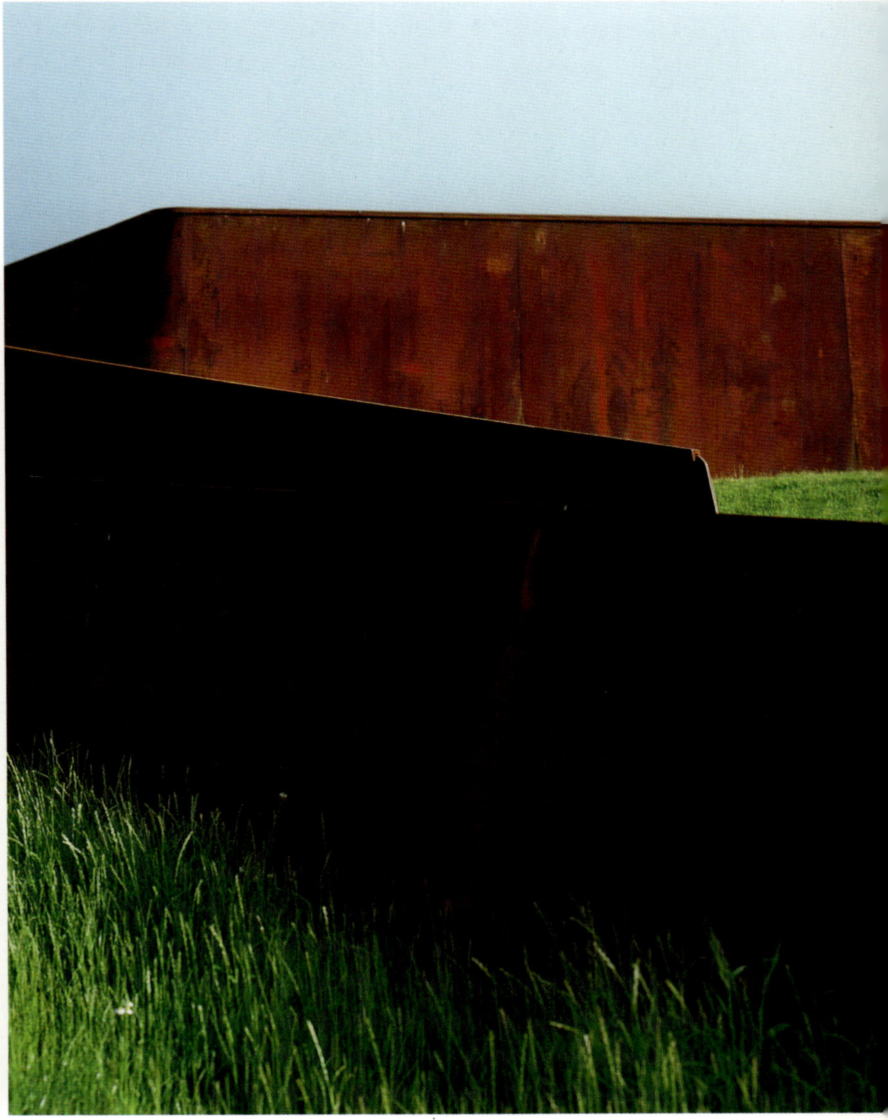

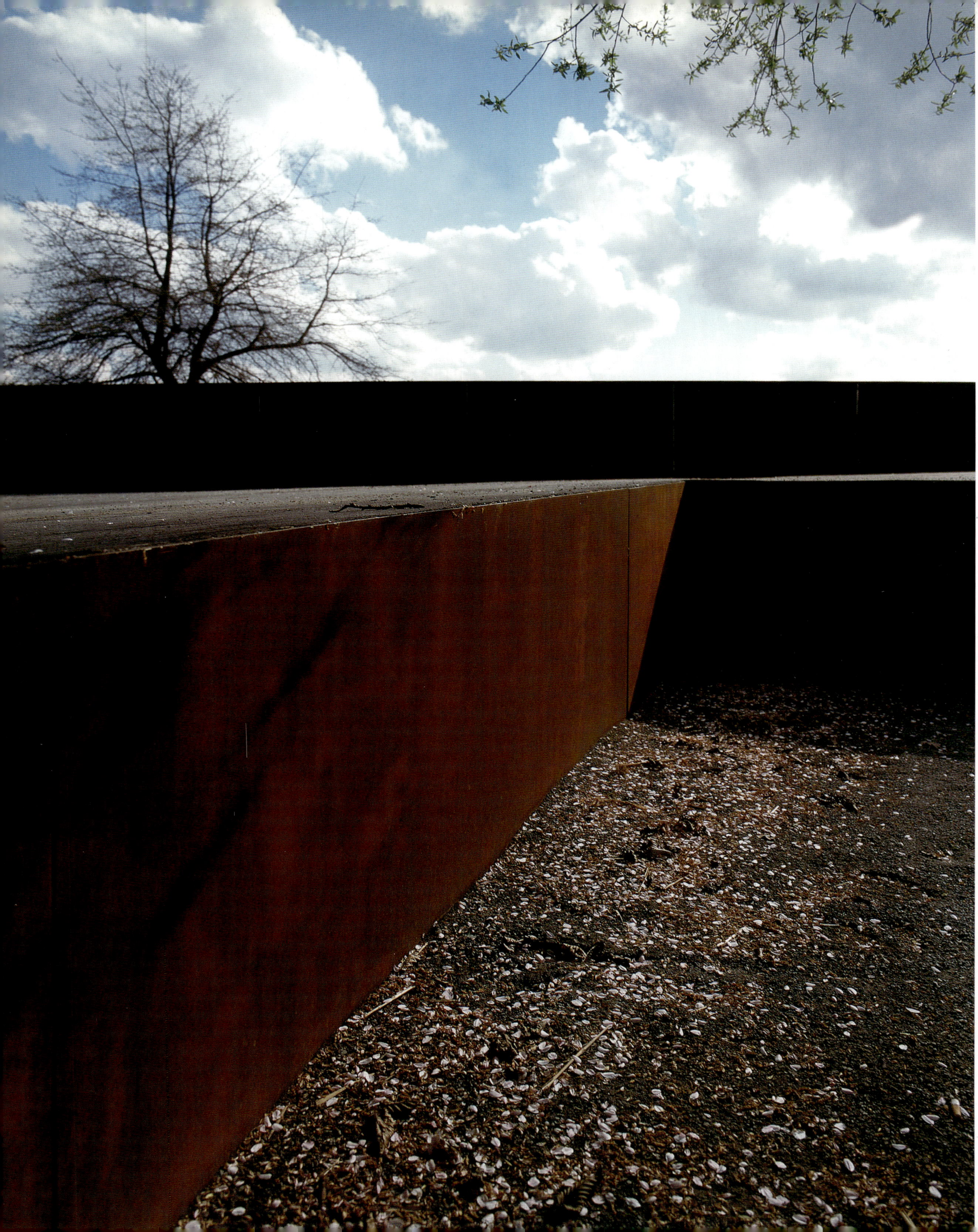

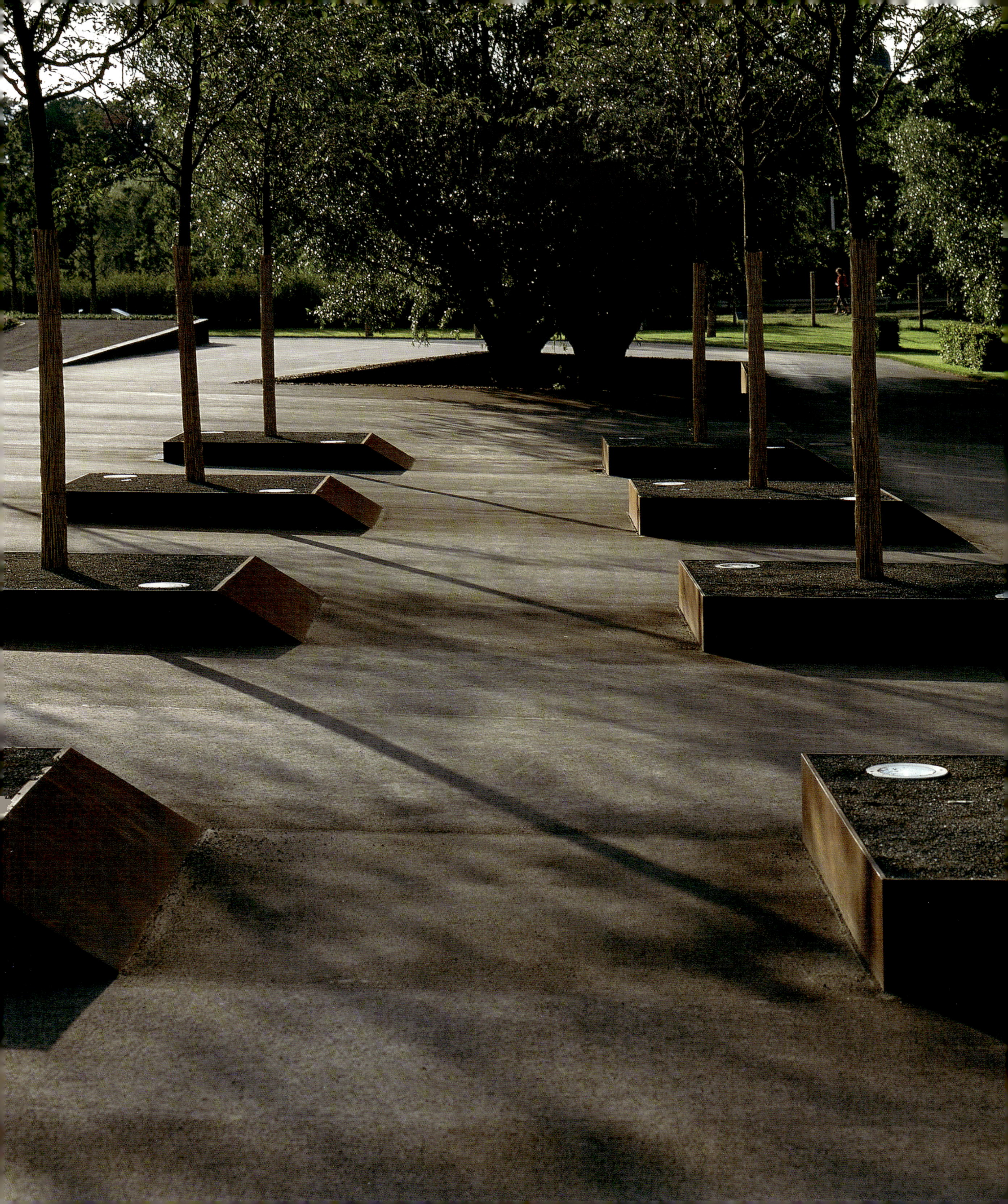

Allerpark, Wolfsburg

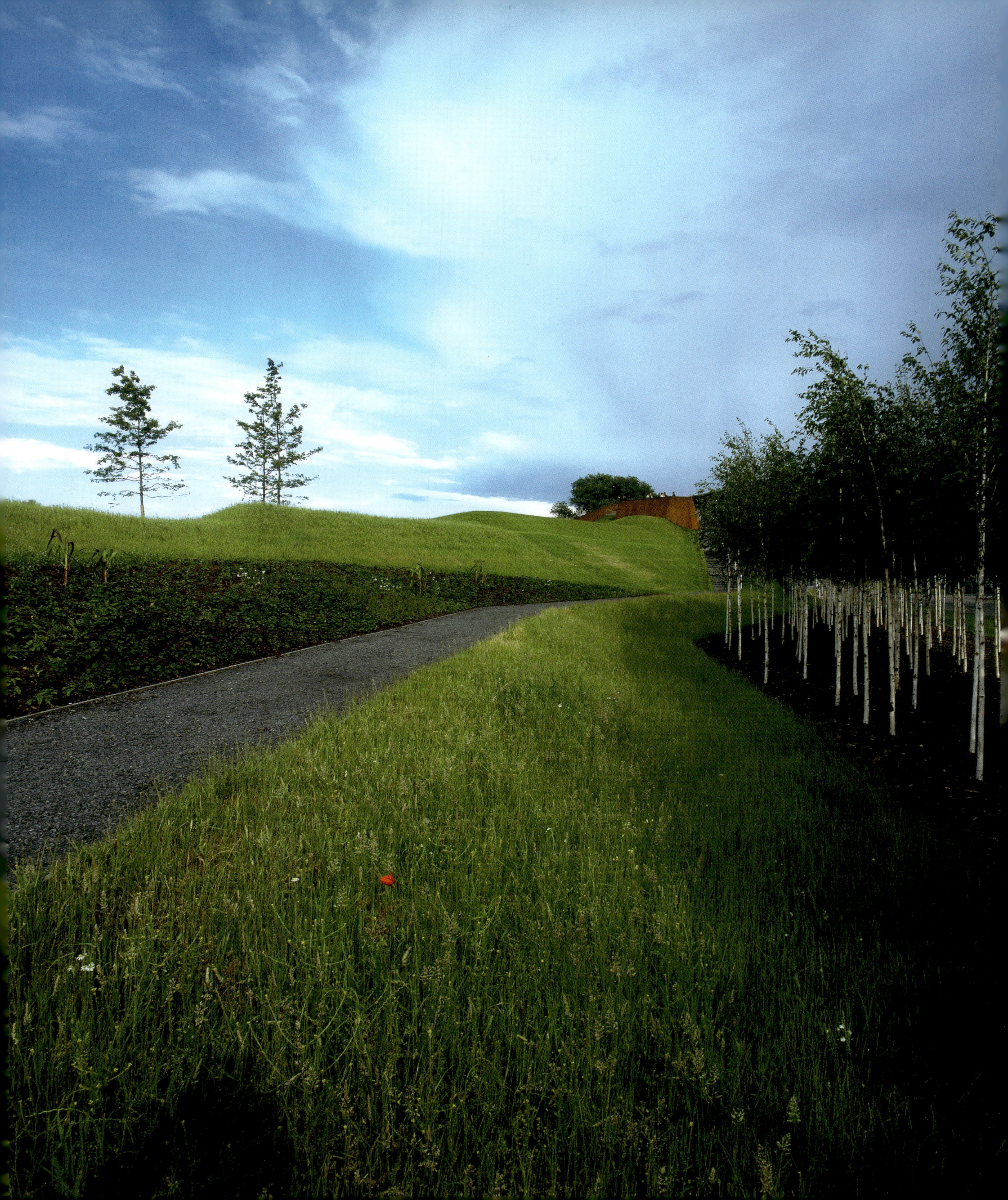

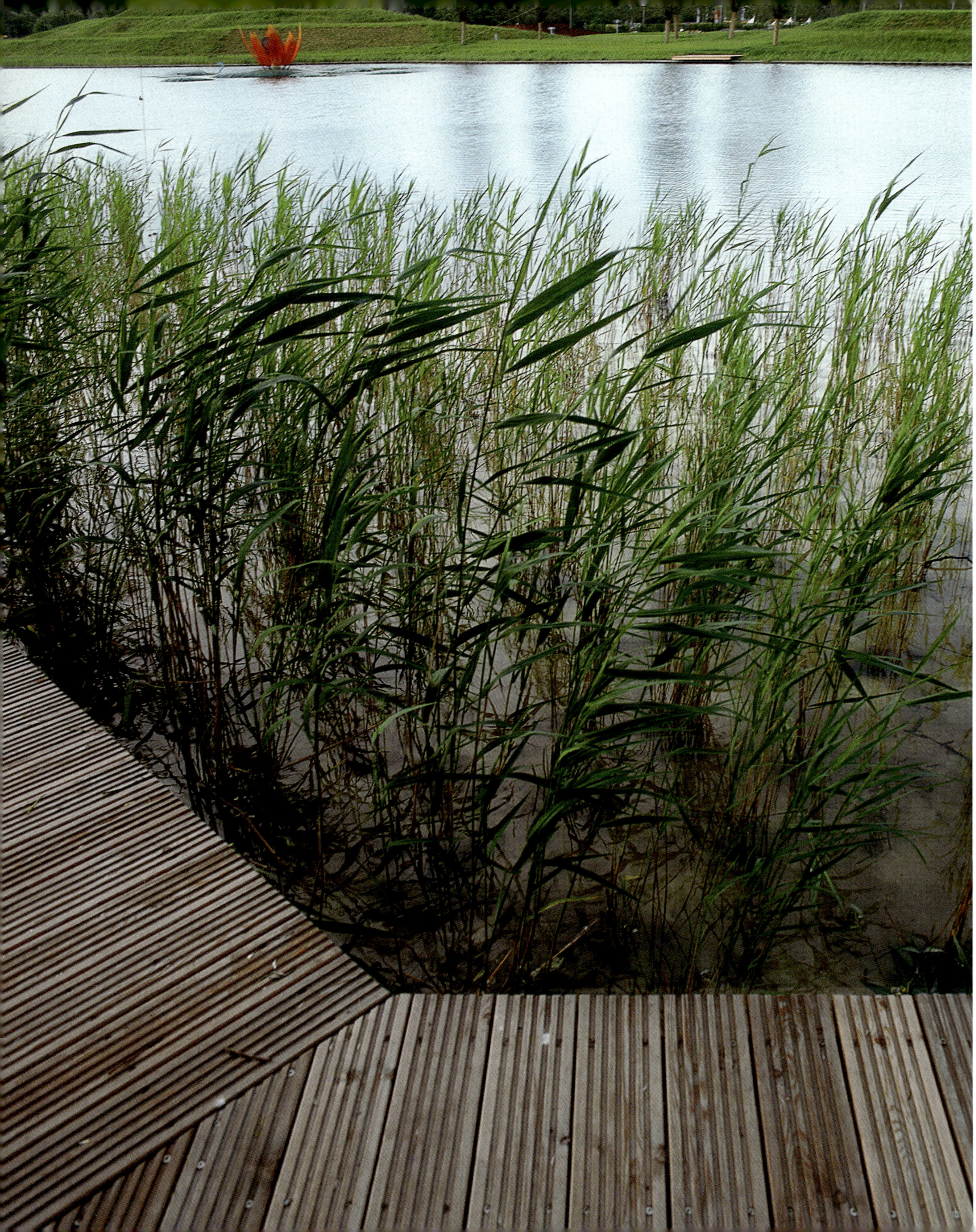

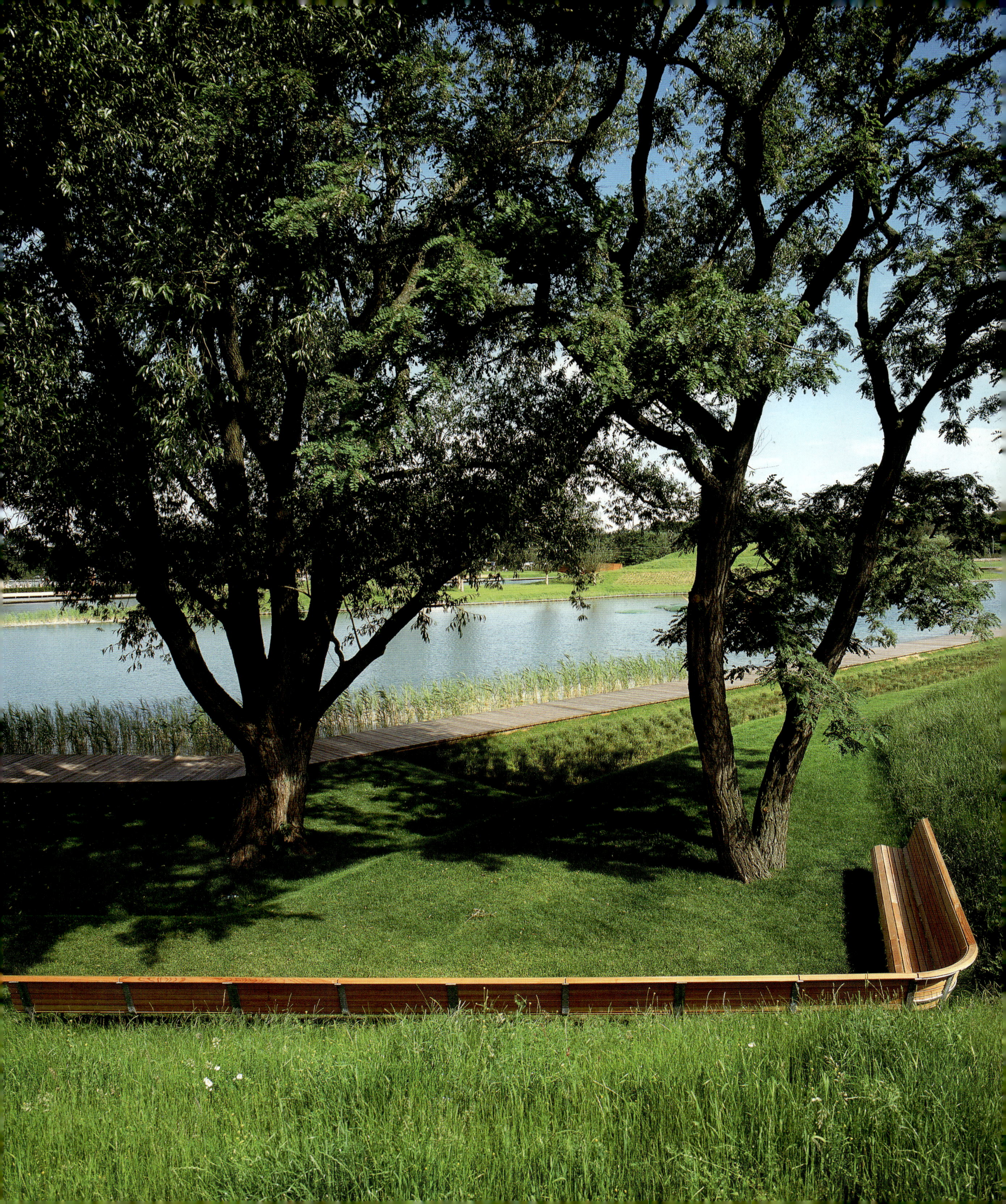

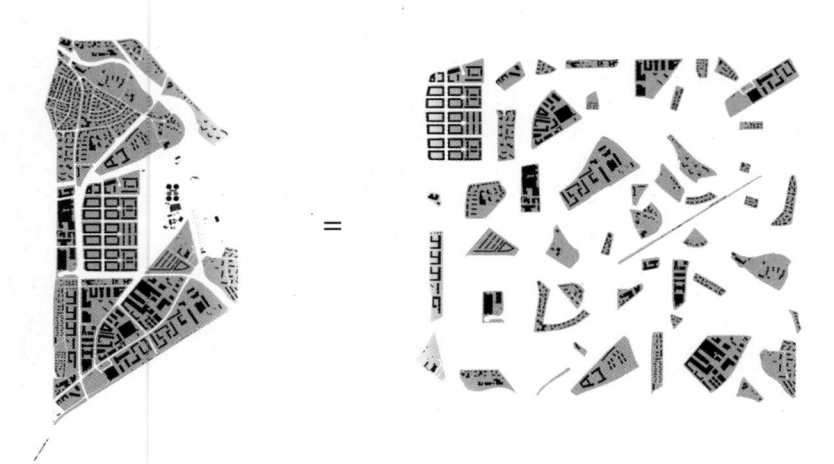

Peripherie = Puzzle von Raumcharakteren und -inseln in unterschiedlicher Kombination = hybride Stadtlandschaft.
*Periphery = jigsaw of space-characters and islands in different combinations = hybrid urban landscape.*

## Opfiker Park, Zürich Opfikon

## *Opfiker Park, Opfikon, Zurich*

Für den Transformationsraum zwischen Zürich Nord und dem benachbarten Opfikon entwarf das Büro Kiefer unter dem Titel „Agglos Traum" für eine 12,6 Hektar große Fläche ein hybrides Parklandschaftskonzept. Auf dem Oberhauser Ried, der „teuersten Wiese Europas", werden 6.600 Wohnungen und 7.000 Arbeitsplätze entstehen. Die zukünftigen Bewohner benötigen einen Freiraum, der die Identität des neuen Ortes stärkt und Möglichkeiten der Entspannung und Erholung anbietet.

Die Kiefer'sche Gestaltungsidee beruht auf Klarheit, Reduktion und dem Bezug zur Umgebung. Eine Atmosphäre urbaner Transformation wird wahrnehmbar.

Die stringente Linienführung eines einfachen geometrischen Grundgerüstes bildet den Rahmen der modernen Parklandschaft. Eine urbane Promenade, ein offener Wiesenraum und das dichte Areal eines ehemaligen Klärwerks fügen sich zu einer großzügigen Anlage.

*Büro Kiefer designed a hybrid park concept for the transformational space between north Zurich and nearby Opfikon. The park was called 'Agglos Traum' (Agglo's Dream) and covers 12.6 hectares. 6,600 dwellings and 7,000 jobs are to be created on the Oberhauser Ried, the 'most expensive meadow in Europe'. The future residents need an open space that will reinforce the identity of the new place and offer relaxation and recreation possibilities.*

*The Kiefer design idea is based on clarity, reduction and relating to the surrounding area. There is a notable atmosphere of urban transformation.*

*The compelling lines of a simple geometrical base supply a framework for the modern park landscape. An urban promenade, an open meadow area and the compact site of a former sewage works join to produce a spacious complex.*

Überlagerung: Die orthogonalen Linien des neuen Quartiers erlauben eine klare Orientierung. Die vorhandenen Richtungen des Ortes zeichnen ein organisches Erschließungsnetz.
*Superimposition: the right-angled lines of the new quarter make clear orientation possible. The locality's existing directions draw out an organic access network.*

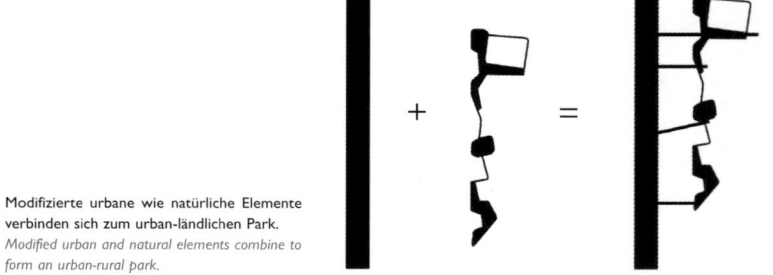

Modifizierte urbane wie natürliche Elemente verbinden sich zum urban-ländlichen Park.
*Modified urban and natural elements combine to form an urban-rural park.*

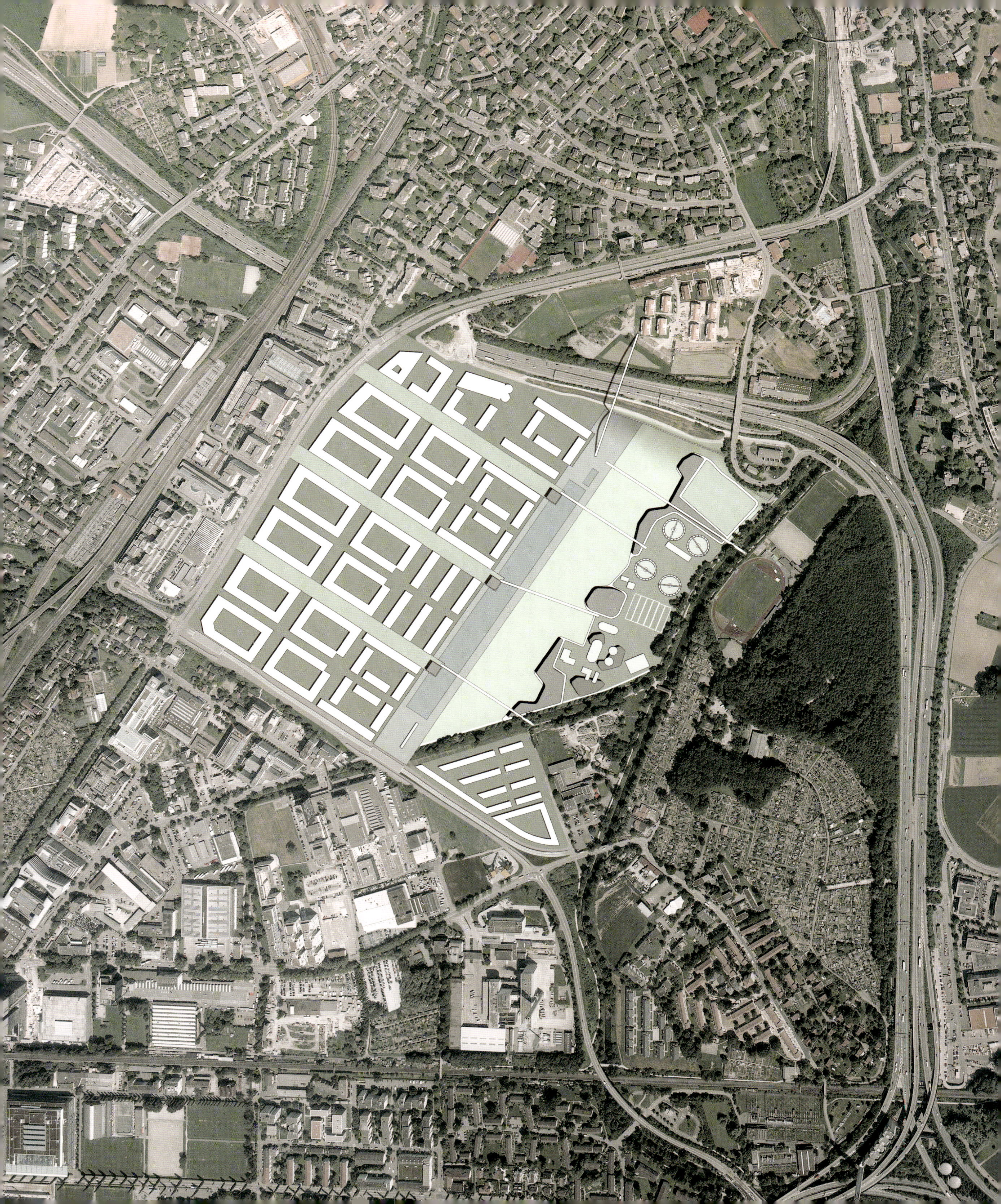

Die Wohnbebauung wird von der „neuen Stadtkante", der urbanen Promenade mit einem integrierten rechteckigen See, abgeschlossen. Das Gewässer, nachts beleuchtet, verbindet sich mit der Promenade zu einer Raumskulptur, die eine neue Identität stiftet, indem sie vorhandene Elemente und Eindrücke stärkt. Sanftes Schilf, harter Beton, Steinkörbe und wechselnder Wasserstand setzt das Zusammentreffen von Stadt und Natur in Szene.

Die Promenade und der offene Freiraum sind über Brücken verbunden und erheben sich zusammen in leichter Schräge bis zu einer Höhe von circa fünf Metern. Sie werden optisch ins Unendliche des Himmels fortgeführt. So entstehen in Richtung der nördlich geführten Autobahn eine einfache Art des Lärmschutzes und ein Südhang zum Sonnen.

Die angrenzende „Technik-Wald-Archipel" wird in der Grundstruktur belassen. Neu bepflanzte Bauminseln akzentuieren den Übergang zur Industriearchitektur des stillgelegten Klärwerks, deren heute verwunschener Charme spürbar bleiben soll. Den vier Klärbecken ist keine definierte Nutzung vorgegeben, sie können beispielsweise als Rundarenen für Veranstaltungen dienen.

Die Parklandschaft wurde von den Landschaftsarchitekten bewusst nicht „fertig" gebaut. Besteht der hybride Park der Zwischenstadtlandschaft Zürich Opfikon erst einmal als „Gegenwelt zur kompakten Stadt", können sich im Transformationsraum noch viele Ideen einer Urbanität entfalten.

*The urban development is closed off from the 'new urban periphery', the urban promenade with a rectangular lake built into it. The water is lit at night, and with the promenade forms a spatial sculpture that creates new identity by reinforcing existing elements and impressions. Delicate reeds, hard concrete, stone baskets and changing water levels provide a backdrop for a meeting between city and nature. The promenade and the open space are linked by bridges and slope slightly upwards together to a height of about five metres. Visually they continue into the infinity of the sky. Thus a simple kind of noise barrier and a south-facing slope for sunbathing are created in relation to the motorway, which lies to the north.*

*The adjacent 'technology-woodland-archipelago' is retained in the basic structure. Newly planted tree-islands accentuate the transition from the industrial architecture of the disused sewage works, whose present enchanted charm is intended to remain a feature. No particular use is prescribed for the four sedimentation tanks, they could be used as circular arenas for events, for example. The park landscape was deliberately not 'completed' by the landscape architects. The hybrid park of the Zurich Opfikon intermediate urban landscape is first intended as a 'counter-world to the compact city', and it will be possible to develop many ideas of urban quality in the transformational space.*

In der klaren Form der Promenade treten das Urbane und das Natürliche zueinander in Beziehung.
*The urban and the natural start to relate to each other in the clear form of the promenade.*

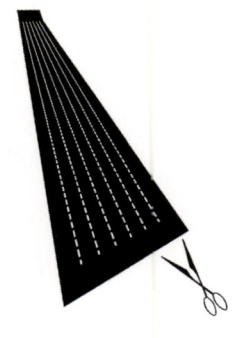

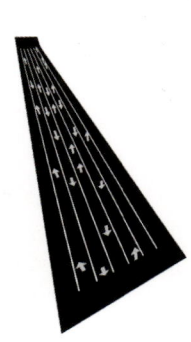

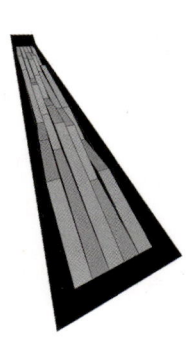

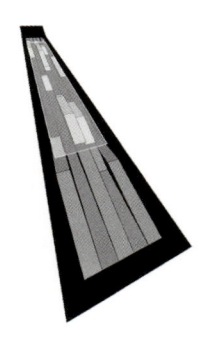

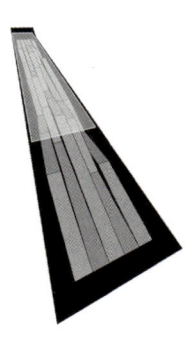

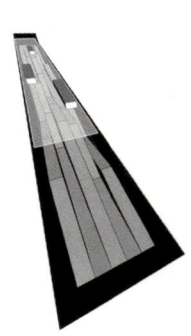

Opfiker Park, Zürich Opfikon

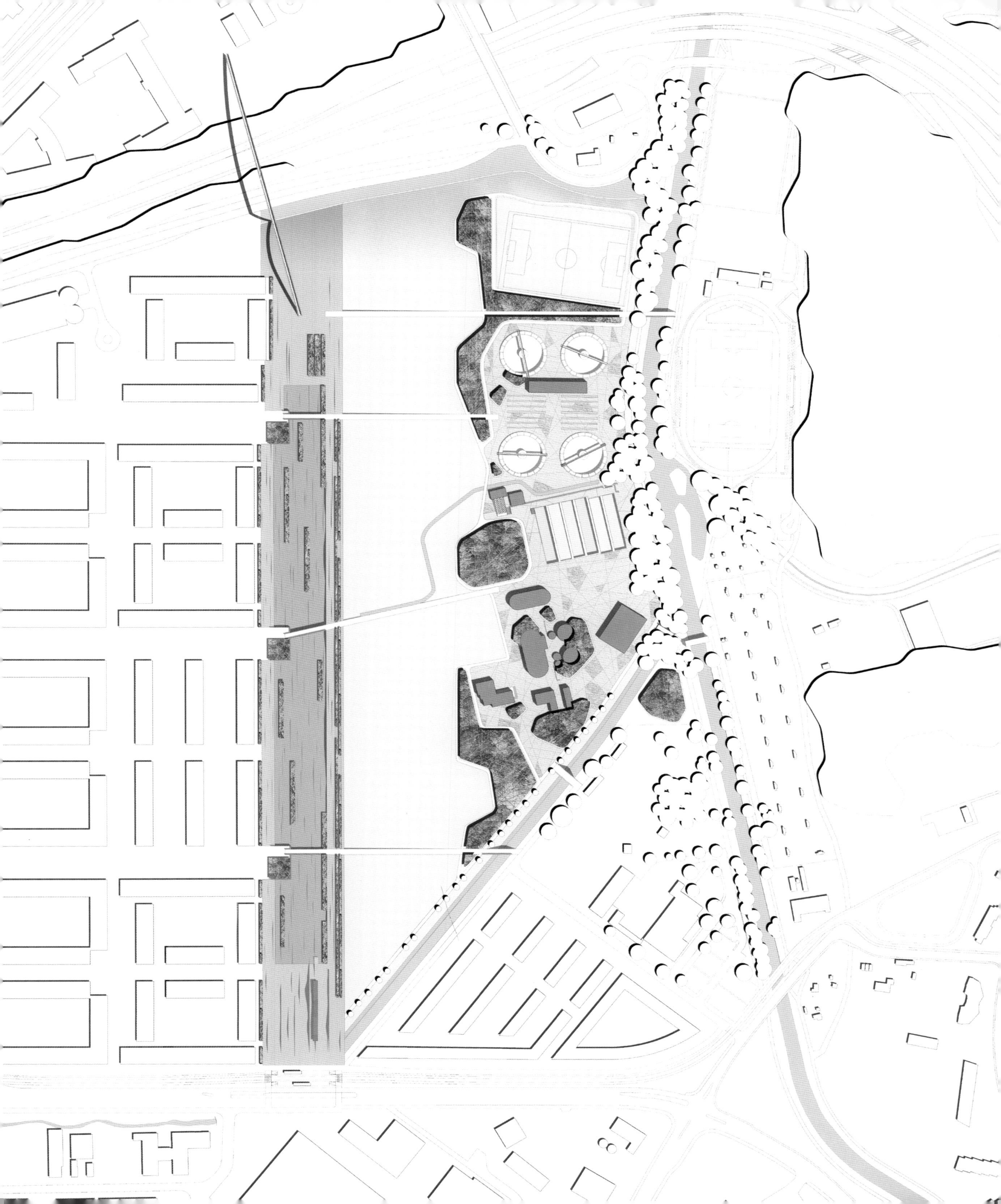

# Werkverzeichnis

**1989**
Beschränkter Städtebaulicher Realisierungswettbewerb Wohnbebauung Kaiser-Friedrich- / Pestalozzistraße, Berlin-Charlottenburg; Architektin: Marina Stankovic, Berlin; 1. Preis
Städtebaulicher Ideen- und Realisierungswettbewerb Rückbau Hohenstaufenstraße, Berlin-Schöneberg; in AG mit Prof. Hans Loidl, Berlin; Architekt: Prof. Otto Steidle, München; 1. Preis
Werkstatt Experiment Freiraum, Waldstück; Veranstaltet von der Architektenkammer Berlin

**1990**
Beschränkter Bauwettbewerb Wohnbebauung Klosterbüsche, Berlin-Spandau; Architektin: Elisabeth Meik, Berlin; 2. Preis

**1991**
Beschränkter Realisierungswettbewerb Freianlagen Schöneberger Südgelände, Berlin-Schöneberg; 1. Preis
Städtebaulicher Ideenwettbewerb Potsdamer Platz, Berlin-Mitte; in AG mit Prof. Hans Loidl, Berlin; Architekt: Prof. Otto Steidle, München; 3. Preis
Entwurfsstudie Hotel Baltic Zinnowitz, Usedom; in AG mit Florian Zimmermann, Berlin; Auftraggeber: U. Greiwe
Workshop Ausstellungsgelände BUGA Berlin 1995; Auftraggeber: BUGA Berlin 1995 GmbH; Kunstobjekte: Petra Tödter, Berlin

**1992**
Beschränkter Realisierungswettbewerb Invalidenpark, Berlin-Mitte; 2. Rang
Kooperatives Gutachterverfahren Olympiagelände / Olympisches Dorf, Berlin-Charlottenburg; in AG mit Christine Edmaier, Berlin (1. und 2. Phase) sowie Müller/Reimann/Scholz, Berlin (Koordination und Zusammenfassung der Ergebnisse)
Städtebaulicher Ideen- und Realisierungswettbewerb Gartenstadt Falkenberg, Berlin-Treptow; in AG mit Ariane Röntz, Berlin; Architektinnen: Carola Schäfers Architekten BDA & Philipp Heydl, Berlin; 5. Preis
Entwurfsstudie Mauerpark, Berlin-Prenzlauer Berg; Auftraggeber: BUGA Berlin 1995 GmbH
Planung Außenanlagen Geschäftshaus Müllerstraße 88/89, Berlin-Wedding; Auftraggeber: Eintracht Wohnungsbau-AG; Architekten: GGK und Partner, Berlin
Autohaus Gillwald, Berlin-Kreuzberg; Auftraggeber: Andreas Gillwald GbR; ArchitektInnen: Christian und Christine Kennerknecht, Berlin

**1993**
Städtebaulicher Ideen- und Realisierungswettbewerb Wohnsiedlung Neu Allermöhe-West, Hamburg-Bergedorf; Architektin: Christine Edmaier, Berlin; 1. Preis
Masterplan Kvaerner Warnow Werft, Warnemünde; in AG mit Müller/Reimann/Scholz, Berlin; Auftraggeber: Kvaerner Warnow Werft
Gestaltsatzung Wohnsiedlung Neu Allermöhe-West, Hamburg-Bergedorf; Auftraggeber: Freie Hansestadt Hamburg
Städtebauliches Gutachten Hans-Grundig-Straße, Dresden; Architekten und Auftraggeber: Müller/Reimann/Scholz, Berlin
Landschaftsplanerisches Gutachten Hauptbahnhof und Spreeuferbereich, Berlin-Friedrichshain; Auftraggeber: Senatsverwaltung für Stadtentwicklung und Umweltschutz Berlin

# Projects

**1989**
Restricted urban development realization competition for the Kaiser-Friedrich- / Pestalozzistraße housing development, Charlottenburg, Berlin; Architect: Marina Stankovic, Berlin; 1st Prize
Urban ideas and realization development competition for removing buildings in Hohenstaufenstraße, Schöneberg, Berlin; in association with Prof. Hans Loidl, Berlin; Architect: Prof. Otto Steidle, Munich; 1st Prize
'Experiment Freiraum' workshop, woodland area; Organized by the Architektenkammer Berlin

**1990**
Restricted building competition for the Klosterbüsche housing development, Spandau, Berlin; Architect: Elisabeth Meik, Berlin; 2nd Prize

**1991**
Restricted realization competition for open spaces on the Schöneberg South Site, Schöneberg, Berlin; 1st Prize
Urban development ideas competition for Potsdamer Platz, Mitte, Berlin; in association with Prof. Hans Loidl, Berlin; Architect: Prof. Otto Steidle, Munich; 3rd Prize
Design study for the Hotel Baltic Zinnowitz, Usedom; in association with Florian Zimmermann, Berlin; Client: U. Greiwe
Workshop for the BUGA Berlin site 1995; Client: BUGA Berlin 1995 GmbH; Art objects: Petra Tödter, Berlin

**1992**
Restricted realization competition for the Invalidenpark, Mitte, Berlin; 2nd place
Co-operative expert consultation on the Olympics site / Olympic Village, Charlottenburg, Berlin; in association with Christine Edmaier, Berlin (1st and 2nd phases) and Müller/Reimann/Scholz, Berlin (co-ordination and summary of results)
Urban development ideas and realization competition for Falkenberg Garden City, Treptow, Berlin; in association with Ariane Röntz, Berlin; Architects: Carola Schäfers Architekten BDA & Philipp Heydl, Berlin; 5th Prize
Design study for the Wall Park, Prenzlauer Berg, Berlin; Client: BUGA Berlin 1995 GmbH
Planning for the outdoor areas for the office block at 88/89 Müllerstraße, Wedding, Berlin; Client: Eintracht Wohnungsbau-AG; Architects: GGK und Partner, Berlin
Autohaus Gillwald, Kreuzberg, Berlin; Client: Andreas Gillwald GbR; Architects: Christian und Christine Kennerknecht, Berlin

**1993**
Urban development competition for ideas and realization for the Neu Allermöhe-West housing estate, Bergedorf, Hamburg; Architect: Christine Edmaier, Berlin; 1st Prize
Masterplan for the Kvaerner Warnow ship yard, Warnemünde; in association with Müller/Reimann/Scholz, Berlin; Client: Kvaerner Warnow Werft
Design proposition for the Neu Allermöhe-West housing estate, Bergedorf, Hamburg; Client: Freie Hansestadt Hamburg
Urban development consultancy for Hans-Grundig-Straße, Dresden; Architects and client: Müller/Reimann/Scholz, Berlin
Landscape planning consultancy for the main station and Spree bank area, Friedrichshain, Berlin; Client: Senatsverwaltung für Stadtentwicklung und Umweltschutz Berlin

Werkverzeichnis | Projects

Realisierung Gartenhof Pestalozzistraße, Berlin-Charlottenburg; Auftraggeber: WIR in Berlin GmbH; Architektin: Marina Stankovic, Berlin; Zeit: 1990 bis 1993
Realisierung Innenhof mit Rotunde, Berlin-Mitte; in AG mit Ariane Röntz, Berlin; Auftraggeber: GEHE Immobilien GmbH, Stuttgart; Architekten: Architektengemeinschaft KFK, Berlin; Zeit: 1991 bis 1993

### 1994

Städtebaulicher Ideenwettbewerb Dortmund-Husen; Architekten: Büttner, Neumann, Braun, Berlin; 3. Preis
Konkurrierendes Städtebauliches Gutachterverfahren Spree-Wohnpark Hirschgarten, Berlin-Köpenick; Architekten: Christine Edmaier, Berlin; 1. Preis
Eingeladenes Kurzfindungsverfahren Jugend-Haftanstalt Kieferngrund, Berlin-Lichtenrade; Architekten: Backmann und Schieber, Berlin; 2. Preis
Realisierungswettbewerb Berliner Volksbank eG, Berlin-Charlottenburg; Architekten: Becker, Gewers, Kühn & Kühn, Berlin; 1. Preis
Beschränkter Bauwettbewerb 6 Kindertagesstätten in Buchholz-West, Berlin-Pankow; Architekten: Barkow Leibinger, Berlin; 1. Preis
Städtebaulicher Realisierungswettbewerb Ortsmitte mit Rathaus Grünheide; Architekten: Gruber und Popp, Berlin; 3. Preis
Grünordnungsplan Wohnpark Zeestower Chaussee, Brieselang; Auftraggeber: Staab Baubetreuungs GmbH
Grünordnungsplan Maschinen- und Werkzeug-Technologiezentrum, Osdorf; Auftraggeber: Bilstein GmbH
Planerisches Konzept „Der Neue Olympia Park", Berlin-Charlottenburg; Auftraggeber: Senatsverwaltung für Stadtentwicklung und Umweltschutz Berlin; Architekten: Müller/Reimann/Scholz, Berlin
Stellplatzgutachten Niedrigenergiehaus Flämingstraße, Berlin-Marzahn; Auftraggeber: WBG Marzahn
Planung Spree-Wohnpark Hirschgarten, Berlin-Köpenick; Auftraggeber: Becker Immobilien; Architektin: Christine Edmaier, Berlin

### 1995

Gutachterverfahren Karlplatz, Berlin-Mitte; 1. Preis
Landschaftskünstlerischer Wettbewerb „Der Außenraum – Installationen im öffentlichem Raum", Donaustadtstraße, Wien; 1. Preis
Planungsverfahren Untersuchungsbereich Eisenacher Straße, Quartiersplatz, Berlin-Marzahn; Architekten: Prof. Schmidt-Thomsen, Ziegert, Berlin; 1. Preis
Realisierungswettbewerb mit städtebaulichem Teil Südliche Kastanienallee, Berlin-Hellersdorf; Architekten: Hemprich + Tophof, Berlin; 1. Preis
Beschränkter Realisierungswettbewerb Rathauserweiterung, Berlin-Pankow; Architekt: Prof. Benedict Tonon, Berlin; 2. Preis
Beschränkter Realisierungswettbewerb Bundesarbeitsgericht, Erfurt; Architektin: Gesine Weinmiller, Berlin; 1. Preis
Städtebaulicher und Landschaftsplanerischer Ideenwettbewerb Nordbahnhof, Berlin-Mitte; Architekten: Hemprich + Tophof, Berlin; 2. Preis
Beschränkter Realisierungswettbewerb Kindertagesstätte Grüne Aue, Biesdorf-Süd; Architekten: Hemprich + Tophof, Berlin; 2. Preis
Beschränkter Realisierungswettbewerb Neubebauung am Lazarett, Potsdam; Architekt: Prof. Benedict Tonon, Berlin; 1. Preis
Beschränkter städtebaulicher Realisierungswettbewerb Wohnen am Schlosspark, Berlin-Niederschönhausen; Architektin: Carola Schäfers Architekten BDA, Berlin; 3. Preis

*Realization of the Pestalozzistraße garden court, Charlottenburg, Berlin; Client: WIR in Berlin GmbH; Architect: Marina Stankovic, Berlin; Date: 1990 to 1993*
*Realization of inner courtyard with rotunda, Mitte, Berlin; in association with Ariane Röntz, Berlin; Client: GEHE Immobilien GmbH, Stuttgart; Architects: Architektengemeinschaft KFK, Berlin; Date: 1991 to 1993*

### 1994

*Urban development ideas competition for Husen, Dortmund; Architects: Büttner, Neumann, Braun, Berlin; 3rd Prize*
*Competitive urban development consultancy for the Spree housing park Hirschgarten, Köpenick, Berlin; Architects: Christine Edmaier, Berlin; 1st Prize*
*Invited rapid solution for the Kieferngrund young people's detention centre, Lichtenrade, Berlin; Architects: Backmann und Schieber, Berlin; 2nd Prize*
*Realization competition for the Berliner Volksbank eG, Charlottenburg, Berlin; Architects: Becker, Gewers, Kühn & Kühn, Berlin; 1st Prize*
*Restricted competition for 6 children's day-care centres in Buchholz-West, Pankow, Berlin; Architects: Barkow Leibinger, Berlin; 1st Prize*
*Urban development realization competition for the town centre and town hall, Grünheide; Architects: Gruber und Popp, Berlin; 3rd Prize*
*Green planning for the Zeestower Chaussee housing park, Brieselang; Client: Staab Baubetreuungs GmbH*
*Green planning for the Machine and Tool Technology Centre, Osdorf; Client: Bilstein GmbH*
*Planning concept for the new Olympic Park, Charlottenburg, Berlin; Client: Senatsverwaltung für Stadtentwicklung und Umweltschutz Berlin; Architects: Müller/Reimann/Scholz, Berlin*
*Parking consultancy for the Flämingstraße low-energy building, Marzahn, Berlin; Client: WBG Marzahn*
*Planning for the Spree residential park Hirschgarten, Köpenick, Berlin; Client: Becker Immobilien; Architect: Christine Edmaier, Berlin*

### 1995

*Consultancy for Karlplatz, Mitte, Berlin; 1st Prize*
*Landscape art competition for 'Outdoor space – installation in public space', Donaustadtstraße, Vienna; 1st Prize*
*Planning for the Eisenacher Straße study areas, district square, Marzahn, Berlin; Architects: Prof. Schmidt-Thomsen, Ziegert, Berlin; 1st Prize*
*Realization competition with urban development components for Südliche Kastanienallee, Hellersdorf, Berlin; Architects: Hemprich + Tophof, Berlin; 1st Prize*
*Restricted realization competition for the town hall extension, Pankow, Berlin; Architect: Prof. Benedict Tonon, Berlin; 2nd Prize*
*Restricted realization competition for the Federal Employment Court, Erfurt; Architect: Gesine Weinmiller, Berlin; 1st Prize*
*Urban development and landscape planning competition for the Nordbahnhof, Mitte, Berlin; Architects: Hemprich + Tophof, Berlin; 2nd Prize*
*Restricted realization competition for the Grüne Aue children's day-care centre, Biesdorf South; Architects: Hemprich + Tophof, Berlin; 2nd Prize*
*Restricted realization competition for new development at the military hospital, Potsdam; Architect: Prof. Benedict Tonon, Berlin; 1st Prize*
*Restricted urban development realization competition for Wohnen am Schlosspark, Niederschönhausen, Berlin; Architect: Carola Schäfers Architekten BDA, Berlin; 3rd Prize*

Beschränkter Realisierungswettbewerb Krankenhaus der Berliner Vollzugsanstalten, Berlin-Buch; Architekten: Müller, Rhode, Wandert, Berlin; 3. Preis
Innenraumbepflanzungskonzept Hypo-Bank / Schönebeck; Auftraggeber: Hypo-Bank Schoenebeck; Architekt: Klaus Theo Brenner, Berlin
Studie zu Innenraumbepflanzung und Corporate Identity Bayerische Vereinsbank, Potsdam; Auftraggeber: Bayerische Vereinsbank, München
Grünordnungsplan Kaufhausprojekt Stadtzentrum Fürstenwalde / Spree; Auftraggeber: Dr. Michler KG; Architekten: Wiechers und Beck, Berlin
Städtebauliches Gutachten Blumberger Damm, Berlin-Biesdorf; Architekt und Auftraggeber: Klaus Theo Brenner, Berlin
Eingriffsgutachten zum Vorhaben- und Erschließungsplan Blumberger Damm, Berlin-Biesdorf; Auftraggeber: Blumberger Damm & Co. KG
Grünordnungsplan Rathausprojekt, Stadtzentrum Fürstenwalde / Spree; Auftraggeber: KapHag; Architekten: Wiechers und Beck, Berlin
Realisierung Installation Schattenkino, Wien; Auftraggeber: Magistrat der Stadt Wien; Zeit: 1995
Realisierung Gartenhof Bayerische Vereinsbank, Potsdam; Auftraggeber: Bayerische Vereinsbank, München; Architekten: Hoffmann Uellendahl, Berlin; Zeit: 1994 bis 1995

### 1996

Kooperatives Gutachterverfahren Ehemaliges Flugfeld Johannisthal-Adlershof, Berlin-Treptow; 1. Preis
Beschränkter Realisierungswettbewerb Stadtplatz Bornstedter Feld, Potsdam; 3. Preis
Beschränkter Realisierungswettbewerb Muldnaher Stadt- und Freiraum, Dessau; in AG mit Gruber und Popp, Kai Vöckler, beide Berlin; 2. Preis
Beschränkter Realisierungswettbewerb Wohnungsbau für Parlamentarier Turner-Kaserne, Berlin-Zehlendorf; Architekt: Klaus Theo Brenner, Berlin; 1. Preis
Städtebaulicher Realisierungswettbewerb Stuttgarter Platz, Berlin-Charlottenburg; Architekten: Hemprich + Tophof, Berlin; 2. Preis
Planung Zentrumskern Elsterwerdaer Platz, Berlin-Marzahn; Auftraggeber: Elsterwerdaer Platz GmbH; Architekten: Schluder & Kastner, Wien
Planung Gymnasium in der Dunckerstraße, Berlin-Prenzlauer Berg; Auftraggeber: Bezirksamt Prenzlauer Berg; Architekt: Klaus Theo Brenner, Berlin
Planung Freianlagen Blumberger Damm, Berlin-Marzahn; Auftraggeber: Blumberger Damm & Co. KG; Architekt: Klaus Theo Brenner, Berlin
Planung Quartiersplatz Eisenacher Straße, Berlin-Marzahn; Auftraggeber: ARGE Landsberger Tor mbH
Realisierung: Kindertagesstätte Karow-Nord Standort 1, Berlin-Karow; Auftraggeber: Senatsverwaltung für Bauen, Wohnen, Verkehr, Berlin; Architektin: Carola Schäfers Architekten BDA, Berlin; Zeit: 1993 bis 1996
Realisierung Wohnsiedlung Wolfsschlucht, Schwerin-Friedrichsthal; Auftraggeber: BGKK Architekten; Architekten: Becker, Gewers, Kühn & Kühn, Berlin; Zeit: 1994 bis 1996

### 1997

Landschaftsplanerischer Realisierungswettbewerb Wuhlepark Landsberger Tor, Berlin-Marzahn; 4. Preis
Städtebauliches Gutachten Ferropolis „Stadt aus Eisen"; Auftraggeber: EXPO 2000 Sachsen-Anhalt GmbH
Gestalterische Beratung für die Arena Ferropolis „Stadt aus Eisen"; Auftraggeber: EXPO 2000 Sachsen-Anhalt GmbH
Städtebauliches Konzept Bauausstellung Berlin 1999, Buchholz-West Teil Nord; in AG mit

Restricted realization competition for the Berlin Penal Institutions' Hospital, Buch, Berlin; Architects: Müller, Rhode, Wandert, Berlin; 3rd Prize
Interior planting concept for the Hypo-Bank / Schönebeck; Client: Hypo-Bank Schoenebeck; Architect: Klaus Theo Brenner, Berlin
Study for interior planting and Corporate Identity Bayerische Vereinsbank, Potsdam; Client: Bayerische Vereinsbank, Munich
Green planning for the Fürstenwalde / Spree town centre department store project; Client: Dr. Michler KG; Architects: Wiechers und Beck, Berlin
Urban development consultancy for Blumberger Damm, Biesdorf, Berlin; Architect and client: Klaus Theo Brenner, Berlin
Intervention consultancy for the project and development plan for Blumberger Damm, Biesdorf, Berlin; Client: Blumberger Damm & Co. KG
Green planning for the town hall project, Fürstenwalde / Spree town centre; Client: KapHag; Architects: Wiechers und Beck, Berlin
Realization for the shadow cinema installation, Vienna; Client: Magistrat der Stadt Wien; Date: 1995
Realization of a garden court for the Bayerische Vereinsbank, Potsdam; Client: Bayerische Vereinsbank, Munich; Architects: Hoffmann Uellendahl, Berlin; Date: 1994 to 1995

### 1996

Co-operative consultancy for the former airfield at Johannisthal-Adlershof, Treptow, Berlin; 1st Prize
Restricted realization competition for the Bornstedter Feld urban square, Potsdam; 3rd Prize
Restricted realization competition for Muldnaher urban and open space, Dessau; in association with Gruber und Popp, Kai Vöckler, both Berlin; 2nd Prize
Restricted realization competition for a parliamentarians' hostel in the Turner barracks, Zehlendorf, Berlin; Architect: Klaus Theo Brenner, Berlin; 1st Prize
Urban development realization competition for Stuttgarter Platz, Charlottenburg, Berlin, Architects: Hemprich + Tophof, Berlin, 2nd Prize
Planning for the Elsterwerdaer Platz central core, Marzahn, Berlin; Client: Elsterwerdaer Platz GmbH; Architects: Schluder & Kastner, Wien
Planning for the grammar school in Dunckerstraße, Prenzlauer Berg, Berlin; Client: Bezirksamt Prenzlauer Berg; Architect: Klaus Theo Brenner, Berlin
Planning for open spaces at Blumberger Damm, Marzahn, Berlin; Client: Blumberger Damm & Co. KG; Architect: Klaus Theo Brenner, Berlin
Planning for the Eisenacher Straße district square, Marzahn, Berlin; Client: ARGE Landsberger Tor mbH
Realization of Karow-Nord Standort 1, children's day-care centre, Karow, Berlin; Client: Senatsverwaltung für Bauen, Wohnen, Verkehr, Berlin; Architect: Carola Schäfers Architekten BDA, Berlin; Date: 1993 to 1996
Realization of the Wolfsschlucht housing estate, Friedrichsthal, Schwerin; Client: BGKK Architekten; Architects: Becker, Gewers, Kühn & Kühn, Berlin; Date: 1994 to 1996

### 1997

Landscape planning realization competition for the Wuhlepark Landsberger Tor, Marzahn, Berlin; 4th Preis
Urban development consultancy for Ferropolis 'City of Iron'; Client: EXPO 2000 Sachsen-Anhalt; GmbH
Design advice for the Ferropolis 'City of Iron' arena; Client: EXPO 2000 Sachsen-Anhalt; GmbH
Urban development concept for the Berlin 1999 building exhibition, Buchholz-West, north sector;

Werkverzeichnis | Projects

Eisele, Fritz + Partner, Darmstadt, Herzog und Partner, München, Klaus Meier-Hartmann, Berlin, Dimitri Bush, Moskau, Engel / Zillich, Berlin, Klaus-Peter Hackenberg, Berlin; Auftraggeber: GbR ARGE Nord

Planung Kaserne Pappelallee, Baufeld 3, Potsdam; Auftraggeber: BBT GmbH; Architekten: Fink + Jocher, München, Jörg Springer, Berlin

Planung Kaserne Pappelallee, Baufeld 5, Potsdam; Auftraggeber: GEWOBA Gemeinnützige Wohn- und Baugesellschaft Potsdam mbH; Architekten: ASTOC Architects & Planners, Köln mit Prof. Kees Christiaanse, Berlin

Planung Kaserne Pappelallee, Baufeld 6, Potsdam; Auftraggeber: HKW Grundstücksverwaltung; Architekt: Georg P. Mügge, Berlin

Realisierung Wohnblöcke A und C Karow-Nord, Berlin-Karow; Auftraggeber: WBG Weißensee; Zeit: 1993 bis 1997

Realisierung Parkplatz Wittenberger Straße, Berlin-Marzahn; Auftraggeber: WBG Marzahn; Zeit: 1996 bis 1997

## 1998

Gutachterverfahren Grünzug auf dem Gelände des ehemaligen Eilenburger Bahnhofes, Leipzig; 1. Preis

Landschaftsarchitektonisches Gutachterverfahren Stadtplatz am Kronsberg im Rahmen der EXPO 2000 Hannover; 1. Preis

Realisierung Gartenhöfe Verlängerte Goerzallee, Berlin-Zehlendorf; Auftraggeber: GEHAG GmbH; Architekten: Architekten GEHAG GmbH, Berlin; Zeit: 1993 bis 1998

Realisierung Niedrigenergiehaus Flämingstraße, Berlin-Marzahn; Auftraggeber: WBG Marzahn; Architekten: Assmann, Salomon und Scheidt Architekten, Berlin; Zeit: 1994 bis 1998

Realisierung Kindertagesstätte 7 Karow-Nord, Berlin-Weißensee; Auftraggeber: Senatsverwaltung für Bauen, Wohnen und Verkehr, Berlin; Architekten: Höhne und Rapp Architekten, Berlin; Zeit: 1994 bis 1998

Realisierung Wohnsiedlung „Am Grünen Weg", Blankenfelde; Auftraggeber: GEHAG GmbH; Architekten: Architekten GEHAG GmbH, Berlin; Zeit: 1994 bis 1998

Realisierung Jugendfreizeitzentrum Buchholz, Berlin-Weißensee; Auftraggeber: ERGERO; Grundstückserschließungsgesellschaft mbH; Architekten: Barkow Leibinger Architekten, Berlin; Zeit: 1996 bis 1998

Realisierung Altengerechtes Wohnen Wittenberger Strasse, Berlin-Marzahn; Auftraggeber: WBG Marzahn; Zeit: 1996 bis 1998

Kindertagesstätte Buchholz Nr. 7, Berlin-Pankow; Auftraggeber: ERGERO; Grundstückserschließungsgesellschaft mbH; Architekten: Mussotter und Poeverlein, Berlin; Zeit: 1996 bis 1998

Kindertagesstätte Buchholz Nr. 10, Berlin-Pankow; Auftraggeber: ERGERO; Grundstückserschließungsgesellschaft mbH; Architekten: Barkow Leibinger, Berlin; Zeit: 1996 bis 1998

Realisierung Wohnhof Bizetstraße 81/83, Berlin-Weißensee; Auftraggeber: GbR Bizetstrasse; Architekten: Reimers Architekten, Berlin; Zeit: 1997 bis 1998

Realisierung Innenhof Gebäudedreieck, Kavalierstraße / Zerbster Straße Dessau; Auftraggeber: Dessauer Wohnungsbaugesellschaft; Zeit: 1997 bis 1998

Realisierung Hauptverwaltung Sparkasse, Dessau; Auftraggeber: Iphitos Grundstücks GmbH & Co.; Architekten: LTK Architekten, Dortmund; Zeit: 1997 bis 1998

Realisierung Veranstaltungsarena Ferropolis; Auftraggeber: EXPO 2000 Sachsen-Anhalt GmbH; Architekten: Studio Ian Ritchie, Office of Jonathan Park, beide London; Zeit: 1997 bis 1998

---

in association with Eisele, Fritz + Partner, Darmstadt, Herzog und Partner, Munich, Klaus Meier-Hartmann, Berlin, Dimitri Bush, Moscow, Engel / Zillich, Berlin, Klaus-Peter Hackenberg, Berlin; Client: GbR ARGE Nord

Planning for the Pappelallee barracks, building area 3, Potsdam; Client: BBT GmbH Architects: Fink + Jocher, Munich, Jörg Springer, Berlin

Planning for the Pappelallee barracks, building area 5, Potsdam; Client: GEWOBA Gemeinnützige Wohn- und Baugesellschaft Potsdam mbH; Architects: ASTOC Architekten & Planners, Cologne with Prof. Kees Christiaanse, Berlin

Planning for the Pappelallee barracks, building area 6, Potsdam; Client: HKW Grundstücksverwaltung; Architect: Georg P. Mügge, Berlin

Realization of housing blocks A and C Karow-Nord, Karow, Berlin; Client: WBG Weißensee; Date: 1993 to 1997

Realization of the Wittenberger Straße car park, Marzahn, Berlin; Client: WBG Marzahn; Date: 1996 to 1997

## 1998

Consultancy for a green area on the site of the former Eilenburg station, Leipzig; 1st Prize

Landscape architecture consultancy for an urban square at Kronsberg for EXPO 2000 Hanover; 1st Prize

Realization of garden courts for the extended Goerzallee, Zehlendorf, Berlin; Client: GEHAG GmbH; Architects: Architekten GEHAG GmbH, Berlin; Date: 1993 to 1998

Realization of Flämingstraße low energy building, Marzahn, Berlin; Client: WBG Marzahn; Architects: Assmann, Salomon und Scheidt; Architekten, Berlin; Date: 1994 to 1998

Realization of the 7 Karow-Nord children's day-care centre, Weißensee, Berlin; Client: Senatsverwaltung für Bauen, Wohnen und Verkehr, Berlin; Architects: Höhne und Rapp Architekten, Berlin; Date: 1994 to 1998

Realization of the 'Am Grünen Weg' housing estate, Blankenfelde; Client: GEHAG GmbH; Architects: Architekten GEHAG GmbH, Berlin; Date: 1994 to 1998

Realization of the Buchholz young people's leisure centre, Weißensee, Berlin; Client: ERGERO Grundstückserschließungsgesellschaft mbH; Architects: Barkow Leibinger Architekten, Berlin; Date: 1996 to 1998

Realization of old people's housing in Wittenberger Strasse, Marzahn, Berlin; Client: WBG Marzahn; Date: 1996 to 1998

Buchholz no.7 children's day-care centre, Pankow, Berlin; Client: ERGERO Grundstückserschließungsgesellschaft mbH; Architects: Mussotter und Poeverlein, Berlin; Date: 1996 to 1998

Buchholz no.10 children's day-care centre, Pankow, Berlin; Client: ERGERO Grundstückserschließungsgesellschaft mbH; Architects: Barkow Leibinger, Berlin; Date: 1996 to 1998

Realization of housing at 81/83 Bizetstraße, Weißensee, Berlin; Client: GbR Bizetstrasse; Architects: Reimers Architekten, Berlin; Date: 1997 to 1998

Realization of courtyard for Kavalierstraße / Zerbster Straße triangle in Dessau; Client: Dessauer Wohnungsbaugesellschaft; Date: 1997 to 1998

Realization of savings bank headquarters, Dessau; Client: Iphitos Grundstücks GmbH & Co.; Architects: LTK Architekten, Dortmund; Date: 1997 to 1998

Realization of Ferropolis administration area; Client: EXPO 2000 Sachsen-Anhalt GmbH; Architects: Studio Ian Ritchie, Office of Jonathan Park, both London; Date: 1997 to 1998

## 1999

Landschaftsplanerischer Realisierungswettbewerb Kleingärten und Grünanlage Kirschallee Bornstedter Feld im Rahmen der BUGA Potsdam 2001; 1. Preis

Freiraumplanerischer Realisierungswettbewerb Südlicher Vorplatz am Lehrter Bahnhof, Berlin-Tiergarten; in AG mit Martha Schwartz Inc. Landscape Design Cambridge Ma. USA; 1. Preis

Landschaftsplanerisches Gutachterverfahren Innenhof Bundesministerium für Arbeit und Sozialordnung, Berlin-Mitte; in AG mit Martha Schwartz Inc. Landscape; Design Cambridge Ma. USA; 2. Rang

Landschaftsplanerisches Gutachterverfahren Park Maselake, Berlin-Spandau; 2. Preis

Beschränkter Realisierungswettbewerb Blumenhalle / Biosphäre Bundesgartenschau 2001, Potsdam; Architekten: Barkow Leibinger, Berlin; 1. Preis

Städtebauliche Studie „Das städtische Wohnpalais – Innenstadt als Wohnort"; Auftraggeber: Senatsverwaltung für Bauen, Wohnen und Verkehr, Berlin; Architekt: Klaus Theo Brenner in AG mit Hans Kohlbeck, beide Berlin

Realisierung: Residenz des Indischen Botschafters, Berlin-Zehlendorf; Auftraggeber: Republik Indien; Architekten: Hemprich und Tophof, Berlin; Zeit: 1998 bis 1999

Kindertagesstätte Biesdorf, Berlin-Marzahn; Auftraggeber: BAUGRUND Entwicklungsträger; Architektin: Carola Schäfers Architekten; BDA, Berlin; Zeit: 1998 bis 1999

## 2000

Landschaftsplanerisches Gutachterverfahren Neugestaltung Kurgarten, Salzburg; 2. Preis

Landschaftsplanerisches Gutachterverfahren Neuordnung Umfeld Neanderthal: Museum und Fundort, Neanderthal bei Düsseldorf; 2. Preis

Freiraumplanerischer Realisierungswettbewerb Bahnhofsvorplatz Spandau, Berlin-Spandau; in AG mit Wiechers und Beck, Berlin; 2. Rang

Städtebaulicher Realisierungswettbewerb Spreestadt, Berlin-Charlottenburg; Architekten: Hemprich + Tophof, Berlin; 1. Preis

Grünordnungsplan Östlich Schloss Prüfening, Regensburg; Auftraggeber: Fürst Thurn und Taxis; Architekten: GSW Architekten, Berlin

Realisierung Kindertagesstätte Pulvermühle, Berlin-Spandau; Auftraggeber: Bezirksamt Spandau; Architekt: Prof. Benedikt Tonon, Berlin; Zeit: 1995 bis 2000

Realisierung Wohnanlage „Am Petersberg", Berlin-Zehlendorf; Auftraggeber: GEHAG GmbH; Architekten: Klaus Theo Brenner, Berlin; Zeit: 1996 bis 2000

Realisierung Kindertagesstätte Landsberger Tor, Berlin-Marzahn; Auftraggeber: ARGE Landsberger Tor mbH; Architekten: Prof. Schmidt-Thomsen, Ziegert, Berlin; Zeit: 1997 bis 2000

Realisierung Am Lazarett, Schlegelstraße, Potsdam; Auftraggeber: GEWOBA Gemeinnützige Wohn- und Baugesellschaft Potsdam mbH; Architekt: Prof. Benedikt Tonon, Berlin; Zeit: 1997 bis 2000

Realisierung Kleingartenanlage und Grünfläche an der Kirschallee, Potsdam Bornstedter Feld; Auftraggeber: Entwicklungsträger Bornstedter Feld GmbH Potsdam; Zeit: 1999 bis 2000

Realisierung Außenanlagen Grundschule Gatow, Berlin-Spandau; Auftraggeber: Bundesbauamt Berlin; Architektin: Carola Schäfers Architekten; BDA, Berlin; Zeit: 1999 bis 2000

Realisierung Trumpf Gründerzentrum, Grüsch (Schweiz); Auftraggeber: Trumpf Grüsch GmbH, Architekten: Barkow Leibinger Architekten, Berlin; Zeit: 1999 bis 2000

Realisierung Neugestaltung Sömmerdaplatz, Böblingen; Auftraggeber: Stadt Böblingen; Zeit: 1999 bis 2000

## 1999

Landscape planning realization competition for the accountable planning realization competition for the Kirschallee Bornstedter Feld allotments and green space for BUGA Potsdam 2001; 1st Prize

Open space realization competition for the South Forecourt at the Lehrter Bahnhof, Tiergarten, Berlin; in association with Martha Schwartz Inc. Landscape Design Cambridge Ma. USA; 1st Prize

Landscape planning consultancy for inner courtyard at the Bundesministerium für Arbeit und Sozialordnung, Mitte, Berlin; in association with Martha Schwartz Inc. Landscape Design Cambridge Ma. USA; 2nd place

Landscape planning consultancy for Maselake Park, Spandau, Berlin; 2nd Prize

Restricted realization competition for flower hall / biosphere at the Bundesgartenschau 2001, Potsdam; Architects: Barkow Leibinger, Berlin; 1st Prize

Urban development study „Das städtische Wohnpalais – Innenstadt als Wohnort"; Client: Senatsverwaltung für Bauen, Wohnen und Verkehr, Berlin; Architect: Klaus Theo Brenner in association with Hans Kohlbeck, both Berlin

Realization: Indian ambassador's residence, Zehlendorf, Berlin; Client: Republic of India Architects: Hemprich und Tophof, Berlin; Date: 1998 to 1999

Biesdorf children's day-care centre, Marzahn, Berlin; Client: BAUGRUND Entwicklungsträger; Architect: Carola Schäfers Architekten; BDA, Berlin; Date: 1998 to 1999

## 2000

Landscape planning consultancy for redesigning the Kurgarten, Salzburg; 2nd Prize

Landscape planning consultancy for reorganizing the Neanderthal site: museum and find location, Neanderthal near Düsseldorf; 2nd Prize

Open air planning realization competition for the Spandau station forecourt, Spandau, Berlin; in association with Wiechers und Beck, Berlin; 2nd place

Urban development realization competition for the Spreestadt, Berlin-Charlottenburg; Architects: Hemprich + Tophof, Berlin; 1st Prize

Green design plan for Östlich Schloss Prüfening, Regensburg; Client: Fürst Thurn und Taxis Architects: GSW Architekten, Berlin

Realization of Pulvermühle children's day-care centre, Spandau, Berlin; Client: Bezirksamt Spandau; Architect: Prof. Benedikt Tonon, Berlin; Date: 1995 to 2000

Realization of housing 'Am Petersberg', Zehlendorf, Berlin; Client: GEHAG GmbH; Architects: Klaus Theo Brenner, Berlin; Date: 1996 to 2000

Realization of Landsberger Tor children's daycare centre, Marzahn, Berlin; Client: ARGE Landsberger Tor mbH; Architects: Prof. Schmidt-Thomsen, Ziegert, Berlin; Date: 1997 to 2000

Realization of Am Lazarett, Schlegelstraße, Potsdam; Client: GEWOBA Gemeinnützige Wohn- und Baugesellschaft Potsdam mbH; Architect: Prof. Benedikt Tonon, Berlin; Date: 1997 to 2000

Realization of allotments and green area on Kirschallee, Potsdam Bornstedter Feld; Client: Entwicklungsträger Bornstedter Feld GmbH Potsdam; Date: 1999 to 2000

Realization of outdoor areas for Gatow primary school, Spandau, Berlin; Client: Bundesbauamt Berlin; Architect: Carola Schäfers Architekten BDA, Berlin; Date: 1999 to 2000

Realization of Trumpf Gründerzentrum, Grüsch (Switzerland); Client: Trumpf Grüsch GmbH; Architects: Barkow Leibinger Architekten, Berlin; Date: 1999 to 2000

Realization of new design for Sömmerdaplatz, Böblingen; Client: Stadt Böblingen; Date: 1999 to 2000

Werkverzeichnis | Projects

## 2001

Freiraumplanerischer Realisierungswettbewerb Joachimsthaler Platz, Berlin-Charlottenburg; 3. Preis
Freiraumplanerischer Realisierungswettbewerb Blankensteinpark, Berlin-Friedrichshain; in AG mit Christine Edmaier, Berlin; 1. Preis
Städtebaulicher Realisierungswettbewerb Alter Messeplatz, Freiburg; Architektin: Christine Edmaier, Berlin; 4. Preis
Kooperatives Gutachterverfahren Campus am Jungfernsee, Potsdam-Bornstedt; Architekten: Hilmer Sattler Albrecht GmbH, Berlin; 4. Preis
Städtebaulicher Workshop Neubaugebiet Xiangdeli, Tangshan; Veranstaltet von Architectural Society of China und der deutschen Heinrich Böll Stiftung
Workshop im Rahmen der internationalen Bauausstellung Fürst-Pückler-Land „Werkstatt für neue Landschaften"; Veranstaltet von IBA Fürst-Pückler-Land
Realisierung Außenanlagen Evangelisches Gemeindezentrum Neuallermöhe-West, Hamburg; Auftraggeber: Kirchenkreis Alt-Hamburg in der Evangelisch-Lutherischen Kirche; Architektin: Christine Edmaier, Berlin; Zeit: 1996 bis 2001
Realisierung Kaserne Pappelallee, Baufeld 2, Potsdam; Auftraggeber: GEWOBA Gemeinnützige Wohn- und Baugesellschaft Potsdam mbH; Architekten: ASTOC Architects & Planners, Köln mit Kees Christiaanse, Jörg Springer, Berlin; Zeit: 1997 bis 2001
Realisierung Hausgarten K., Gerlingen; Architekten: Eckert Manthos Rith, Stuttgart; Zeit: 1999 bis 2001
Realisierung Kleingärten Kirschallee, BUGA 2001, Bornstedter Feld, Potsdam; Auftraggeber: Entwicklungsträger Bornstedter Feld GmbH Potsdam; Zeit: 1999 bis 2001
Realisierung Vorplatz und Umfeld Biosphärenhalle – BUGA 2001, Bornstedter Feld, Potsdam; Auftraggeber: Entwicklungsträger Bornstedter Feld GmbH Potsdam; Architekten: Barkow Leibinger Architekten, Berlin; Zeit: 1999 bis 2001
Realisierung Hans-Baluschek-Park, Berlin-Schöneberg; Auftraggeber: Grün Berlin GmbH; Zeit: 1999 bis 2001

## 2002

Freiraumplanerischer Realisierungswettbewerb Glattpark, Zürich-Opfikon; in AG mit Kai Vöckler, Carola Schäfers Architekten BDA, Start Media, Müller-Kalchreuth, Berlin; 1. Preis
Freiraumplanerischer Realisierungswettbewerb Landesgartenschau Wolfsburg 2004, Wolfsburg; 1. Preis
Beschränkter städtebaulicher Vertiefungswettbewerb NINO-Areal, Nordhorn; Architekten: Christine Edmaier, Berlin; 1. Preis
Planung Wegeverbindung Neu-Zippendorf, Schwerin; Auftraggeber: Stadt Schwerin
Planung Produktionsgelände Technogym, Cesena (Italien); Auftraggeber: Citterio Architekten, Mailand; Architekten: Citterio Architekten, Mailand

## 2003

Beschränkter Realisierungswettbewerb Olympia-Pavillion, Leipzig; Architekten: Barkow Leibinger, Berlin; 1. Preis
Städtebaulicher Ideenwettbewerb Regierungsstandort Henning-van-Tresckow Straße, Potsdam; Architekten: Christine Edmaier, Berlin; 2. Preis
Workshop zur Konzeption Zentrale Museums- und Forschungsstätte Brüder Grimm, Kassel; in AG mit Penkhues Architekten, Kassel und Atelier Brückner, Stuttgart; Veranstaltet von der Stadt Kassel, der Magistrat, vertreten durch das Hochbauamt
Gestaltungskonzept Vorplatz Anderten Bahnhof, Hannover; Auftraggeber: Stadt Hannover
Realisierung Naturnaher Landschafts- und Erholungspark Adlershof, Berlin; Auftraggeber: BAAG Berlin Adlershof Aufbaugesellschaft mbH; Zeit: 1997 bis 2003

## 2001

Open space planning realization competition for Joachimsthaler Platz, Charlottenburg, Berlin; 3rd Prize
Open space planning realization competition for the Blankensteinpark, Berlin-Friedrichshain; in association with Christine Edmaier, Berlin; 1st Prize
Urban development realization competition for Alter Messeplatz, Freiburg; Architect: Christine Edmaier, Berlin; 4th Preis
Co-operative consultancy for campus on the Jungfernsee, Bornstedt, Potsdam; Architects: Hilmer Sattler Albrecht GmbH, Berlin; 4th Preis
Urban development workshop for the Xiangdeli new development area, Tangshan; Organized by the Architectural Society of China and the German Heinrich Böll Stiftung
Workshop for the Fürst-Pückler-Land international building exhibition 'Werkstatt für neue Landschaften'; Organized by IBA Fürst-Pückler-Land
Realization of outside areas for the Evangelisches Gemeindezentrum in Neuallermöhe-West, Hamburg; Client: Kirchenkreis Alt-Hamburg in der Evangelisch-Lutherischen Kirche; Architect: Christine Edmaier, Berlin; Date: 1996 to 2001
Realization of Pappelallee barracks, building area 2, Potsdam; Client: GEWOBA Gemeinnützige Wohn- und Baugesellschaft Potsdam mbH; Architects: ASTOC Architekten & Planners, Coogne with Kees Christiaanse, Jörg Springer, Berlin; Date: 1997 to 2001
Realization of Hausgarten K., Gerlingen; Architects: Eckert Manthos Rith, Stuttgart; Date: 1999 to 2001
Realization of Kirschallee allotments, BUGA 2001, Bornstedter Feld, Potsdam; Client: Entwicklungsträger Bornstedter Feld GmbH Potsdam; Date: 1999 to 2001
Realization Forecourt and surroundings for the Biosphere hall – BUGA 2001, Bornstedter Feld, Potsdam; Client: Entwicklungsträger Bornstedter Feld GmbH Potsdam; Architects: Barkow Leibinger Architekten, Berlin; Date: 1999 to 2001
Realization of the Hans-Baluschek-Park, Schöneberg, Berlin; Client: Grün Berlin GmbH; Date: 1999 to 2001

## 2002

Open space planning realization competition for the Glattpark, Opfikon, Zurich; in association with Kai Vöckler, Carola Schäfers Architekten BDA, Start Media, Müller-Kalchreuth, Berlin; 1st Prize
Open space planning realization competition for the Landesgartenschau Wolfsburg 2004, Wolfsburg; 1st Prize
Restricted urban development advanced competition for the NINO site, Nordhorn; Architects: Christine Edmaier, Berlin; 1st Prize
Pathway planning for Neu-Zippendorf, Schwerin; Client: Stadt Schwerin
Planning for the Technogym production site, Cesena (Italy); Client: Citterio Architects, Milan; Architects: Citterio Architects, Milan

## 2003

Restricted realization competition for the Olympic pavilion, Leipzig; Architects: Barkow Leibinger, Berlin; 1st Prize
Urban development ideas competition government site in Henning-van-Tresckow Straße, Potsdam; Architects: Christine Edmaier, Berlin; 2nd Prize
Workshop for the Zentrale Museums- und Forschungsstätte Brüder Grimm concept, Kassel; in association with Penkhues Architekten, Kassel and Atelier Brückner, Stuttgart; Arranged by Stadt Kassel, city council, represented by the building department
Design concept for the Anderten station forecourt, Hanover; Client: Stadt Hannover
Realization of Adlershof close-to-nature landscape and recreation park, Berlin; Client: BAAG Berlin Adlershof Aufbaugesellschaft mbH; Date: 1997 to 2003

Realisierung Stadtteilpark Reudnitz, Leipzig; Auftraggeber: Stadt Leipzig; Zeit: 1998 bis 2003
Realisierung Außenanlagen Trumpf Sachsen, Neukirch; Auftraggeber: Trumpf Sachsen GmbH; Architekten: Barkow Leibinger; Architekten, Berlin; Zeit: 1999 bis 2003
Vorplatz Trumpf Ditzingen, Ditzingen; Auftraggeber: Trumpf GmbH; Architekten: Barkow Leibinger Architekten, Berlin; Zeit: 2000 bis 2003

## 2004
Landschaftlicher Ideen- und Realisierungswettbewerb Arnulfpark, München; 2. Preis
Städtebaulicher Realisierungswettbewerb Rathenauplatz-Goetheplatz-Rossmarkt, Frankfurt am Main; 1. Preis
Beschränkter Realisierungswettbewerb Bosch-Zentrum am Feuerbach, Stuttgart; Architekten: Barkow Leibinger, Berlin; 2. Preis
Realisierung Landesgartenschau Wolfsburg 2004; Auftraggeber: Marketing- und Service-Gesellschaft mbH, Wolfsburg, Allerpark i.Gr. (MSGA); Zeit: 2002 bis 2004
Realisierung Außenanlagen Niederländische Botschaft, Berlin-Mitte; Auftraggeber: Botschaft des Königreichs der Niederlande; Architekten: OMA, Rotterdam; Zeit: 2003 bis 2004
Beschränkter Realisierungswettbewerb Bürogebäude der Hansainvest in der City Nord, Hamburg; Architekten: Carsten Roth Architekt, Hamburg; 1. Preis
Masterplan Trumpf Ditzingen; Auftraggeber: Trumpf GmbH; Architekten: Barkow Leibinger, Berlin
Landschaftsarchitektonisch-städtebaulicher Wettbewerb RheinPark Duisburg; Stadtplaner: Jahn, Mack + Partner, Berlin; 2. Preis

## In Bearbeitung
Lehrter Stadtbahnhof, Berlin; in AG mit Martha Schwartz Inc. Landscape Design Cambridge Ma. USA; Auftraggeber: Senatsverwaltung für Stadtentwicklung Berlin; Architekten: von Gerkan, Marg und Partner; Zeit: 2000 bis 2007
Außenanlagen Blindeninstitutsstiftung, Regensburg; Auftraggeber: Blindeninstitutsstiftung Würzburg; Architekten: GSW Architekten, Berlin; Zeit: 2001 bis 2005
Blankensteinpark, Berlin-Pankow; Auftraggeber: SES Stadtentwicklungsgesellschaft Eldenaer Straße mbH; Zeit: 2002 bis 2005
Glattpark Zürich-Opfikon, Opfiker Park; Auftraggeber: Stadt Opfikon; in AG mit Büro Hager, Zürich, Carola Schäfers Architekten BDA, Berlin, Kai Vöckler, Urbanist, Berlin; Zeit: 2002 bis 2006
Anger-Crottendorfer Bahnschneise, Leipzig; Auftraggeber: Stadt Leipzig; Zeit: 2003 bis 2006
Goetheplatz-Rathenauplatz-Roßmarkt, Frankfurt a. Main; Auftraggeber: Stadt Frankfurt am Main; Zeit: 2004 bis 2005
Vorplatz und Parkplatz Skylink, Wien-Flughafen; Auftraggeber: P.ARC Baumschlager Eberle Gartenmann Raab GmbH; Architekten: P.ARC Baumschlager Eberle Gartenmann Raab GmbH; Zeit: 2003 bis 2008
Außenanlagen Erweiterung Mensagebäude Trumpf Sachsen, Neukirch; Auftraggeber: Trumpf Sachsen GmbH; Architekten: Barkow Leibinger Architekten, Berlin

---

*Realization of Reudnitz district park, Leipzig;* Client: Stadt Leipzig; Date: 1998 to 2003
*Realization of outdoor areas for Trumpf Sachsen, Neukirch;* Client: Trumpf Sachsen GmbH; Architects: Barkow Leibinger; Architekten, Berlin; Date: 1999 to 2003
*Trumpf Ditzingen forecourt, Ditzingen;* Client: Trumpf GmbH; Architects: Barkow Leibinger, Architekten, Berlin; Date: 2000 to 2003

## 2004
*Landscape ideas and realization competition for the Arnulfpark, Munich;* 2nd Prize
*Urban development realization competition for the Rathenauplatz-Goetheplatz-Rossmarkt, Frankfurt am Main;* 1st Prize
*Restricted realization competition for the Bosch Centre on the Feuerbach, Stuttgart;* Architects: Barkow Leibinger, Berlin; 2nd Prize
*Realization of Landesgartenschau Wolfsburg 2004;* Client: Marketing- und Service-Gesellschaft mbH, Wolfsburg, Allerpark i.Gr. (MSGA); Date: 2002 to 2004
*Realization of outdoor areas for the Dutch Embassy, Mitte, Berlin;* Client: Embassy of the Kingdom of the Netherlands; Architects: OMA, Rotterdam; Date: 2003 to 2004
*Restricted realization competition for the Hansainvest office building in City Nord, Hamburg;* Architects: Carsten Roth Architect, Hamburg; 1st Prize
*Masterplan for Trumpf Ditzingen;* Client: Trumpf GmbH; Architects: Barkow Leibinger, Berlin
*Landscape architecture and urban development competition for the RheinPark Duisburg;* Urban developers: Jahn, Mack + Partner, Berlin; 2nd Prize

## In preparation
*Lehrter Stadtbahnhof, Berlin;* in association with Martha Schwartz Inc. Landscape Design Cambridge Ma. USA; Client: Senatsverwaltung für Stadtentwicklung Berlin; Architects: von Gerkan, Marg und Partner; Date: 2000 to 2007
*Outdoor areas for the Blindeninstitutsstiftung, Regensburg;* Client: Blindeninstitutsstiftung Würzburg; Architects: GSW Architekten, Berlin; Date: 2001 to 2005
*Blankensteinpark, Pankow, Berlin;* Client: SES Stadtentwicklungsgesellschaft Eldenaer Straße mbH; Date: 2002 to 2005
*Glattpark Zürich-Opfikon, Opfiker Park;* Client: Stadt Opfikon; in association with Büro Hager, Zürich, Carola Schäfers Architekten BDA, Berlin, Kai Vöckler, urban developer, Berlin; Date: 2002 to 2006
*Anger-Crottendorfer railway line, Leipzig;* Client: Stadt Leipzig; Date: 2003 to 2006
*Goetheplatz-Rathenauplatz-Roßmarkt, Frankfurt am Main;* Client: Stadt Frankfurt am Main; Date: 2004 to 2005
*Forecourt and Skylink car park, Vienna airport;* Client: P.ARC Baumschlager Eberle Gartenmann Raab GmbH; Architects: P.ARC Baumschlager Eberle Gartenmann Raab GmbH; Date: 2003 to 2008
*Outdoor areas for the Trumpf Sachsen canteen building, Neukirch;* Client: Trumpf Sachsen GmbH; Architects: Barkow Leibinger Architekten, Berlin

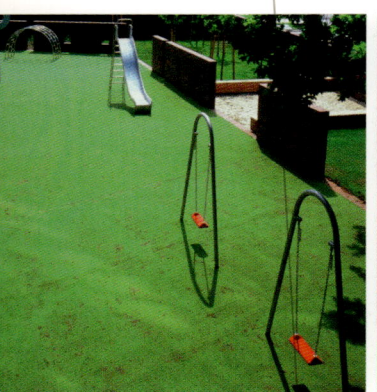

Werkverzeichnis | Projects

## Biografie | *Biography*

Büro Kiefer LA.B wurde 1989 von Gabriele G. Kiefer in Berlin gegründet. Gabriele G. Kiefer studierte Landschaftsarchitektur an der Technischen Universität Berlin. Dort war sie von 1987 bis 1992 als wissenschaftliche Mitarbeiterin bei Prof. Hans Loidl tätig.
Lehraufträge und Vorträge führten Kiefer u. a. nach San Francisco, Stockholm, Helsinki, Florenz, Neapel, Mailand, Peking, Shenzhen, Edinburgh und Paris. Die Arbeiten des Büro Kiefer waren in Ausstellungen u. a. in München, Wien, Berlin, Moskau, Barcelona und Madrid zu sehen.
2002 wurde Gabriele G. Kiefer zur Professorin an die Fakultät Architektur, Institut für Städtebau und Landschaftsplanung, TU Braunschweig berufen.

*Büro Kiefer LA.B was founded by Gabriele G. Kiefer in Berlin in 1989.*
*Gabriele G. Kiefer studied landscape architecture at the Technische Universität Berlin. She worked there as an academic assistant under Prof. Hans Loidl from 1987 to 1992. Teaching posts and lectures have taken Kiefer to locations including San Francisco, Stockholm, Helsinki, Florence, Naples, Milan, Peking, Shenzhen, Edinburgh and Paris. Work by Büro Kiefer has been shown in cities including Munich, Vienna. Berlin, Moscow, Barcelona and Madrid.*
*Gabriele G. Kiefer was appointed Professor at the TU Braunschweig's Faculty of architecture, Institute of Urban Development and Landscape Architecture in 2002.*

## Auszeichnungen | *Awards*

**1999**
Biennal de Paisatge 1999, Barcelona | *Biennal de Paisage 1999, Barcelona*
Auszeichnung | *Commendation*
Projekt: Natur- und Erholungspark Adlershof, Berlin | *Project: Adlershof Nature and Recreation Park, Berlin*

**2001**
Public design-Preis 2001 | *Public design-award 2001*
Auszeichnung | *Commendation*
Projekt: Wohnhof Flämingstraße, Berlin-Marzahn | *Project: Flämingstraße dwellings, Berlin-Marzahn*

**2002**
Europäischer Preis für städtischen Öffentlichen Raum verliehen durch Centre de Cultura Contemporania de Barcelona, Architekturzentrum Wien, Institut Francais d'Architecture, Nederlands Architectuur Instituut and The Architektur Foundation | *European Prize for Urban Open Space awarded by the Centre de Cultura Contemporania de Barcelona, Architekturzentrum Wien, Institut Francais d'Architecture, Nederlands Architectuur Instituut and The Architektur Foundation*
Projekt: Reudnitz-Park, Leipzig | *Project: Reudnitz Park, Leipzig*

**2003**
Hugo-Häring-Preis 2003 | *Hugo-Häring-Prize 2003*
Bund Deutscher Architekten Landesverband Baden-Württemberg | *Bund Deutscher Architekten Baden-Württemberg regional association*
Projekt: Laserfabrik und Logistikzentrum, Ditzingen | *Project: Laser factory and logistics centre, Ditzingen*

**2005**
Würdigung im Rahmen des Deutschen Landschaftsarchitektur-Preises 2005
Bund Deutscher Landschaftsarchitekten
Projekt: Allerpark, Landesgartenschau Wolfsburg 2004

# Veröffentlichungen über das Büro Kiefer | vom Büro Kiefer
*Publications about Büro Kiefer | from Büro Kiefer*

## 1988
„Einheit oder Dualismus – Einige Bausteine zum Verhältnis von Gebäude und Freiraum in der Stadt"
In: Garten + Landschaft 10/88; Von | From: Gabriele G. Kiefer, Hans Loidl

## 1990
„Workshop Halensee Berlin"
Berliner Forum junger Architekten II; In: Katalog zur gleichnamigen Ausstellung im Aedes Architekturforum Berlin; Von | From: Redaktion
„Waldstück"
Veranstaltung der Architektenkammer Berlin; In: Experiment Freiraum;
Von | From: Redaktion

## 1992
„Eine gewisse Freiheit"
Wettbewerb Invalidenpark Berlin; In: Garten + Landschaft 9/92;
Von | From: Corinna Tränkner
„Olympisches Erbe"
Olympia 2000 Berlin; In: Garten + Landschaft 12/92; Von | From: Almut Jirku

## 1993
„Olympia 2000 Berlin"
Olympisches Dorf und Olympiagelände; In: Berlin wird;
Von | From: Thies Schröder (Veröffentlichung der Senatsverwaltung)

## 1994
„Grün schneller weiter? Post-Olympia Berlin"
In: Architektur in Berlin / Jahrbuch 1993/1994; Von | From: Almut Jirku
„Mit großen Augen für das kleine Grün"
Gartenhof Pestalozzistraße, Berlin; In: Architektur in Berlin/Jahrbuch 1993/1994; Von | From: Karl H. C. Ludwig
„Die Warnow-Werft in Warnemünde"
In: Topos 7; Von | From: Gabriele Kiefer, Erik Ott
„Rund um eine Rotunde"
Innenhof und Außenanlage Reinhardtstraße, Berlin; In: Garten + Landschaft 10/94; Von | From: Gabriele Kiefer, Ariane Röntz
„Jede Menge Möglichkeiten – Ökologische Kleingärten Schöneberger Südgelände"
In: Grünstift 6; Von | From: Gabriele G. Kiefer, Erik Ott

## 1995
„Gartenhof Pestalozzistraße", Berlin
In: Topos 11; Von | From: Karl H. C. Ludwig
„Landschaftskünstlerische Installationen im öffentlichen Raum – Der Außenraum in Wien"
In: Garten + Landschaft 10/95; Von | From: Edith Walter

## 1996
„Der Außenraum – Der Katalog – Das Video"
Landschaftskünstlerische Installationen im öffentlichen Raum; In: Beiträge zur Stadtforschung, Stadtentwicklung und Stadtgestaltung, Band 59 im öffentlichen Raum
„Berlin Boogie Woogie"
Reinhardtstraße Berlin; In: Architektur in Berlin / Jahrbuch 1996;
Von | From: Lisa Diedrich
„Hauptbahnhof und Spreeufer, Berlin"
„Stadtquartier Nordbahnhof, Berlin"
In: Ideen für Berlin: Städtebauliche und landschaftsplanerische Wettbewerbe;
Von | From 1991 bis 1996
„Die Verwandlung des Raumes"
Landschaftskünstlerische Installation, Wien; In: Topos 14;
Von | From: Edith Walter
„Selber entwerfen – Durchplanen bis zum Detail"
In: Garten + Landschaft 1/96; Interview mit Gabriele G. Kiefer
„Kooperatives Gutachterverfahren Adlershof", Berlin
In: Garten + Landschaft 7/96; Von | From: Carlo W. Becker

## 1997
„Das Städtische Wohnzimmer"
„Sozusagen eher Trennkost"
In: Vor der Tür; Von | From: Stefan Bernard, Philipp Sattler; Aktuelle Landschaftsarchitektur aus Berlin
„Wohnhof Pestalozzistraße",
„Aussenanlagen Verlängerte Goerzallee",
„Aussenanlagen Reinhardstraße"
In: Freiräume in Berlin; Ein Begleiter zu zeitgenössischer Landschaftsarchitektur; Von | From: Nicole Uhrig
„Kvaerner-Warnow-Werft Warnemünde"
In: 2 G Works and Projects; Von | From: Redaktion
„The space of quiet"
In Ottagono 124 „Naturalmente"; Von | From: Tancredi Capatti
„Landschaftsarchitektur zartgrün"
Freizeit- und Erholungspark auf dem ehemaligen Flugfeld Johannisthal-Adlershof, Berlin; In: Bauwelt 1/97; Von | From: Dorothea Parker
„Realität und Imagination"
Garten der Bayerischen Vereinsbank, Potsdam; In: Topos 18;
Von | From: Gabriele G. Kiefer
„Neue deutsche Landschaft – nicht jedem grün" – Ausstellung in der Architektur Galerie München
In: Garten + Landschaft 7/97; Von | From: Stefan Leppert

## 1998
„Johannisthal-Adlershof", Berlin
In: Berlin – Stadt in der Landschaft; Von | From: Hermann Grub, Petra Lejeune
„Struktureller Minimalismus"
Büro-Portrait; In: Foyer 2/98; Von | From: Claus Käpplinger
„Schafe in Ferropolis"
In: Extrapost 4/98; Von | From: Redaktion

## 1999
„Buchholz-West"
In: Bauausstellung Berlin 1999; 1. Werkbericht; Von | From: Redaktion
„Der Park"
In: Straßen, Plätze, Parks – „Der öffentliche Raum in der Wissenschaftsstadt Adlershof, Berlin"; Von | From: Redaktion
„Südlicher Vorplatz, Lehrter Bahnhof, Berlin"
In: Bauwelt 12/99; Von | From: Dagmar Hoetzel
„Spielplatz bunter Parkplatz", Berlin
In: Garten + Landschaft 1/99; Von | From: Stefan Bernard
„Knappheit mitdenken"

Veröffentlichungen | Publications

Stadtteilpark Reudnitz; In: Garten + Landschaft 1/99; Von | From: Philipp Sattler

„Bezüge zur (Unter)wasserwelt"
Vorplatz am Lehrter Bahnhof, Berlin; In: Garten + Landschaft 5/99;
Von | From: Thies Schröder

„Das Ende der Bescheidenheit"
Flämingstraße Berlin; In: Der Tagesspiegel, 16.05.1999; Von | From: Susanne Kippenberger

## 2000

„Installation Schattenkino"
In: art + architecture: new affinities, Edition Gustavo Gili, Barcelona;
Von | From: Julia Schulz-Dornburg

„Refer Paisatges – 1999"
In: Katalog zum gleichnamigen; Symposium / Ausstellung Barcelona;
Von | From: Redaktion

„Landschaftspark Johannisthal-Adlershof", Berlin
In: Vom Fliegerfeld zum Wiesenmeer – Geschichte und Zukunft des Flughafens Tempelhof, Berlin-Edition; Von | From: Philipp Meuser

„Eine beinahe vollkommene Stadt"
In: Offene Räume; Gordon Haslett, Erik Ott; Von | From: John Bosch, Werner Cee

„Ricupero e riuso a Berlino-Adlershof"
In: Casabella 683. Variazioni di scala; Von | From: Marcella Gallotta

„Hall de la Biosfera en Potsdam"
In: a+t memoriamemory 16/00; Von | From: Redaktion

„Biosphäre Potsdam"
In: Cultivating the landscape, Aedes; Von | From: Claus Käpplinger

„Gabriele Kiefer in Public Space"
Porträt; In: mama – magasin för modern arkitektur 26/00;
Von | From: Michaela Kunze

„Dehnbar wie Stahl"
Trumpf Sachsen AG, Neukirch; In: Arquitectura Viva 75; Von | From: Büro Kiefer

„Polierte Platte"
Wohnanlage für Parlamentarier und Bundesbedienstete; In: Bauwelt 26/00;
Von | From: Nils Ballhausen

„Vorplätze Lehrter Bahnhof", Berlin
In: Städtische Plätze, Senatsverwaltung für Stadtentwicklung, Berlin;
Von | From: Reaktion

„Niederschlagswasserbewirtschaftung und Landschaftsarchitektur: Vom Regen in die ...?"
In: Infoforum Regenwassermanagment, GEOAgentur Berlin Brandenburg;
Von | From: Gabriele G. Kiefer

„Wenig, das aber richtig"
In: Topos 32; Von | From: Philipp Sattler

„Soundcheck unter Riesenbaggern",
Ferropolis; In: Garten + Landschaft 8/00; Von | From: Peter Grabsdorf

„Keine Dompteuse des Stiefmütterchens"
Porträt Gabriele G. Kiefer; In: Frankfurter Allgemeine Zeitung, Berlin-Seiten 24.01.2000; Von | From: Gerwin Zohlen

„Raum, Reflex, Reduktion"
Landschaftsarchitekturprojekte für den urbanen und suburbanen Raum;
In: Dialoge zum öffentlichen Raum; Online Publikation;
Von | From: Gabriele G. Kiefer

## 2001

„Vielfalt und Reduktion"
In: Inszenierte Naturen; Von | From: Thies Schröder

„Gartenhof in der Pestalozzistraße"

„Ehemaliges Flugfeld Berlin Adlershof"
In: Neue Gartenkunst in Berlin; Von | From: Hans Stimmann

„Gabriele G. Kiefer"
In: Landschaftsarchitekten und ihre Kreationen; Von | From: Redaktion Stichting Kunstboek, Belgien

„Terrains d'une entreprise de manufacture d'outils spéciaux"
In: Jardins insurgés – Architecture du Paysage en Europe 1996-2000; Catalogue IIe Biennale européenne du Paysage 2001; Von | From: Redaktion

„Aussenanlagen für eine Grundschule – Grundschule Gatow", Berlin
In: Architektur in Berlin Jahrbuch 2001; Von | From: Büro Kiefer

„Trends in European Landscape Architecture Practice 2002"
In: landscape australia 1/01; Von | From: Ursula Nothhelfer

„De dynamiek van het landschap"
Biosphärenhalle BUGA Potsdam; In: de Architect Juli-August 32;
Von | From: Claus Käpplinger

„Berliner Freiräume"
Ansätze für zeitgenössische Freiraumstrategien; In: Urban Landscapes, Freiraumplanung in Berlin und Wien, TU Wien; Von | From: Redaktion

„Guns and Roses – Biosphaere Hall"
In: architecture 12/01; Von | From: Joseph Giovannini

„Auf Fels gebaut"
Gemeindezentrum Neuallermöhe, Hamburg; In: db deutsche bauzeitung 11/01;
Von | From: Olaf Bartels

„Umbauter Garten"
In: Baumeister 06/01; Von | From: Erik Wegerhoff

„Modellkleingartenanlage an der Kirschallee"
Kleingartenanlage der BUGA Potsdam; In: Garten + Landschaft 6/01;
Von | From: Monika Römer

„Vorhof zum Tropenwald"
Biosphärenhalle BUGA Potsdam; In: Garten + Landschaft 6/01;
Von | From: Monika Römer

„Architektur vor Flusslandschaft"
Biosphärenhalle Potsdam; In: NZZ Feuilleton 27.09.2001;
Von | From: Claudia Schwartz

„Parks und Promenaden"
In: SES, wir über uns 2/01; Von | From: Redaktion

„Workshop 2001"
In: See, Heft 3/01; Von | From: Redaktion

## 2002

„Das Geheimnis des Schattens – Licht und Schatten in der Architektur"
In: Ausstellungskatalog; Frankfurter Architekturmuseum

„Priester-Pape-Park"
In: Architektur in Berlin Jahrbuch 2002; Von | From: Büro Kiefer

„Intervista a Gabriele G. Kiefer"
In: architettinapoletani 6/02; Von | From: Alessandra Forino

„Innovation Center, Grüsch/Schweiz"
In: Architectural Record 6/02; Von | From: James S. Russel, AIA

„Potsdam Biosphaere Hall"
In: architecture + technology memory (I) 16/02; Von | From: Redaktion

„Stadthäuser Am Petersberg in Berlin Zehlendorf"
In: Arhitext Design 04/02; Von | From: Klaus Theo Brenner

„Identität ist Trumpf",
Trumpf Sachsen GmbH, Neukirch; In: IndustrieBAU 4/02;
Von | From: Philipp Sattler

„Glattpark, Opfikon"

In: Hochparterre, Wettbewerbe 4/02; Von | From: Redaktion
„Ein Park auf Europas teuerster Wiese"
Glattpark, Zürich-Opfikon; In: Hochparterre 10/02;
Von | From: Ina Hirschbiel Schmid
„Leichter als Luft"
Grundschule Berlin Gatow; In: bauzeitung 6/02; Von | From: Danuta Schmidt
„Wolfsburg: Landesgartenschau als Erlebniswelt"
In: Deutsches Architektenblatt 7/02; Von | From: Lars Menz
„Träumen in der Agglomeration"
Wettbewerb Glattpark Zürich; In: Garten + Landschaft 6/02;
Von | From: Claudia Moll
„Nach der Flut ist vor der Flut"
In: Garten + Landschaft 9/02; Von / From: Thies Schröder
„Wahlfreiheit und neue Bilder"
Blankensteinpark, Berlin; In: LA aktuell 3/02; Von | From: Gabriele G. Kiefer
„Elitär? Keineswegs!"
In: Leipziger Blätter, Herbst 2002; Von | From: Peter Fibich
„Auf der Sonnenseite dieser Welt"
Priester-Pape-Park; In: Frankurter Allgemeine Zeitung, Berliner Seiten, 08.06.02;
Von | From: Jörg Niendorf
„Landesgartenschau Wolfsburg"
In: Dokumentation Stadt Wolfsburg; Von | From: Redaktion

## 2003
„Ideale per gli spazi pubblici"
In: Ausstellungskatalog Asfalto. Il carattere della città Palazzo della Triennale of Milan; Von | From: Gabriele G. Kiefer
„Ideale per gli spazi pubblici"
In: Ausstellungskatalog Asfalto. Isabella Inti, Ludovica Molo; Von | From: Giovanna Borasi, Il carattere della città
„Kunst_Garten_Kunst"
In: Ausstellungskatalog Sprengel Museum, Hannover; Von | From: Büro Kiefer
„B.A.U. – Berliner Architektur Union"
In: Ausstellungskatalog Moskau 8. Ausstellung für Architektur und Umweltdesign ARCH MOSKWA; Von | From: Büro Kiefer
„Glattpark, Opfikon"
In: Ausstellungskatalog Zürcher Gartenlust, Neue Parkanlagen für Zürich;
Von | From: Büro Kiefer
„Der Priester-Pape-Park"
In: Architektur Berlin Jahrbuch 2003; Von | From: Michael Kasiske
„Gabriele Kiefer"
In: Paesaggisti europei. Progetti per nuovi paesaggi in Europa;
Von | From: Sara Pivetta
„Glattpark Zürich-Opfikon, Lehrter Bahnhof, Open Space Design"
In: Architecture in Greece 37/03; Von | From: Büro Kiefer
„Gründerzentrum in Grüsch"
In: Detail Bauten + Produkte, Auswahl 2003; Detail Jahrbuch Deutscher Baukatalog; Von | From: Steffi Lenzen
„Der Eilenburger Bahnhof – Revitalisierung einer Brachfläche"
In: Stadt und Raum 1/03; Von | From: Tancredi Capatti, Robert Wick
„Ein Park als urbane Promenade"
In: Garten + Landschaft 6/03; Von | From: Michael Kasiske
„Der Park im Park hat einen Namen – Glattpark"
In: Tagesanzeiger Zürich, Zürich 12.12.03; Von | From: Redaktion
„Der Tangshan-Workshop"
In: Tangshan Xiangdeli – Neue Stadt in China; Von | From: Eduard Kögel

## 2004
Blackboard 1, Berlino Flämingstrasse
In: Navigator 09/04; Von | From: Redaktion
„Stepping Stones"
Vorplatz Trumpf Ditzingen; In: The Architectural Review März 2004;
Von | From: Christian Brensing
Landesgartenschau 2004
In: Bauwelt 21/04; Von | From: Michael Kasiske
„Zwei Gärten – eine Schau, Landesgartenschau Wolfsburg"
In: Garten und Landschaft 06/04; Von | From: Peter Zöch
„Allerpark"
In: Zwei Parks für Wolfsburg – Erlebniswelt Allerpark; Von | From: Thies Schröder
Good Practice Examples – Leipzig, District Park Reudnitz
In: Making Greener Cities – A Practical Guide, UFZ-Bericht Nr. 8/2004;
Von | From: URGE-Team
„Flämingstrasse Berlin, Germany play area and parking lot"
In: design for fun: playground; Von | From: Marta Royals del Alamo
"Landschaftsplanerische Wettbewerbe als Instrument für innovative Freiraumgestaltung"
In: Informationen zur Raumentwicklung: Freiraum; Von | From: Almut Jirku
„Büro Kiefer – Hans-Baluschek-Park"
In: Il Progetto del Vuoto; Von | From: Isotta Cortesi

## 2005
„Hans-Baluschek-Park"
„Landschaftspark Adlershof"
In: Freiräume Berlin; Von | From: Nicole Uhrig
„Hans-Baluschek-Park"
In: Architekturführer Neue Parks und Gärten in Berlin; Von | From: Ute Christina Bauer, Irene Mössinger
„Donaustadtstraße Wien"
In: Mira cómo se mueven / See how they move; Von | From: Martí Peran, Thies Schröder
„Landesgartenschau Wolfsburg 2004"
In: Architektur in Niedersachsen 2005; Von | From: Axel Iwohn

# Ausstellungsbeiträge | *Exhibitions*

**1990**
„Workshop Halensee"
Ausstellung im | *Exhibition in* Aedes Architekturforum, Berlin
„Experiment Freiraum"
Ausstellung im | *Exhibition in* Hamburger Bahnhof, Berlin

**1996**
„Neue Stadtquartiere in Berlin"
Ausstellung im | *Exhibition in* Deutschen Architektur Museum, Frankfurt/Main Biesdorf-Süd

**1997**
„Garten Bilder"
Ausstellung des | *Exhibition of the* BDA Sachsen-Anhalt an der Fachhochschule Anhalt/Dessau; 1. Internat. Gartenfestival in Dessau-Wörlitzer Gartenreich; Bayerische Vereinsbank, Potsdam; Muldufer, Dessau
„Neue Deutsche Landschaft"
Ausstellungen | *Exhibitions* in der Münchner Architekturgalerie und des Wiesbadener Architektur-Zentrum; Beispiele aktueller Landschaftsarchitektur in Deutschland; 4 Projekte des Büro Kiefer | *4 Projects of Büro Kiefer*

**1998**
„Preiswert bauen – gut wohnen – Kostensparender Wohnungsbau im Bornstedter Feld"
Ausstellung „Planen + Bauen in Potsdam 1990 – 2001"; Kaserne Pappelallee
„Bauausstellung Berlin 1999",
Ausstellung | *Exhibition* im Deutschen Architektur Zentrum, Berlin; 1. Werkbericht

**1999**
„Refer Paisatges" – Barcelona 1999
Ausstellung im Rahmen der | *Exhibition within the scope of the* Biennal de Paisage 1999, Barcelona, Spanien; 4 Projekte des Büro Kiefer / *4 Projects of Büro Kiefer*
„Das städtische Wohnpalais – Innenstadt als Wohnort"
Ausstellung in der | *Exhibition in the* Senatsverwaltung für Bauen, Wohnen und Verkehr

**2001**
„Öffentliche Straßen und Plätze"
Messe Public design 2001, Berlin; Landschaftspark Adlershof, Berlin; Stadtteilpark Reudnitz, Leipzig
„Territories Contemporary European Landscape Design"
Ausstellung an der | *Exhibition at the* Harvard Graduate School of Design; Pestalozzistraße, Berlin
„II° Biennale européenne du Paysage 2001"
Ausstellung im | *Exhibition in* Architekturzentrum Barcelona; Außenanlagen Trumpf Sachsen

**2002**
„da! Architektur in Berlin 2002"
Ausstellung der | *Exhibition of the* Architektenkammer Berlin; Priester-Pape-Park
„Das Geheimnis des Schattens"
Ausstellung im | *Exhibition in* Deutschen Architektur Museum, Frankfurt/Main; Licht und Schatten in der Architektur; Donaustadtstrasse, Wien

**2003**
„Kunst_Garten_Kunst"
Austellung im Sprengel Museum Hannover, Misburg_Anderten_Bahnhof
„Asfalto. Il carattere della città"
Ausstellung im | *Exhibition in* Palazzo della Triennale of Milan; Landschaftspark Adlershof, Berlin; Flämingstrasse Berlin-Marzahn
„Idee – Prozess – Raum"
Ausstellung im | *Exhibition in* Rahmen der „ARCH MOSCOW 2003" im Central House of Artists, Moskau; Flämingstraße, Berlin; Priester-Pape-Park, Berlin; Trumpf Sachsen, Neukirch
„Zürcher Gartenlust – Neue Parkanlagen für Zürich"
Ausstellung im | *Exhibition in* Architekturforum Zürich; Opfiker Park

**2004**
„Freiraum als Ressource"
Ausstellung im | *Exhibition in* Rahmen der „ARCH MOSCOW 2004" im Central House of Artists, Moskau; Priester-Pape-Park; Platz an der Biosphäre Postdam

**2005**
„See how they move, 4 Ideas on Mobility"
Ausstellung in der | *Exhibition in* "Fundación Telefónica", Madrid; Donaustadtstraße, Wien

# Bibliografie | *Bibliography*

Adam, Hubertus. *Höhenangst, Höhenrausch. Faszination Hochhaus.* Vortrag vor dem Architektursymposium „Future Vision Housing", Architekturforum Oberösterreich, Linz 2001. Dokumentiert unter http://fvh.architekturforum-ooe.at.

Adorno, Theodor W. *Ästhetische Theorie.* Frankfurt/Main, 1970.

Augé, Marc. *Non-Places. Introduction to an Anthropology of Supermodernity.* 1995.

Baldus, Claus / Günther, Gotthard. *Phaidros und das Segelflugzeug: Von der Architektonik der Vernunft zur technischen Utopie,* in: *Das Abenteuer der Ideen, Architektur und Philosophie seit der industriellen Revolution.* Internationale Bauausstellung Berlin, 1987.

Berrizbeitia, Anita. *Early Housing Projects and Garden Prototypes,* in: Saunders, William S. (Ed.). *Daniel Urban Kiley. The Early Gardens.* Princeton, 1999.

Blum, Wolfgang. *Ein alter Streit flammt wieder auf: Warum folgt die Welt mathematischen Regeln?,* in: *Die Zeit,* 35/1998.

Corboz, André. *The Land as Palimpsest,* in: *Diogenes,* 121, 1983.

Foucault, Michel. *Of other Spaces,* Manuscript 1967. Veröffentlicht als, Des Espace Autres' im französischen Journal *Architecture / Mouvement / Continuité,* 10/1984.

Girot, Christophe. *Movism,* in: Cadrage, I. *The active Gaze.* Zürich, 2002.

Günther, Gotthard. *Beiträge zur Grundlegung einer operationsfähigen Dialektik* (vol. 1-3). Felix Meiner Verlag. Hamburg, 1976-1980.

Helbrecht, Ilse. *Vom Orakel zum Consulting. Identitätspolitiken in der Stadt,* in: Hilger, M.L. (Ergas, A. (Hrsg.). *Stadt-Identität.* Zürich 2004, S. 159-168.

Hersh, Reuben. s. Blum, Wolfgang.

Hugo, Victor. *Der Glöckner von Notre Dame.* Frankfurt/Main, 2002 (Erstausgabe von 1831).

Käpplinger, Claus. *Struktureller Minimalismus,* in: *Foyer* 2/1998.

Kandinsky, Wassily. „und", in: ders. *Essays über Kunst und Künstler.* Zürich, 1973, S. 107f.

Kasiske, Michael. *Der Priester-Pape-Park. Promenieren auf dem Stadtdamm,* in: Architektenkammer Berlin (Hrsg.). *Architektur in Berlin – Jahrbuch 2003.* Hamburg, 2003.

Kienast, Dieter. *Gärten / Gardens.* Basel Berlin Boston, 1997.

Kiley, Dan / Amidon, Jane. *Dan Kiley In His Own Words. America's Master Landscape Architect.* London, 1999.

Koolhaas, Rem. *Die Entfaltung der Architektur.* Rem Koolhaas im Gespräch mit Philipp Oswalt, Nikolaus Kuhnert und Alejandro Zaera Polo, in: *Arch+* 117, Juni 1993.

Kowarik, Ingo. *Natur der vierten Art. Eine Abrechnung mit überholten Öko-Konzepten,* in: *Stadtforum* [Berlin] 8 (33), 1998.

Kramer. *Hanglage mit Seeblick,* in: *Kursbuch 131, Neue Landschaften,* März 1998, S. 11.

Leibniz, Gottfried Wilhelm. *Monadologie,* hrsg. u. übersetzt von Hartmut Hecht. Ditzingen, 1998.

Prigge, Walter. *Zur Konstruktion von Atmosphären,* in: *Wolkenkuckucksheim,* Heft 2/2004.

Rauterberg, Hanno. *Drinnen ist Draußen, Draußen ist Drinnen. Hat der öffentliche Raum noch eine Zukunft?,* in: *Deutsches Architektenblatt* 02/2001; S. 9.

Rüegg, Arthur. *Vielfalt und Dichte / Variety and Density.* in: Kienast, Dieter. *Gärten / Gardens.* Basel Berlin Boston, 1997.

Schock, Eberhard. *Wenn Sie mich fragen... Ansichten eines Mathematikers. Philosophie und ethische Elemente des Mathematik-Lehrens.* Vortrag im Kolloquium „Philosophie der Mathematik". Kaiserslautern, 1997.

Schröder, Thies. *Inszenierte Naturen. Zeitgenössische europäische Landschaftsarchitektur.* Basel Berlin Boston, 2001.

Schulz, Tom R. *Schade, dass Betonminimalismus nicht blüht,* in: *Die Welt,* 1.9.2003.

Siebel, Walter. *Urbanität ohne Raum. Der Möglichkeitsraum,* in: Schröder, Thies / Pütz, Gabriele / Kornhardt, Diethild (Hrsg.). *Mögliche Räume.* Hamburg, 2002.

Sloterdijk, Peter: *Sphären I, Blasen.* Frankfurt/Main, 1998.

Stilgoe, John R. *Gardens in Context,* in: Brattleboro Museum & Art Center: *Built Landscapes,* Katalog zu einer von Michael van Valkenburgh kuratierten Ausstellung. Brattleboro / Vermont, 1984.

Stockhausen, Karlheinz. Interview in der Frankfurter Allgemeinen Sonntagszeitung, 3.11.2002.

Treib, Marc (Hrsg.). *Modern Landscape Architecture: A Critical Review.* Cambridge, 1993.

Van Valkenburgh, Michael. *Built Landscapes. Gardens in the Northeast,* in: Brattleboro Museum & Art Center: *Built Landscapes.* Brattleboro / Vermont, 1984.

Weilacher, Udo. *Zwischen Landschaftsarchitektur und Land Art.* Basel Berlin Boston, 1999.

Wilson, Peter. *Das epische Maß der Landschaft. Über die Biosphäre Potsdam,* in: Kasiske, Michael / Schröder, Thies. *Gartenkunst 2001.* Basel Berlin Boston, 2001.

Wormbs, Brigitte. *Satz und Gegensatz,* in: Kienast, Dieter. *Gärten.* Basel Berlin Boston, 1997.

# Mitarbeiter | Collaborators 1989-2005

Arat Fabian
Barthelmes Christian
Bauer Christian
Becker Ulrike
Belzer Sannah
Beretta Silvia
Bernard Stefan
Berndt Babette
Blankenhorn Dorothee
Blöchle Klaus
Blunk Silvia
Bornholdt Hanna
Bosch Petra
Brinkhoff Jenny
Brunsch Thomas
Buchfelder Heike
Busch Reinhard
Capatti Tancredi
Cominelli Rolando
Cordes Anika
Donadeo Gianluca
Drechsler Johannes
Dreppenstedt Claas
Dyckhoff Taina
Finke Michael
Fischer Katrin
Flachsbarth Stefan
Folkerts Thilo
Forbes Angus
Franch Batllori Marti
Franke Christian
Frey Hans Joachim
Friedburg Susanne
Fuchs Britta
Gabriel Susanne
Georgis Yeshimebet G.
Giavarini Viviana
Glaser Marion
Glaser Silke
Gleue Svenn

Glück Michael
Gogol Vincent
Griesbach Kati
Grosch Leonard
Grosse Honebrink Malte
Grosse Honebrink Rainer
Guba Thomas
Haack Lena
Haase Ralph
Hagel Mauro
Heck Gero
Heilbronner Florian
Heimanns Katja
Henningsen Claudia
Henzler Florian
Herrmann Timo
Heurich Michael
Hippchen Horst
Hoang Binh
Hoffmann Sabine
Holst Gabriele
Homar Alvaro Hortiguela
Hunrath Anke
Kaiser Martina
Kalinowsky Björn
Kehl Lorenz
Koenecke Andrea
Kohte Maya
Kokulinsky Thore
Krahnert Heidi
Kretschmer Marlen
Kroll Claudia
Krüger Petra
Kuhn Ellen
Lacheta Sibylle
Lakenbrink Katrin
Lambers Thorsten
Lange Caroline
Lechelard Valérie
Lechte Andrea

Leibold Thomas
Leymann Doris
Liedgens Anette
Liedtke Gabriela (Nadja)
Loeper Caya
Luber Katrin
Matschek Dana
Menzel Mareike
Mettler Rita
Meyer Thomas
Michel Jörg
Mielke Thomas
Miltner Udo
Monsigny Luc
Nehls Elisabeth
Ostertag Edda
Ott Erik
Otto Florian
Paetow Burkhard
Peter Katharina
Phan Quoc Bao Phong
Piontkowsky Meike
Prott Iris
Quednau Susanne
Rein-Cano Martin
Reiner Ilonka
Robin Michèle
Römer Monika
Runge Sascha
Sachse Matthias
Sattler Philipp
Saur Michael
Schallert Ralf
Scheffer Johannes
Schlosser Markus
Schmidt Wilma
Schneider Renate
Scholz Claudia
Schröder Holger
Schwaller Ulrike

Schwarzkopf Johannes
Schweingruber Lukas
Schwind Mira
Sears Trevor Scott
Severin Lone
Staubach Matthias
Steeg Ralf
Strauber Catarina
Tancill Julie
Teigel Petra
Trinkner Doris
Uhrig Nicole
Uzun Nimet
Valerie Bertrou
Vet Wendela
Viader Soler Ana
Vihervuori Saija Eliisa
von der Starre Ronald
von Minckwitz Nils
Weeg Peter
Wegener Burkhard
Wegner Anne-Claudia
Westendorf Andreas
Wetzel Michaela
Wiener Nicola
Winberger Martin
Winterstein Irene
Wippermann Doreen
Witte Ralph
Wittig Nicolai
Wodicka Franziska
Zadel Petra
Zappe Michael
Zaun Susanne
Ziegeler Andreas
Ziegler Christian
Zimmermann Florian
Zwerger Karin

Autor | *Author*
Thies Schröder

Schlussredaktion | *Final Editing*
An Theunynck
Femke De Lameillieure
Sandra Kalcher

Fotografie | *Photography*
Hanns Joosten
Claas Dreppenstedt: S. 34/94/146(Bild 1 & 2 von links)/147/148/149/150/152
Büro Kiefer: S. 106/107/146(Bild 5 von links)/151/153
Erik-Jan Ouwerkerk: S. 146(Bild 3 & 4 von links)

Übersetzung | *Translation*
Michael Robinson

Lektorat | *Editorial Report*
Monika Römer

Konzept | *Concept*
Ana Viader Soler
Sibylle Lacheta

Lithographie | *Colour Separations*
Graphic Group Van Damme bvba, Oostkamp

Druck | *Printed by*
Graphic Group Van Damme bvba, Oostkamp

Verlag | *Published by*
Stichting Kunstboek bvba
Legeweg 165
B-8020 Oostkamp
www.stichtingkunstboek.com

ISBN: 90-5856-103-8
D/2005/6407/03
NUR: 425

© Stichting Kunstboek 2005

All rights reserved. No part of this publication may be reproduced, stored in a retrieval system, or transmitted, in any form by any means, electronic, mechanical, photocopying, recording or otherwise without the written permission from the publisher.

© 2005 Eugen Ulmer KG
Wollgrasweg 41, 70599 Stuttgart (Hohenheim)
Internet: www.ulmer.de

ISBN: 3-8001-4456-5

**Bibliografische Information Der Deutschen Bibliothek**
Die Deutsche Bibliothek verzeichnet diese Publikation in der Deutschen Nationalbibliografie; detaillierte bibliografische Daten sind im Internet über http://dnb.ddb.de abrufbar.

Das Werk einschließlich aller seiner Teile ist urheberrechtlich geschützt. Jede Verwertung außerhalb der engen Grenzen des Urheberrechtsgesetzes ist ohne Zustimmung des Verlages und der Autoren unzulässig und strafbar. Das gilt insbesondere für Vervielfaltigungen, Übersetzungen, Mikroverfilmungen und die Einspeicherung und Verarbeitung in elektronischen Systemen.